Transantarctica

JEAN-LOUIS ÉTIENNE

Médecine et sports de montagne	
Le marcheur du Pôle	*J'ai lu* 2416/3
Transantarctica	*J'ai lu* 3232/5

Dr Jean-Louis Étienne

Transantarctica

La traversée du dernier continent

Éditions J'ai lu

A mes parents.
Dès l'enfance vous avez compris qu'il fallait me laisser la liberté d'organiser ma vie.

PROLOGUE

Si le pôle Nord se trouve au milieu d'un océan gelé, le pôle Sud se trouve, lui, au cœur d'un immense continent grand comme l'Europe et les Etats-Unis réunis, isolé du reste du monde par une couronne d'océans de tempêtes. Quand, avec Will Steger, nous avons décidé d'accomplir la plus grande des traversées de l'Antarctique, nous étions loin d'imaginer que le rêve que nous mettions en route, à notre petite échelle, allait devenir une énorme machine. Il nous a fallu deux années d'une préparation intensive pour arriver à organiser ce projet. L'Antarctique est vraiment une autre planète.

Transantarctica fut une des plus complexes et des plus exaltantes expéditions jamais organisées. Notre objectif était de réaliser un rêve mais aussi d'attirer simultanément l'attention du monde sur le rôle capital que ce continent peut jouer dans la marche de la planète.

Tout au long de cette épreuve difficile, je n'ai eu qu'un confident, mon *journal de bord*. Il fut souvent mon unique refuge. A lui j'ai pu tout dire : passions, émotions, bonheurs, craintes, colères, erreurs et maladresses, tout ce qui m'est passé par la tête, toutes les difficultés et les contraintes d'avoir à conduire ce grand projet — tant d'exigences qui creusent parfois le fossé entre le rêve et la réalité.

C'est mon *confident* que je vous livre, sans retenue.

Jean-Louis ETIENNE

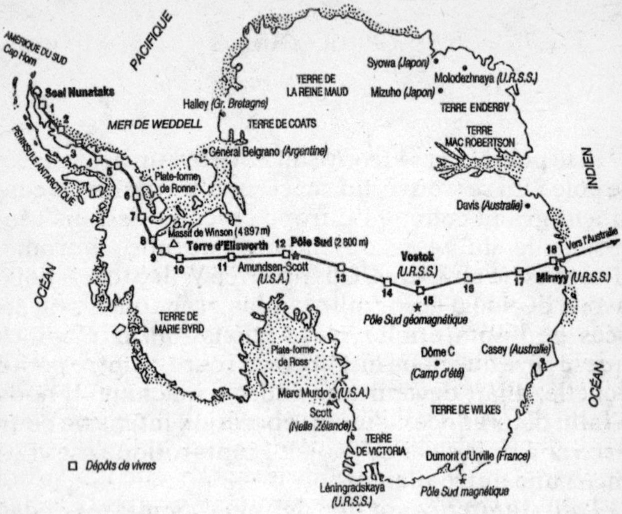

DÉPÔTS DE LA TRAVERSÉE

N°	DÉPÔT/BASE	LATITUDE	LONGITUDE	PASSAGE	SOLEIL	DIST. DÉPÔT.
1	SEAL NUNATAKS	65°11' S	59°58' W	27/7/89	5h30	
2	CHURCHILL	66°20' S	63°10' W	11/8/89	5h30	200 km
3	THREE SLICE	PAS TROUVE		20/8/89	8h	
4	WAYERHAEUSER	PAS TROUVE		31/8/89	9h	
5	LAINE HILL	70°46' S	64°40' W	14/9/89	12h	500 km
6	SAVIN	PAS CHERCHE		30/9/89	14h	
7	REX	74°54' S	76 °00' W	12/10/89	19h	640 km
8	SIPLE	76°00' S	84°13' W	20/10/89	22h	240 km
9	FISHER NUNATAK	77°43' S	87°26' W	29/10/89	24h	230 km
10	PATRIOT HILLS	80°19' S	81°16' W	7/11/89	24h	300 km
11	MONTS THIEL	85°10' S	89°00' W	27/11/89	24h	520 km
12	POLE SUD	90° S		11/12/89	24h	530 km
13	CACHE 13	85°54' S	105°30' E	27/12/89	24h	460 km
14	CACHE14	82°00' S	106°28' E	8/1/90	24h	455 km
15	VOSTOK	78°28' S	106°52' E	18/1/90	24h	450 km
16	KOMSOMOLSKAYA	74°06' S	97°14' E	2/2/90	20h	490 km
17	PIONNERSKAYA	69°66' S	95°20' E	15/2/90	17h	450 km
18	MIRNYY	66°33 S	93°00' E	3/3/90	14h	420 km

1

« *The longest road* »

Instantanément, je réalise que ma vie est maintenant en danger. Il fait – 38° C sous ma tente et, comme tous les soirs vers 6 heures, je somnole au moment de la sieste. Recroquevillé bien au chaud à l'intérieur du sac de couchage, le cri qui vient de me glacer le corps est bien trop précis pour me faire croire encore à l'une des nombreuses hallucinations auditives dont je suis victime depuis que j'ai quitté le monde. Les cris encore lointains, couverts par le vent, se précisent et se multiplient. Cela ne fait aucun doute, il y a plusieurs bêtes dehors. Quelle allégresse dans cet attroupement. Depuis un mois qu'ils me traquent, ils m'ont enfin trouvé ! Mais combien sont-ils ? Mais pourquoi tous ces ours, dont on dit qu'ils sont solitaires, se sont-ils donné rendez-vous là, autour de ma tente, au cœur de l'océan glacial Arctique ?... J'ai peur et je m'interroge, je ne veux pas croire à ce déchaînement contre moi. J'implore la fatalité. Qu'elle me vienne en aide !... comme souvent elle l'a fait dans d'aussi graves circonstances... Et elle me répond. Des voix humaines, rassurantes, mêlées aux cris des bêtes, émergent des hurlements du vent... Et je passe de l'effroi pétrifiant à l'euphorie la plus totale.

— C'est Steger ! L'expédition américaine de Steger au pôle Nord !

Je sors en trombe du sac de couchage, bondis hors

de la tente, et grimpe sur la crête de glace derrière laquelle je m'étais mis à l'abri... A mes pieds, la caravane passe... Ils sont sept, avec près de cinquante chiens. Un homme, stupéfait, qui m'a vu jaillir de la blanche immensité chaotique, court vers moi... et me tombe dans les bras.

— Are you Will Steger ?

— Jean-Louis Etienne, I presume ?

C'est formidable ! Il y avait une chance sur des millions que nous nous rencontrions. Nous allons tous les deux au pôle Nord, mais la surface gelée de l'océan Arctique est tellement accidentée que jamais nous n'aurions pu organiser ce rendez-vous. Le destin l'a voulu.

Le 9 avril 1986, j'étais seul depuis un mois sur la route du pôle Nord. Ce soir-là, avec Will Steger, nous avons décidé que la prochaine expédition, nous la ferions ensemble, en Antarctique... et nous nous sommes séparés.

J'ai rencontré Will pour la deuxième fois, un peu plus d'un an après, chez lui, dans le Minnesota, un Etat du nord des Etats-Unis, à la frontière canadienne, où l'hiver règne six mois par an. La route du Grand Nord débute derrière chez lui. Il habite dans la forêt, une maison en bois construite sur un rocher dominant un petit lac, une vraie cabane de trappeur. Il n'a ni téléphone ni électricité. Derrière, bien à l'abri dans un petit vallon, il élève ses quatre-vingts chiens. La première chose qu'il fait, c'est de me les présenter tous, les uns après les autres, en m'indiquant ceux que j'ai déjà rencontrés sur la route du pôle.

— Tu sais, Will, je ne peux pas les reconnaître, je les ai vus si peu de temps.

— C'est vrai, me dit-il, d'autant qu'ils ont perdu leurs poils d'hiver.

Dans ce vallon, deux charpentiers typiquement américains, en jeans multipoches et petit foulard noué autour d'une longue crinière blonde, construisent un hangar tout en bois. Ça sent bon l'essence de pin, et je voudrais bien partager cette vie dans une aussi belle nature.

— Tu vois, Jean-Louis, ce sera l'atelier pour la fabrication des traîneaux, des harnais, et de tout le matériel qu'il nous faudra pour l'expédition en Antarctique.

Sur les murs de sa maison sont épinglées des photos de ses expéditions dans l'Arctique et de ses escapades de jeunesse. Il semble avoir pas mal bourlingué, une existence apparemment assez originale, qui le rend à mes yeux plutôt sympathique.

Will, je le connais à peine. Nous dialoguons vraiment pour la première fois, mais l'Antarctique est un de nos points de convergence. Le soir, à la lumière du feu et de la lampe à pétrole, nous déplions la carte du pôle Sud. Nous avons en commun le désir de traverser ce continent d'un océan à l'autre. Nos index hésitants se baladent sur l'immensité glacée à la recherche de la plus belle route.

— Et si nous prenions celle-là, la plus grande des traversées de l'Antarctique, *the longest road*, 6 300 kilomètres ! de la Péninsule à l'océan Indien en passant par le pôle Sud ?

Nos regards se croisent, tentant de deviner lequel des deux essaie d'épater l'autre, et nous éclatons de rire.

— O.K., « give me five » !

On se tape dans les mains. Le contrat est signé.

Will a l'habitude des grandes épopées avec des chiens, pense qu'il faudra être six équipiers répartis sur trois traîneaux tirés par douze chiens chacun.

Pour une traversée de 6 300 kilomètres, il faut compter entre six et sept mois, et il est impossible de faire un aussi long parcours en autonomie complète. Il nous faut impérativement prévoir des ravitaillements en cours de route. Pêche et chasse ne sont pas envisageables. Les baleines, phoques, manchots et les oiseaux vivent exclusivement sur les côtes. Passé quelques centaines de mètres à l'intérieur des terres, il n'y a plus de vie. L'Antarctique est le plus grand désert du monde.

En observant la carte, des questions importantes se posent. Comment organiser la logistique pour nos ravitaillements et les secours en cas de pépin ?... On ne peut en aucun cas compter sur l'aide des bases scientifiques implantées par de nombreux pays, le traité de l'Antarctique le leur interdit. Il faut absolument que nous soyons autonomes !

Comment, sur le terrain, être assuré que les vivres nous arriveront régulièrement au bon moment ? Les conditions atmosphériques sont tellement incertaines que le mauvais temps peut s'installer pour une longue période, interdisant tout décollage de l'avion, et nous privant ainsi dangereusement de tout ravitaillement aérien. Pour ne pas être trop tributaire du climat, il faut absolument les mettre en place l'année qui précédera l'expédition.

— D'accord, dit Will, tout ça nous amène à envisager la traversée pour l'été austral 1989-1990.

— C'est parfait, ça nous laisse deux ans pour nous préparer.

— Comment va-t-on emmener les chiens et le matériel au départ et surtout, comment va-t-on revenir ? s'interroge-t-il...

Je lance l'idée, qui me trotte dans la tête, de construire un voilier polaire qui serait notre camp de base mobile. Il assurerait les communications et la sécurité. Il nous conduirait au départ et viendrait nous chercher de l'autre côté du continent, à la fin de la traversée. Will trouve ça génial. Les architectes Bouvet et Petit à la planche à dessin, les ingénieurs Franco et Mégret à l'ordinateur n'attendent que le feu vert pour démarrer. Ils ont déjà conçu les grandes lignes du bateau. Pour ne pas se faire broyer par la banquise, sa forme et sa structure doivent lui permettre d'échapper à la compression du pack de glace — comme un noyau d'olive s'échappe lorsqu'on le serre fort entre ses doigts.

Le lendemain matin, nous sommes excités comme des enfants qui jouent à faire des projets de grands... rien ne peut nous arrêter. Après tout, nous pouvons bien nous permettre les plans les plus audacieux. C'est vrai qu'à nous deux nous accumulons une assez grande expérience des régions polaires. Qui s'amuserait à nous contredire ?

Le temps est si beau que nous partons bavarder dans la forêt. En marchant, c'est plus facile de parler de sujets délicats comme ceux des hommes, les questions de leadership, de finances... Will propose que l'équipe soit composée de Launa, une femme américaine, Paul Schurke, son coleader américain au pôle Nord, du Canadien Martin William, probablement d'un Néo-Zélandais, lui, et moi. La composition de cette équipe ne correspond pas du tout à l'idée que je me fais de notre voyage...

— Will, ce qui est au moins aussi important que de traverser l'Antarctique, c'est d'attirer l'attention du monde sur l'avenir de ce continent, actuellement objet de convoitises du fait de ses richesses. Il faut constituer une équipe internationale, représentative des nations qui jouent un rôle important dans la marche du monde.

Depuis quelques mois, j'ai déjà fait des démarches auprès des Russes, par l'intermédiaire de l'agence Tass à Paris, mais je ne sais pas comment aborder le sujet avec Will. L'antisoviétisme faisait partie de l'enseignement qu'il a reçu à l'école pendant son enfance. Je n'ai pas d'autre choix que de lui en parler maintenant.

— Will, je souhaiterais qu'un Russe et si possible un Chinois participent à cette expédition.

Il ouvre grands les yeux, comme si je lui parlais d'inviter des extraterrestres ; mais Will est malin, et en quelques secondes il saisit tous les avantages qu'il peut tirer de la situation.

— C'est sûrement une bonne idée, mais ça risque d'être le bordel !

— Ne t'inquiète pas, je me charge de toutes les négociations diplomatiques.

— Mais comment va-t-on faire pour la préparation, il faut que nous passions du temps ensemble ?

— C'est très simple, on les fera venir ici l'hiver prochain pour l'entraînement.

— Ici ! un Russe et un Chinois ?

Will, qui n'est pratiquement jamais sorti de son pays, se panique un peu, mais son côté joueur, provocateur, anarchiste, reprend vite le dessus et il finit par trouver ça très excitant.

— Ça va faire un de ces bruits dans la campagne américaine profonde !

« De mon côté, me dit-il, j'ai entendu parler d'un Japonais et d'un Anglais qui sont d'excellents *mushers*. Je vais essayer de les contacter.

— Maintenant, Will, j'ai une question un peu embarrassante mais capitale pour l'avenir de notre projet : qui est le chef d'expédition ?

L'expérience m'a prouvé qu'il faut asseoir toute entreprise sur un conducteur de projet. La question est sévère. Will a déjà constitué la société qui doit gérer tout ça : *Steger International Expedition*.

— Je suis désolé, Will, mais il faut que nos noms disparaissent derrière un nom générique.

Son visage se tord. Je le sens contrarié, mais en même temps il réalise qu'il faut partir sur des bases plus généreuses.

— O.K. Ce pourrait être *Transantarctica*.

2

Ici règne l'Antarctique

... Mais nous ne voyons rien. Nous n'avons plus qu'une seule chose à faire : nous sangler férocement à nos sièges, rentrer le plus possible la tête dans les épaules, et attendre...

Le décor est étrange. Nous sommes, dans l'avion, assis à l'intérieur d'une sorte de cabane de chantier, sans ouverture, style préfabriqué. Elle est amarrée par des câbles aux entrailles de l'énorme Iliouchine 76, notre avion-cargo russe qui va dans quelques minutes nous poser sur le dernier continent. Le grondement des réacteurs est assourdissant. Et surtout, la tension est terrible.

L'Iliouchine est imposant, disproportionné par rapport à la piste d'atterrissage glacée et étroite de l'île du Roi-George. C'est la première fois qu'un avion de cette taille va tenter de s'y poser. En longueur, elle mesure la moitié de ce qu'il faudrait pour ce monstre à quatre réacteurs. En largeur, elle est trop serrée pour les ailes géantes de cet albatros de science-fiction. Mais les Chiliens, qui contrôlent l'aéroport, ont passé toute la journée d'hier aux commandes de bulldozers pour élargir au maximum les côtés de la piste. Malgré tout, la marge reste étroite et il faut impérativement que l'avion se pose dans l'axe, et bien à plat. A bord, chacun sent que le crash est à craindre. Les souffles sont comme suspendus.

Les hommes qui nous pilotent sont, par contre,

excités au plus haut point. Ils sont vraiment gonflés. N'importe quel autre équipage aurait inventé mille prétextes pour refuser d'atterrir. Mais eux, après avoir réfléchi pendant toute une journée, pesé le pour et le contre, ont décidé d'y aller.

Ces Soviétiques sont fabuleux ! On dirait des chauffeurs de locomotive des années cinquante : hyper-costauds, des cous de taureau, la crinière touffue, des épaules de lutteurs... Ils sont vêtus de surprenantes salopettes à bretelles qui leur remontent jusqu'à l'estomac ! Il se dégage d'eux une telle confiance, ils arborent une telle décontraction, qu'à les voir, immédiatement, je respire mieux. J'ai même presque envie de sourire.

Une voix russe jaillit des haut-parleurs. Victor Boyarsky, le membre soviétique de l'expédition, nous traduit immédiatement : « Tenez-vous prêts pour l'atterrissage ! » En face de la porte de notre « cabine » sont installés les répétiteurs des instruments de pilotage. Victor a les yeux braqués dessus comme si nos vies en dépendaient. Il n'a pas tort, d'ailleurs ! En anglais, il égrène le compte à rebours :

« 30 mètres... 10 mètres... six... cinq... quatre... trois... deux... » Broummmmmm ! Une violence totale se déchaîne. Instantanément, les deux portes latérales de l'avion s'ouvrent en grand ! (Technique russe d'aérofreins en cas de coup dur.) Le souffle dantesque des réacteurs hurlants en plein rétrofreinage et l'odeur du kérosène qui brûle envahissent tout. Nous sommes aveuglés, étouffés, les yeux larmoyants, avec l'impression de vivre une catastrophe aérienne, pendant que l'avion continue sa route en vibrant de toutes ses structures dans un bruit infernal. Mais quand cela va-t-il finir ? C'est interminable... Enfin nous sortons de l'enfer presque aussi rapidement que nous y sommes entrés. Après une série d'ultimes secousses, l'avion s'immobilise dans un grand calme.

Victor jaillit de son siège et, les bras au ciel, hurle en russe quelque chose qui ressemble à :

— Ça y est ! C'est réussi ! Hurrah !...

Il a les larmes aux yeux. Il est fier du courage de ses compatriotes. Tout le monde soulage sa tension en reprenant les hurrahs, c'est la fête, nous sommes en Antarctique !... et vivants.

A la descente de l'avion, le pilote est accueilli par des salves d'applaudissements. Comme un héros, il est porté en triomphe ! Dans la foule il y a un Chilien qui brandit une barre de fer. Il vient la lui offrir en cadeau souvenir. Stupéfaction générale : c'est un petit phare d'entrée de la piste, carrément coupé net par l'avion ! En visionnant les vidéos de l'atterrissage, il y a de quoi avoir froid dans le dos. L'Iliouchine a heurté avec ses roues le mur d'entrée de la piste. On est vraiment passé à quelques mètres du crash ! Des pilotes de l'Hercule C130, l'avion-cargo américain, nous lancent :

— Cet avion doit avoir sûrement des structures de titane ! Sur un choc pareil, les ailes de l'Hercule auraient continué tout droit avec les moteurs ! et la carlingue serait restée au sol derrière ! Aucun doute, nous l'avons échappé belle.

Maintenant, nous allons nous lancer à l'assaut de bien pire encore : la traversée du plus grand désert froid du globe, la *Transantarctica.*

27 juillet 1989
Jour de départ de notre expédition

C'est la première fois que je pose le pied sur ce continent, l'Antarctique, et pourtant je dois me marteler la tête pour parvenir à réaliser que ça y est, que je m'y trouve vraiment... Cette immensité blanche est là, bien là... devant nous. L'aventure du pôle Sud commence !

J'aimerais me trouver un peu seul pour en profiter, comprendre qu'enfin démarre ce pour quoi je me bats depuis deux ans. Mais tout autour il y a du monde, des journalistes, des techniciens de télévision, une équipe cinéma... L'ambiance n'est pas au calme, à la rêverie. Les chiens de traîneau font un raffut de tous les diables, au comble de l'excitation, pressentant sans doute l'importance du moment. Mes compagnons de route sont, comme moi, hébétés de se trouver là, subitement au départ. Ils sont cinq : l'Américain Will Steger avec qui je partage le leadership, l'Anglais Geoff Somers, le Japonais Keizo Funatsu, le Chinois Daho Qin, et bien sûr l'homme du compte à rebours de l'atterrissage scabreux, le Soviétique Victor Boyarsky.

Le moment est d'importance. *ABC News* veut filmer notre démarrage façon plateau à l'américaine, où tout est mis en scène. Bob, un journaliste très professionnel, s'acharne à organiser ce plan... c'est un véritable tournage à la Charlie Chaplin car les chiens ont tout compris et, dès qu'une caméra se braque sur eux, ils se déchaînent, partent dans tous les sens et batifolent dans un délire indescriptible. Quand enfin tout est prêt, et que Bob dit « moteur », l'attelage que je partage avec Keizo fonce directement dans un groupe de supporters. Patatras ! toute l'équipe d'*ABC News* doit prendre la poudre d'escampette d'extrême urgence, les caméras sur pied sont fauchées, tout vole dans tous les sens ! C'est à mourir de rire. L'attelage de Will et Victor file droit devant comme une fusée incontrôlable. Victor, qui a manqué le départ, court derrière son traîneau... Visiblement Will est incapable de freiner son attelage. C'est d'un comique !

En mon for intérieur, je jubile... car on avait bien prévenu tout le monde : les chiens ne s'embarrassent jamais d'un scénario.

Il ne nous faudra pas moins de trois tentatives

avant de parvenir à mettre un peu de pellicule en boîte. J'apprécie ce pied de nez de nos chiens déchaînés, snobant les caméras, exécutant une danse du scalp devant les médias internationaux médusés !

On sent quelque chose de sauvage dans l'atmosphère, à l'image de ce que je pressens des mois à venir, ce futur qui sera long, peut-être interminable, 6 300 kilomètres de vide vierge...

Enfin nous sommes vraiment partis ! Les Seal Nunataks s'éloignent derrière nos traîneaux. Ce sont trois collines arrondies, blanches de neige et piquetées de taches grises de rochers à nu. On dirait trois gros phoques couchés. Ils nous regardent disparaître avec une placidité absolue. Il fait – 19° C, une sinécure. Plus au sud, il fera bien plus froid. Le paysage est une splendeur. A ma gauche, tout est plat, à perte de vision, blanc, blanc, blanc... avec de subtiles variations selon la lumière et la manière dont se pose le regard. Vu de près, tout semble ton sur ton, mais au loin c'est un blanc bleuté assez froid qui prédomine et qui engendre déjà comme un sentiment de torpeur. A droite s'allonge la chaîne de montagnes bordant la péninsule Antarctique. Elles sont loin de nous, à 20, 30 kilomètres, somptueuses. D'énormes nuages s'accrochent à leurs sommets, comme des spectateurs géants venus d'un autre monde.

Aujourd'hui, nous ne parcourons que quelques kilomètres, pour nous roder. Je me sens un peu fatigué, assez mou physiquement, mais l'enthousiasme m'aide à compenser cet état. Pour autant, je ne suis pas encore entré dans ce très long voyage. Espérons que demain ça ira mieux...

28 juillet 1989
– 8° C le matin, – 19° C le soir,
belle journée sans vent

L'équipe de tournage, qui nous suit pour quelques jours seulement, filme à tour de bras. Mais c'est difficile car les chiens sont toujours aussi fous. Ils démarrent selon des caprices imprévisibles et ensuite courent à vive allure. C'est normal, ils n'ont pas fait d'exercice depuis deux mois. Laurent Chevallier, le réalisateur, nous demande beaucoup de patience, et Geoff se met déjà à bouder le cinéma. Il ne fait rien pour faciliter les choses. Will se sent mal à l'aise et me demande d'intervenir pour calmer les esprits... Ces événements mineurs concrétisent brutalement certaines de mes craintes. Nous sommes six, tous de nationalité différente, lancés dans l'isolement absolu pour des mois et des mois sur ce gigantesque néant blanc, et voilà qu'au second jour des tensions apparaissent déjà ! Qu'en sera-t-il dans sept mois, lorsque nous atteindrons Mirny, de l'autre côté du continent — si jamais nous réussissons... ? Mieux vaut ne pas s'attarder sur ce genre de pensées négatives...

D'ailleurs, à 3 heures de l'après-midi, quand le soleil se cache derrière les montagnes, il n'y a plus aucune trace d'animosité entre nous. Une longue soirée d'hiver commence sur la Péninsule. Malgré le froid et la nuit précoce, le camp est confortable. Nous avons le réchaud et la lumière de la lampe à pétrole. On peut écrire et manger sans moufles, et même faire sécher ses vêtements ! Quel luxe, quand je songe aux conditions misérables de mon voyage solitaire au pôle Nord !

Nous sommes deux par tente. Pendant les deux mois à venir, je vais la partager avec Keizo. A trente-deux ans, c'est le plus jeune membre de l'expédition ; un compagnon silencieux, facile à vivre. Sa participation à *Transantarctica* provient de sa rencontre avec Steger, aux USA. Will lui a donné sa chance, comme Eric Tabarly l'avait fait, à mes débuts, en m'embarquant sur *Pen Duick 6* pour la Course autour du monde. Keizo dit avoir l'impression de vivre un conte de fées. Le veinard, il n'a aucun des soucis de cette lourde organisation...

Né à Osaka, master en économie, il s'est échappé de chez Panasonic, son premier boulot, pour traverser le Sahara à vélo ! Au Japon, ce genre d'attitude est considéré comme une faute grave, et ce n'est plus la peine qu'il cherche un nouveau job. Installé aux Etats-Unis depuis trois ans, il est devenu *musher* dans un important élevage du Colorado, par passion pour les chiens et par goût de la vie sauvage. Sa seule expérience polaire est notre traversée commune du Groenland, l'année dernière. Une grande expédition de 2 000 kilomètres, depuis le sud jusqu'à l'extrême nord de cet « Antarctique » de notre hémisphère. C'est au Groenland que nous avons préparé *Transantarctica*. Keizo est un homme qui a une certaine sagesse, et la patience qui caractérise les Asiatiques. Il n'est vraiment pas bavard, et ses exigences dans la vie de tous les jours sont raisonnables. Et cela compte ici, dans la promiscuité d'une tente de deux mètres de diamètre.

29 juillet 1989
– 9° C le matin, 0° C le soir, beau temps

Il y a quelque chose de très drôle chez Keizo : cette impression qu'il donne de toujours tomber des nues. Ça provient peut-être de notre différence de culture, ou de l'écart des langues. Il faut dire qu'entre son anglais et le mien ce n'est pas du tout la même musique. Notre Japonais a invariablement un temps de réponse assez lent, et il est très souvent en retard. Ce matin par exemple, tout le monde était prêt, Will a crié : « On y va ! » et, bien entendu, au même moment, Keizo a trouvé quelque chose à faire. Il avait oublié de mettre une chaussette à l'un de ses chiens... Il faut dire qu'il en prend soin comme de bébés. Finalement, sa lenteur ne nous énerve pas, tant elle est régulière, et chacun s'y attend. En fait, plus nous avancerons et plus je découvrirai que Keizo fait partie d'une espèce d'êtres devenus trop rares : celle des rêveurs. Il ne manque pas de charme.

Soudain, vers la mi-journée, Victor, notre Russe qui fait la trace depuis ce matin, se retourne vers nous. En agitant ses bâtons de ski au-dessus de sa tête pour donner l'ordre d'arrêter la meute, il hurle à s'époumoner :

— Crevasse ! Crevasse ! Crevasse !

C'est la première que nous trouvons sur la route. Victor, le vigile à l'avant-garde, l'a repérée de justesse, au dernier moment, cachée derrière une corniche. Elle est assez large pour engloutir nos trois attelages et nous avec... Ebahis par la gueule du monstre, nous éprouvons un frisson rétrospectif. Ça fait vraiment froid dans le dos ! En Antarctique, ces béances à même la neige et la glace sont autant de pièges tendus, dangereux, peut-être mortels, car jamais aucun indice ne les annonce.

Regroupés autour de la faille, nous nous regardons en silence. Pas un mot n'est échangé, mais le regard de chacun est très clair : à partir de maintenant, il va falloir être extrêmement vigilant.

La chaîne de montagnes se rapproche, énorme, majestueuse. Elle était irisée de rose ce matin au lever du jour ; mais ce soir au couchant, elle est sombre, fermée, sinistre. Avant de couler derrière l'horizon crénelé, le soleil est sorti entre deux nuages, projetant une miraculeuse lumière jaune, rasante, que je n'oublierai jamais.

Cette Péninsule est d'une beauté poignante, comme dans un grand rêve où tout semble être nimbé d'une aura irréelle. Avant d'entrer sous la tente, j'ai pris le temps d'un dernier regard vers ces lieux insolites. La pureté du ciel m'a blanchi l'esprit et offert un instant magique de transparence et de paix absolue. Je vais dormir tranquille.

31 juillet 1989
– 17° C le matin, – 12° C à 18 h, – 4° C à 20 h car le vent d'ouest s'est levé

Au loin une énorme montagne, qui n'est pas indiquée sur la carte, se dresse en travers de la route. Geoff, notre navigateur, réalise qu'il a fait une erreur de navigation. Il s'arrête et nous appelle autour de son traîneau.

— Nous n'avons pas pris exactement la bonne direction, dit-il, un peu inquiet. La seule raison que je voie est une mauvaise interprétation de la déclinaison sur la carte.

Dès l'obstacle en vue, je m'en étais rendu compte, au soleil, avec ma montre polaire. Geoff, qui n'a jamais aimé cette montre formidable, qu'il appelle « the toy », doit sûrement se faire violence pour me demander au bout d'un moment :

— Pourrais-tu, s'il te plaît, avec ton *jouet*, me dire si nous sommes dans la bonne direction ?

— Eh bien non, pas vraiment, Geoff. A mon compas solaire, nous sommes à près de 20 degrés à l'ouest de la route.

Il s'ensuit une petite discussion un peu nerveuse. Laurent Chevallier, caméra à l'épaule, virevolte autour de nous. En véritable artiste, il sait utiliser la moindre bribe d'émotion dans ce paysage glacé si peu accessible aux passions humaines.

Je crois que c'est à partir de cet instant que Geoff, notre Anglais, a commencé à prendre en grippe l'équipe cinéma. Vexé, il me dira plus tard : « On ne me filme que lorsque je suis en situation d'infériorité ! »

Geoff est vraiment un personnage. Il est né au Soudan, il y a quarante ans, « à l'époque où l'on nous respectait », précise-t-il. Son éducation a été extrêmement sévère. Elevé dans un collège de bénédictins en Angleterre jusqu'à dix-huit ans, il a connu les punitions corporelles traditionnelles de l'éducation anglaise. Les coups pleuvaient dru ! Les mains dans les poches, c'étaient deux coups... La veste non boutonnée, un coup... Résultat, c'est certainement l'homme le plus strict et le plus rigide que j'aie connu. Mais il est aussi exigeant envers lui-même qu'envers les autres. Par exemple, il rêvait depuis toujours de partir pour l'Antarctique, mais le *British Antarctic Survey* exigeait des compétences très étendues, et il fallait remplir un dossier très serré.

Geoff s'est très vite aperçu que bien des références demandées lui faisaient défaut, notamment de savoir grimper, de connaître la montagne... Alors patiemment, pendant sept ans, il s'est escrimé à accumuler tout ce qui lui manquait... Sept ans de travail acharné pendant lesquels il a acquis tout ce qui correspondait aux cases du questionnaire ! Quand il est revenu le déposer, le fonctionnaire de service fut sidéré : le formulaire tout jauni par le temps n'avait plus cours, mais Geoff était fin prêt... et il a pu partir pour suivre son rêve en Antarctique.

Pendant trois années consécutives sur la Péninsule, il a conduit des attelages au service de missions scientifiques. Et, à force d'une incroyable discipline, il est devenu maître-chien du *British Antarctic Survey*.

Toute l'existence de Geoff est un modèle absolu d'organisation. Il note délibérément la moindre chose. Son livre de bord est impressionnant, bourré de chiffres et d'observations. Cette méticulosité quasi maniaque semble parfois à la limite du caricatural. Mais ses bons côtés sont nombreux, l'homme est d'une droiture sans faille, ne rechignant devant aucune tâche. Quel que soit le temps, il est toujours là, présent, paré à donner un coup de main si besoin est.

Son attelage est du genre admirable, c'est le seul qui obéisse au doigt et à l'œil. Quand il crie HO ! tous ses chiens s'arrêtent avec un ensemble ahurissant. Quand il lance SEAT ! tous s'assoient comme un seul homme. S'il veut démarrer, il dit O.K. ? et tout le monde se lève en même temps, UP ! et toutes les bêtes trottent simultanément. Ça vaut le coup d'œil ! Alors que pour les chiens de Will et de Keizo, c'est infiniment plus instinctif, moins appliqué, parfois fantaisiste. L'organisation est plus souple, pour le dire avec tendresse, car à certains moments c'est clair qu'on peut appeler ça le « bordel » !

Chaque matin, depuis le départ, Geoff fait travailler sa chienne de tête, Thulé, qui est d'ailleurs la seule femelle de l'expédition. Grâce à quoi elle jouit d'un statut très particulier. Geoff a développé une relation fort affective avec elle. La considère-t-il comme sa fille ou comme sa maîtresse ? C'est difficile à dire... Personne n'osera jamais lui poser la question directement. Geoff est trop sérieux, et peut être susceptible... J'en ferai plus tard l'amère expérience. Plaisanter avec Geoff Somers exige un self-control d'exception...

Bref, tous les matins, Geoff se noue une corde autour de la taille et retient Thulé à cinq, six mètres devant lui. Puis il ordonne : « A droite ! A gauche ! » afin de lui apprendre à tourner sur ce territoire sans repères. C'est une tâche ardue car les chiens ont été pour la plupart habitués à s'orienter sur des sentiers, à Ely, dans le Minnesota, au sein de la nature. Ici où il n'y a rien, pas un arbre, pas un buisson, pas d'odeurs, ils sont « désorientés » car la gauche et la droite ne sont plus situables par rapport au décor. Tout le travail d'orientation est à refaire. Au petit matin, nous admirons tous le tandem Geoff-Thulé, l'homme et l'animal, dans sa valse-hésitation sur la glace virginale. Notre sentiment, à l'unanimité, est que lorsque Geoff prend les choses en main, tout est remarquablement bien fait.

1er août 1989

Depuis cette nuit, l'Antarctique nous prend pour des grands. Le vent s'est levé, vite et violemment. Il dévale des montagnes à plus de 80 km/h. Les tentes, mal amarrées tant la glace est compacte, résistent bien au choc malgré tout. Dehors, il est pénible de se tenir debout car la surface est lisse et la pression des rafales implacable. Nos chiens aussi ne sont pas épargnés. La neige qui leur confectionne normalement un igloo sur mesure est absente sur cette portion de Péninsule. Par bonheur, il ne fait pas froid, – 5° C... Pour un chien de traîneau polaire, c'est une broutille.

Demain, s'il fait beau, l'avion viendra prendre l'équipe cinéma... et nos premières lettres.

Ma chère Sylvie,

Il y a maintenant trois semaines que cette aventure nous sépare, et j'ai par moments l'impression qu'il y a des années. Ce départ nous est tombé dessus avec brutalité, et il me faudra du temps pour structurer mes pensées au présent. La rigueur et l'ascétisme sont propices à l'éveil sur la beauté des lieux, et ça m'aide beaucoup. La lumière est unique car le

soleil ne décolle que très peu sur l'horizon. Je plonge mon regard dans le bleu du ciel, le plus pur que j'aie jamais vu, et j'apprends à en extraire l'essentiel pour nourrir mon esprit.
Les journées sont très courtes, les veillées et les nuits interminables. C'est de notre petite tente que je t'écris, que je pense à toi, que je rêve de toi.

Jean-Louis

4 août 1989

A cause du mauvais temps, l'avion de l'équipe cinéma n'a toujours pas pu venir. Belle journée le matin, mais vers 14 heures un fort vent du sud s'est levé, glacial. La température a chuté de 14° C en quelques heures. En montant nos tentes si légères, nous avons cru nous envoler. Il a fallu batailler ferme pour en venir à bout.

A 18 heures, nous tentons de communiquer avec le reste du monde. A la vacation radio, la tente franco-japonaise est souvent un lieu de réunion. Tout un chacun s'y rend avec l'espoir d'obtenir une information du pays, d'avoir une surprise même, pourquoi pas ? Mais le plus souvent, hélas, Criquet depuis Punta Arenas ne donne que la routine météo, suivie d'une localisation Argos, concluant le tout par un sempiternel : « Salut, bonne nuit, et à demain 18 heures ! » Mais on revient quand même tous les soirs avec les mêmes espérances...

Ce soir, par contre, personne n'a pris le risque de venir car le vent dépasse maintenant les 100 km/h. Malgré son bruit infernal, j'ai noté à la radio 66 °S, 62 °13W. La balise Argos fonctionne bien. Nous sommes suivis à la trace. Pour la première fois du voyage, j'écoute ma cassette fétiche, celle de Véronique Samson, qui a fait avec moi le tour du monde et crapahuté au pôle Nord. La musique couvre à peine l'infernal souffle du vent et les claquements répétés de la tente. Ils sont si assourdissants qu'avec Keizo nous sommes obligés de hurler pour nous entendre. Véronique, je l'ai écoutée mille fois. Derrière chaque mot, j'accroche des souvenirs. C'est drôle comme la mémoire auditive est révélatrice : elle chante ma vie dans ma tête.

Je pense à Sylvie, mais ce n'est plus une souffrance, plutôt une force.

Le vent redouble de violence. Dehors, les chiens hurlent dans les rafales. C'est un environnement terrible, inhumain, démesuré. Il y a paradoxalement du bonheur à être ici, à partager ce territoire avec ces forces déchaînées. Je vais essayer de dormir...

6 août 1989

Nous sommes coincés sous la tente par le mauvais temps. Le vent est très violent, avec des accélérations furieuses dépassant les 150 km/h. La visibilité est réduite à zéro, au point que la tente la plus proche n'est même pas discernable. Il est hors de question de mettre le nez dehors, ce serait de la folie ! Avec le blizzard, il suffit d'une rafale pour que tous les repères disparaissent en un clin d'œil. Il faut alors se figer sur place, et attendre, avant de repartir, de pouvoir deviner à nouveau sa cible. L'erreur commune est d'aller dans le sens du vent, car la route est plus facile, mais dès qu'on se retourne, les cristaux de glace vous brûlent les yeux jusqu'à l'aveuglement, et on perd très vite la définition des choses et l'orientation.

Cette expédition est un mélange assez étonnant de personnalités et de motivations différentes. Pourtant, je sens que chacun a en commun la fierté d'y participer. Il y a ceux qui sont en mission : Victor le Soviétique et Daho le Chinois, envoyés par leurs administrations. Pour Keizo le rêveur, tout est magnifique, et je ne me fais aucun souci. Par contre, Geoff, s'il est heureux d'être en Antarctique, est frustré à cause du rang qu'il occupe dans l'équipe. Il souhaiterait davantage d'autorité et de notoriété, car il a à l'évidence les compétences pour être à même de diriger l'expédition sur le terrain. Je me doute qu'il en souffre, mais sa discipline personnelle et son introversion l'incitent à la discrétion. Heureusement.

Will et moi, les « chefs », avons des ego équivalents, notre situation de coleaders se révèle assez inconfortable. L'ambiance de l'expé est d'ores et déjà affectée par ce bicéphalisme au sommet, même si tout se passe bien. Plus que d'avoir deux meneurs, nous aurions besoin d'un garant de l'esprit initial du projet. Je perçois que c'est ce rôle qui devra progressivement devenir le mien. Je sais que Will sera impeccable et tiendra en cas de coup dur, mais il est souvent trop lointain, trop distant pour juger au quotidien des simples préoccupations des hommes. Il ne semble s'en inquiéter que si lui-même ressent une mauvaise vibration. Or, il faut bien alimenter le moulin à vie de cette expé avec de la cohésion, une certaine unanimité. Nous devons créer quelque chose tous ensemble. Avec Keizo, Daho, Victor et Geoff, je suis certain de la demande et de l'écho. Mais il est difficile d'engendrer volontairement cette atmosphère collective. Les conditions de vie, la sévérité du climat, la barrière des langues n'aident guère à faire jaillir le liant indispensable. C'est un challenge qui me motive. En donnant, je crois que nous y parviendrons.

Il y a quand même entre le ciel et la solitude de grands moments d'échange qui embellissent la vie.

Will Steger représente l'explorateur solitaire type, l'aventurier un peu brigand, extrême. Un profil fréquent parmi ces hommes en marge, guère conviviaux, souvent fermés. On sent derrière eux des vies mystérieuses, des destinées complexes. Ils semblent détenteurs d'une espèce de secret qu'ils portent en eux, ce qui leur donne un charme fou. Quelque chose les travaille en dedans, qu'ils ne laissent que peu filtrer, fascinant... Des personnages à la Conrad.

A quarante-cinq ans, Will est un enfant des années soixante, qu'il a vécues à la grande période contestataire, avec en arrière-fond la guerre du Viêt-nam. Il a fait la route, passé des jours et des nuits dans des voitures, de la musique plein les oreilles, déboulant au hasard des *highways* du Minnesota à la Californie, pour repartir dare-dare vers un ailleurs toujours aussi improbable...

Steger est un extrémiste qui pousse tout au maximum. Lorsqu'il est en forme, heureux, il est adorable. Mais si les choses se compliquent, il peut se mettre en colère et devenir violent. Il hurle alors contre tout ce qu'il rencontre sur son chemin — c'est incroyable ! —, que ce soit un traîneau, du matériel, un bâton de ski, tout lui est prétexte pour se défouler ! Il crie contre les chiens, qui le connaissent trop bien et laissent imperturbablement passer l'orage avec la sagesse propre à leur race. Par chance, son agressivité ne se dirige jamais contre les hommes, qui restent, bouche bée, les spectateurs d'un *one man show* surprenant. Au sein d'une blancheur sans limites, un homme invective à lui tout seul un continent entier... C'est d'une cocasserie irrésistible.

Je crois que Steger est allé jusqu'au bout de bien des voyages, pour finalement revenir dans sa forêt du Minnesota, et décider que c'est de là que sa nouvelle vie devait repartir. Il est arrivé dans ce havre en stop, avec comme seul bagage une boîte à sucre dans laquelle dormait Zap, ce petit chien qui deviendrait le père de sa meute...

7 août 1989
Journée magnifique, 66 °05S, 62 °20W

L'équipe cinéma a pu enfin décoller. Pour la première fois, nous nous retrouvons tous les six. L'allégresse est générale quand les trois attelages se lancent à fond vers le sud, sur une glace bleue, très rapide. Le vent ne souffle plus. Le silence est lourd, rassurant, profond. Celui de l'infini. Le soleil, la glace et les montagnes sont d'une rare splendeur. Les mirages à l'horizon donnent l'impression d'une plage à marée basse. Tout est d'une exceptionnelle pureté. C'est le monde à l'état initial. Ici, la planète n'a pas bougé depuis sa création. Pureté, voilà le mot qui me revient sans cesse à l'esprit. Cet infiniment beau m'absorbe. C'est trop pour moi tout seul.

Ça va très vite ce matin : bonne glisse, – 25° C, petite brise du sud, soleil, des conditions idéales... la vie est belle.

Les chiens n'ont pas du tout été affectés par ces deux derniers jours de blizzard. Incroyable comme ces bêtes sont équipées pour le froid ! Quelle forme éblouissante ! Toutes les queues sont en panache, ça trottine avec bonheur.

— Good boys, good boys les chiens...

Keizo est aux anges, il les encourage nommément.

— Good boy Kinta, good boy Chinook, good boy Kutaan... good boy Monty.

Reconnaissant, Monty se retourne alors pour saluer son maître. Keizo est ravi, c'est un peu son chouchou. Cela ne fait aucun doute que Monty est le plus à l'aise sur ce terrain depuis le départ. Il faut quand même souligner que c'est un véritable citoyen de l'Antarctique. Il est né à la base néo-zélandaise de Scott. Il a donc retrouvé son pays... Le ressent-il ?

Monty ressemble à un lion gris-noir, avec une fourrure épaisse. C'est un chien extrêmement trapu aux pattes larges, pas très haut. Ses yeux noirs lui donnent un regard sévère. Avec sa gueule plissée, il a toujours l'air de réfléchir intensément. Il est puissant. Avec Herby, son frère jumeau, ce sont les deux premiers chiens de l'attelage en partant du traîneau, là où nous avons besoin des bêtes les plus fortes pour faire décoller les patins au démarrage. Monty est impérial et il n'aime pas les reproches. Quand je lui donne un petit coup de bâton de ski sur l'arrière-train, il tourne la tête et semble dire d'un air mécontent : « De quoi te mêles-tu ? Je sais ce que j'ai à faire ! »

Il a quand même un petit défaut : le moindre bloc de glace lui est prétexte à pisser. Et cela malgré les vingt minutes accordées tous les matins pour les besoins, plus de nombreux arrêts en cours de route. C'est sa façon à lui de s'économiser. Monty est un vieux routier de sept ans, le plus vieux de la troupe, un sage. A tous les arrêts, il se couche sur le côté et s'endort instantanément ! Le chien de l'Antarctique par excellence.

Nos chiens sont très particuliers. Rien à voir avec des chiens de course, comme les huskies aux yeux bleus, assez fins, qui tirent à toute vitesse sur la neige des traîneaux très légers où un seul homme est installé. Monty et ses frères sont des chiens de trait, ils n'avancent pas vite, ils marchent. Si, de temps en temps, il leur arrive de pousser un petit galop, c'est pour revenir au pas rapidement, car ils sont massifs et s'essoufflent assez vite à trop haut rythme.

Mais pour tirer, ils tirent ! Il vous serait pratiquement impossible de vous promener en tenant l'un d'eux en laisse dans une rue de Paris ! Il vous emporterait du premier coup, vous prenant pour un traîneau. Ce sont des « tireurs d'élite » : même nous qui en avons l'habitude sommes irrésistiblement entraînés par leur force quand nous les attrapons par leurs colliers. Nous devons soulever leurs pattes avant, c'est plus facile pour se déplacer avec eux, même s'ils pèsent entre 40 et 50 kilos.

Ces bêtes sont très, très douces, même câlines avec les humains. Mais certains de ces chiens ont des caractères assez spéciaux. Monty et Herby, par exemple, n'aiment pas les enfants. Si des gamins les caressent, il vaut mieux surveiller le manège et se méfier, car ils auraient vite tendance à mordre. Peut-être sentent-ils que c'est de la bonne chair fraîche qui ignore encore comment se défendre... Mais dans l'ensemble, ce sont des chiens très affectueux. Cependant, ils ne ressemblent en rien à des animaux de compagnie.

La seule chaleur qu'ils connaîtront de leur vie est celle du ventre de leur mère, car celle-ci les met bas sur la neige. Une neige qu'ils ne quitteront plus jamais. Ils vivront ensuite toute leur existence dehors, et le froid, même extrême, sera leur complice pour toujours...

La chaleur, ils la redoutent, elle peut même les tuer. Lors de notre voyage en Antarctique, nous avons dû faire une escale technique à Cuba. Très vite, hélas, nous en avons perdu deux. Leur mort nous a accablés de tristesse. Là-bas, il faisait 30° C, et nos chiens portaient leur toison d'hiver, qui est constituée d'une partie dite « estivale », faite de poils normaux, comme tous les quadrupèdes, puis d'une bourre qui se développe entre les poils. Les chiens perdent celle-ci quand la température devient clémente, par exemple en juillet dans le Minnesota, où les trois quarts sont nés. Sur les quarante chiens dont nous disposons, un quart seulement viennent du Grand Nord canadien, d'Iglooglik où ils ont été élevés par les Inuit.

Tous ces chiens, sélectionnés très jeunes, à un an à peine, ont passé plusieurs hivers à s'entraîner chez Will Steger à Ely (USA), avant de s'embarquer pour la grande aventure. Tous ont du sang de loup, et sont souvent même le résultat de croisements entre les deux espèces.

Nous n'avons que des mâles, hormis bien sûr la belle Thulé de Geoff, car il a absolument tenu à amener une femelle. En général, celles-ci sont plus faciles à dresser, plus attentives, plus concentrées, mais délicates à mêler aux mâles pour d'évidentes raisons de périodes de chaleur. D'ailleurs, Thulé causera bien des soucis sur ce plan à Geoff, comme nous le verrons par la suite...

Ces derniers jours de vent violent, courant sur la glace très dure, nos chiens n'ont pas eu la neige nécessaire à la confection de leurs igloos individuels nocturnes. Aussi leur avons-nous construit des petits murs de protection. Mais, au matin, nous les avons découverts endormis à côté, ou carrément dessus ! Comme s'ils se moquaient de nos protections de civilisés. Le fait qu'ils puissent ainsi dormir si facilement non recouverts m'a surpris en tant que médecin. C'est simple physiologiquement, leur température centrale baisse terriblement car ils possèdent une authentique acclimatation au froid. Elle est de 29° C ! J'en suis abasourdi : 8° C d'écart avec la normale ! Je me pose la question de savoir si cette différence époustouflante n'est pas plutôt due à l'étalonnage délicat du thermomètre dans ces conditions de blizzard... C'est fort probable.

Parfois, des bagarres éclatent entre les chiens, sans raison apparente. C'est complètement imprévisible. Ils peuvent se battre très sérieusement. Il faut alors intervenir au plus vite car ils sont capables de se faire vraiment très mal et d'aller jusqu'au sang. On doit se ruer à toute vitesse dans la mêlée. Ils se prennent vite à la gorge, aux oreilles, au museau, et il s'agit de les séparer d'urgence, surtout s'ils s'y sont tous mis. En général, les batailles démarrent à deux ou trois, mais ça peut s'étendre comme une traînée de poudre. Des boules de chiens enragés les uns sur les autres ! Il est impératif de rentrer dans le tas pour ramener le calme. Si jamais nous ne parvenons pas à les maîtriser, on court un risque grave : devenir un maître qui a perdu son autorité, surtout vis-à-vis des chiens qui ont été blessés, qui nous en veulent, deviennent méfiants et plus difficiles à contrôler.

Jusqu'à présent, j'ai pu remarquer deux types de bagarres : la sérieuse où ça castagne pour de vrai, et puis celle qui n'est qu'une prise de pouvoir. En un éclair, un chien se jette sur un autre, l'attrape à la gorge, et tient ferme son rival apeuré, qui ne bouge plus d'un poil en signe de soumission. Et ça s'arrête là. Aucun doute, la hiérarchie est alors établie pour un temps, l'équilibre revient. Dans l'attelage de Will, Yeger, le bagarreur, et Hank, son frère, sont des spécialistes du genre. A l'arrêt, ils grognent constamment l'un contre l'autre, et Will m'a affirmé que déjà tout petits ils se battaient comme des chiffonniers. De toute façon, ce n'est jamais complètement calme chez nos chiens. Même quand la sieste est générale, il s'en trouve toujours un pour rêver violemment, bouger et, comme ils sont attachés par deux, cela importune le voisin, qui a vite fait de lancer un GRRR... de mauvais augure ; puis tout s'apaise, pour recommencer trois minutes plus tard, trois chiens plus loin. C'est incessant. Nous devons toujours avoir l'œil et l'oreille branchés sur eux, pour les surveiller en cas de péril.

Le plus dur reste de démarrer les attelages alors que le traîneau à l'arrêt doit être décollé de la glace. Je n'ai pas la chance de me trouver avec Geoff, dont la ravissante Thulé, gris foncé, avec des yeux marron, un museau très effilé, frémit d'impatience loin en tête, devant ses neuf congénères, dont j'ai déjà évoqué l'obéissance. Avec Keizo, c'est un tout autre sport d'obtenir que les chiens s'élancent tous en même temps. Il crie *Ready guys !* OK ! et, s'ils en ont envie, ça marche ; sinon rien ne se passe... Là, il faut ruser. L'astuce consiste à se saisir, juste devant le traîneau, de la ligne d'attache, et de la tirer en arrière. Immédiatement, les chiens sentent qu'il y a quelque chose derrière eux et ils démarrent tous... à peu près simultanément. Ensuite, c'est tout bon. Lorsque le traîneau a pris de l'élan, il suffit d'entretenir le mouvement. Mais il faut quand même surveiller la tension des cordes de trait, car il y a quelques petits futés qui savent exactement tendre la corde juste assez pour faire croire qu'ils tirent, tout en n'en faisant pas une rame ! Mais nous les avons vite repérés — même chez Geoff, il y en a un ! Poppy, un jeune chien du Grand Nord canadien, tout blanc, magnifique, avec des yeux malins, mais malins... Tous les trois pas, Poppy jette un coup d'œil pour vérifier si Geoff le surveille, prêt derechef à simuler une traction courageuse. Pas de pot, Geoff avance toujours à côté de lui, comme par hasard.

Le pôle Sud est encore si loin... Mirny, située de l'autre côté d'un continent grand comme l'Europe et les Etats-Unis réunis, me paraît hors d'atteinte. Nous nous sommes lancés dans quelque chose de monstrueux. En ce douzième jour de *Transantarctica*, je nous perçois réduits à l'infiniment petit, face à l'immensité de ce monde inhumain.

3

Sous le capuchon

Harnachés, sanglés dans nos tenues polaires, la tête sous le capuchon, notre vision se borne à ce qui se passe droit devant : douze queues de chiens qui oscillent comiquement, douze trous du cul qui chient irrégulièrement, douze pelages qui ondulent puissamment, douze paires d'oreilles qui se dressent incessamment. Ça aboie, ça grommelle, ça grogne, mais ça tire. D'une main, nous nous agrippons à la barre du traîneau, de l'autre nous skions à l'aide d'un seul bâton.

Il y a beaucoup de glace bleue, très rapide, beaucoup trop même. Sur ces plaques de marbre imprévisibles, les traîneaux prennent des accélérations foudroyantes. Sentant qu'il n'y a plus de résistance derrière, les chiens se mettent à courir de plus belle.

HO GUYS ! HO... HO... Keizo est impuissant à les arrêter.

Accrochés des deux mains à la barre du traîneau, en travers de la route sur les carres de nos skis, nous essayons de maintenir le cap. Mais c'est impossible, on ne peut plus arrêter ce poids lourd incontrôlable qui part dans tous les sens, qui va même dépasser les chiens au risque de les écraser.

HO GUYS ! HO... HO... Rien n'y fait.

Soudain, c'est la catastrophe. Le traîneau part en travers et se bloque brutalement. Craac ! Sur sa lancée, il fait deux tonneaux avant de s'immobiliser. Les chiens sont hébétés, brutalement stoppés dans leur course folle. Keizo a été éjecté à une dizaine de mètres mais il n'a rien, ouf ! Par contre, le choc latéral sur la glace a été rédhibitoire pour le patin. Le constat est sévère : il est coupé sur toute la longueur. Keizo et moi sommes atterrés, et isolés, car nous étions à l'arrière et les autres n'ont rien vu. Ils ont disparu dans la pente.

Une longue heure passe, tendue. Enfin, Daho apparaît. Il remonte vers nous, l'air inquiet, agité. Il crie quelque chose que j'ai du mal à comprendre.

— Will a dérapé, son traîneau est cassé !

Je n'arrive pas à y croire. Daho essoufflé arrive jusqu'à nous et nous confirme la nouvelle.

— Et vous, que se passe-t-il ?

— Regarde le patin, lui dit Keizo d'un air désespéré.

Daho est sidéré...

— Incroyable ! Le même accident au même moment ! Qu'allez-vous faire ?

Je suis persuadé qu'on peut réparer, à moins qu'avec les deux patins entiers, celui de Will et le nôtre, on ne bricole un traîneau neuf.

— Trop tard, me dit Daho, Will a déjà scié son patin en deux pour fabriquer un mini-traîneau !

Merde ! J'enrage de ce manque de communication au sein de l'équipe, surtout dans les moments aussi importants. Et tout ça arrive aujourd'hui. Si seulement ça s'était produit hier, l'avion du cinéma aurait pu nous apporter les deux traîneaux de rechange qui sont au camp de base, sur l'île du Roi-George. Pensées stupides...

Il n'y a rien d'autre à faire que de réparer, à la méthode esquimaude : attelle de bois et cordelette.

Notre outillage est des plus élémentaires : un poinçon, un bout de scie, un marteau, une pince multifonctions, et surtout un couteau suisse. Ouvrir chaque orifice nous prend dix minutes ! A 16 heures, à la tombée de la nuit, les pieds gelés, nous arrêtons cette « couture » d'enfer.

A la vacation de 18 heures, j'annonce la nouvelle. John Stetson apprend l'information avec inquiétude. Il se sent un peu responsable car c'est lui qui a fabriqué les traîneaux. Le vol d'un Twin Otter coûterait 20 000 dollars. Injouable ! Choix imposé : faire une réparation assez solide pour tenir encore un mois, jusqu'au retour de l'équipe cinéma.

Ce soir, à la radio Thomson qui nous donne toutes les fréquences, j'ai capté des nouvelles du pays sur Radio France Internationale, RFI 15190 : le mois d'août est sec et torride... une entreprise sur deux est fermée... les vacanciers s'entassent comme d'habitude aux mêmes endroits surpeuplés... trois personnes ont été hospitalisées pour brûlures solaires... la CGT ne veut pas que les magasins Ikea ouvrent le dimanche... Malgré tous nos ennuis, on est quand même pas mal ici, sur cette autre planète où règne un silence de fin ou de début du monde.

Ce soir la lune est apparue, mais à l'envers par rapport à notre hémisphère. Ici, un trait prolongé reliant les deux pointes l'une à l'autre trace un d (dernier quartier) pour le premier quartier de l'astre, ou bien un p (premier quartier) pour le dernier. Le contraire de l'hémisphère Nord. On est en bas de la planète, et il faut tout inverser pour s'y retrouver.

9 août 1989
– 20° C, couvert, vent du sud 60 km/h
levé brutalement à 15 h, neige

Dans ces conditions, ce n'est pas facile de bricoler dehors. Avec Keizo nous y passons pourtant la journée, pour consolider notre patin accidenté. Geoff a travaillé à l'abri sous sa tente sur le mini-traîneau de

Will. Victor a réussi à s'improviser quelque chose avec les restes de celui qu'il partageait avec Steger. Désormais ils auront chacun leur traîneau. Celui de l'Américain est un demi-traîneau doté de deux patins intacts, celui du Russe est tout petit, une sorte d'épave reconstituée à l'aide de vestiges ! Will aura sept chiens, Victor cinq. Demain, ce sera l'épreuve de vérité pour ce matériel de fortune...

J'ai mal aux mains à force d'avoir foré des trous et des trous dans une planche de 25 mm avec un couteau suisse. J'ai les doigts sciés d'avoir tendu de la cordelette à n'en plus finir.

Malgré tout, ces journées sont excellentes, où l'aventure nous impose son rythme, sa vraie dimension, avec son lot d'imprévus. De ces difficultés incontournables jaillit le « liant » qui fait des individus une équipe.

Victor apporte un fond de vodka, Daho un alcool chinois assez indescriptible, mixture bizarre, mais peu importe... nous trinquons tous les six entassés sous la tente de Geoff.

Malgré ce détonant mélange d'alcools errent encore quelques inquiétudes.

— Jean-Louis, tu crois que ça va tenir, cette réparation ?

— T'en fais pas, Keizo... Je suis certain que notre traîneau est plus solide qu'avant !

— La seule chose qui me fasse peur, c'est que pour chevaucher les crevasses mon traîneau soit maintenant un peu court ! s'inquiète Will.

— Et le mien alors ! répond Victor. Tu sais comment je l'ai appelé avec ses 2,50 m de portée ? Le « Radeau de l'Antarctique » !

On se marre. Daho est hilare, il a un peu forcé sur la dose. Geoff, lui, ne boit pas, mais n'est pas pour autant inquiet. Il n'est pas concerné par ces problèmes de traîneaux cassés car il utilise le classique Nansen, qui a fait ses preuves.

— Quoi qu'il en soit, mon traîneau aurait tout aussi bien pu se casser..., dit Geoff d'un air faussement innocent.

— Oui, bien sûr, soupire Will. Les nôtres manquent un peu de solidité, surtout les patins, mais il faut bien essayer d'innover, non ?...

Depuis le début du projet, c'est la confrontation permanente entre la tradition anglaise et l'innovation américaine.

Mais une sorte de consensus s'est instauré entre nous : ne jamais mettre en avant nos diversités nationales et respecter l'Antarctique comme le continent d'une aventure qui englobe nos différences culturelles. Ici, il n'y a pas de frontières, chacun est citoyen du monde, individu libre, sur un territoire appartenant à l'humanité tout entière, et de ce fait non réductible à un drapeau ou à une nation. C'est l'esprit même du traité de l'Antarctique que nous saluons. Ce traité international, signé en 1961, régit cette partie du monde ouverte à tous les explorateurs et les scientifiques sans distinction. L'Antarctique doit pour toujours rester une terre de science et de paix. Mais attention ! ce traité ne protège pas le continent blanc des convoitises touristiques et industrielles qu'inspirent ses richesses, et qui menacent cet univers merveilleux.

Nous sommes là pour le dire. La principale motivation de notre expédition est justement d'attirer l'attention internationale. Si l'on parle de « sauver » le monde, il faut commencer par prouver que l'on est capable d'oublier un instant sa volonté de puissance. Vouloir la liberté de l'Antarctique, c'est le protéger contre toute cupidité. Ces propos ne sont pas l'utopie d'un doux rêveur, c'est la seule voie possible.

10 août 1989
66 °18S, 62 °39W, – 20° C,
pas de visibilité jusqu'à 10 heures

Il neige et la visibilité est très faible. C'est le *white out* : le ciel et la surface qui se confondent, effaçant les contrastes, les repères de distance et de déclivité. Que faire ? Y aller ou attendre que ça s'améliore ? Je fais le tour des tentes. Tout le monde partage le même sentiment mitigé : d'une part l'envie d'y aller pour tester les réparations, de l'autre la peur de se faire prendre dans une descente infernale par manque de visibilité et de tout casser à nouveau.

Nous décidons de lever le camp. Geoff part en tête pour repérer les mauvais passages. Will le suit d'assez près avec son mini-traîneau à sept chiens, puis Victor et son « Radeau de l'Antarctique ». A l'arrière, nous fermons la marche. Keizo a les yeux rivés sur le patin accidenté. La glace est toujours bleue, traîtresse. Par endroits il est bien difficile de contrôler vitesse et direction. Chacun retient son souffle, s'attendant au pire. Mais petit à petit on retrouve le rythme normal. Nos réparations « cousues main » tiennent le choc, et la vitesse moyenne de trois milles à l'heure est même respectée ! C'est formidable !

Accroché en bout de corde à son traîneau de fortune, Victor a bien du mal à tenir sur ses skis. Il préfère déchausser et courir derrière. Quel athlète !

Mais brusquement, sa silhouette balancée s'enfonce dans une crevasse. Il y est escamoté jusqu'à la taille. L'épouvante nous glace sur place quand, d'un seul coup, aussi vite qu'il est tombé, il est littéralement arraché à son piège par ses chiens qui n'ont rien vu et qui continuent de courir... Ouf ! Maintenant, après les risques de la glace bleue, vient la crainte des crevasses.

Pour Daho, ce terrain très accidenté que nous traversons représente également une sorte d'enfer. Car si l'administration chinoise nous a confié un glaciologue d'élite, ce n'est pas un skieur de premier plan. A vrai dire, il ne sait pas skier du tout... et, depuis le départ de Seal Nunataks, il se tord les jambes, tombe et retombe, croise ses skis... A chaque chute il se cramponne tant bien que mal au traîneau qu'il ne veut lâcher à aucun prix. Dans la journée, jamais il ne se plaint... mais le soir, à la « consultation », il me confie ses souffrances.

— J'ai vraiment mal au dos, tu pourrais m'appliquer ce cataplasme ?

De la médecine chinoise, bien entendu. De notre médecine à nous, il ne veut rien entendre.

— L'autre chose qui m'inquiète un peu, c'est que j'ai perdu la sensibilité d'une partie de la main et de l'avant-bras droits.

Pauvre Daho, il se cramponne si violemment à son traîneau qu'il a une compression des nerfs sensitifs. Le moins que l'on puisse dire, c'est qu'il s'accroche ! Son cran touche au stoïcisme.

— Ne t'inquiète pas, Daho, tu as fait de gros progrès depuis le début, ça va venir.

C'est tout ce que je peux lui dire.

Mes encouragements le rassurent. Comment agir autrement ? Il doit faire son apprentissage. Il n'y a pas de dérogation sur l'Antarctique.

— Tu sais, Jean-Louis, si je m'accroche tant au traîneau c'est que j'ai peur de vous perdre, surtout quand, avec Geoff, nous sommes à l'arrière.

Il a bien raison, Daho, et il s'est déjà fait deux grandes frayeurs. Depuis le début, le froid et le vent ne nous ont pas épargnés et, pour nous protéger, nous sommes obligés d'enfoncer la tête sous le capuchon. Entre le masque posé sur les yeux et la fourrure qu'on serre autour du visage, l'angle de vision est très étroit. On ne voit rien sur les côtés. Ainsi, il arrive souvent que Daho tombe, et que Geoff ne s'en aperçoive pas. Et il a beau hurler, l'Anglais qui ne peut rien entendre sous sa cagoule continue tout droit avec ses chiens.

Par deux fois déjà, Geoff a perdu le « Chinois » loin derrière dans le blizzard. Ça fout la trouille. Même avec la vigilance qu'on lui connaît, Geoff ne peut pas en permanence surveiller Daho comme le lait sur le feu. Aussi, maintenant, dans le mauvais temps, ils partent toujours devant.

J'ai moi-même été victime de ce genre de mésaventure et je sais très bien que ce n'est pas drôle. Une fois, une heure avant l'arrivée, je suis tombé, et Keizo ne s'en est pas rendu compte. Par chance, Will arrivait juste derrière et j'ai pu m'accrocher à son traîneau. Mais pour peu de temps, hélas, car très vite je suis retombé ! Et de nouveau Will n'a rien vu ! J'ai fini par arriver tout seul au camp en suivant les traces des patins, assez dépité, plutôt grincheux... Depuis cette expérience, jamais je n'ai perdu Keizo, avec qui j'ai partagé le traîneau pendant toute l'expédition.

Si Daho n'est pas très sportif, il a tout de même l'expérience de l'Antarctique. Il a dirigé la base chinoise de « Great Wall Station », et surtout il a fait plusieurs missions en compagnie des Australiens. Mais ce genre d'expéditions scientifiques se déroulent à bord de très gros véhicules à chenilles assez confortables et bien chauffés, à l'abri du froid et du vent. Daho n'en sortait que pour faire des prélèvements de glace. Il n'avait donc jamais campé dans de telles conditions dramatiques, ni vécu en nomade une longue expédition comme *Transantarctica*.

Actuellement, Daho partage la tente avec Geoff. La rigueur anglaise convient parfaitement à son tempérament. Geoff l'encadre avec attention, et c'est excellent pour son initiation. Il l'aide à trouver ses marques dans ce secteur qui lui est étranger. Avec lui, au moment du montage du camp, on est, à tour de rôle, un jour « inside man », et le suivant « outside man ». C'est la technique intelligente du partage des tâches du *British Antarctic Survey*. Quand on est d'extérieur, on termine de dresser la tente, on construit un petit mur de protection au cas où le vent se lèverait, on accroche le traîneau, on vérifie tout, on prépare les blocs de glace à fondre pour faire de l'eau. Et puis, quand c'est fini, on peut rentrer. A l'intérieur, pendant ce temps, l'« homme d'intérieur » a déjà mis le réchaud en route et préparé le thé.

Daho est extrêmement sensible à ce côté fort policé et très courtois de Geoff. Lui-même est issu d'une famille raffinée d'aristocrates chinois à la nombreuse progéniture. Son père était professeur à l'école vétérinaire de Landju. Tous ses frères et sœurs sont médecins, ingénieurs, vétérinaires... Ils étaient riches avant que Mao Tsé-toung n'« intervienne ». Jugé « intellectuel » lors de la révolution culturelle, Daho a été envoyé dans une ferme de travail. Pourtant, il ne dénigre pas le système politique de son pays.

— Il fut un temps où nous étions si misérables ! Dans certaines familles, il n'y avait parfois qu'un seul pantalon pour tous... Aujourd'hui, la pauvreté s'est réduite, et je crois que c'est une bonne évolution, me dit-il.

— Mais, les événements de la place Tien an Men ? Qu'en penses-tu ?

— Vous, les Occidentaux, vous ne pouvez pas comprendre. Nous sommes un très, très vieux peuple, avec une longue histoire et des traditions qui vous dépassent... — et il esquisse un sourire gêné...

Ce sourire-là, je connais sa signification. Victor, notre Soviétique, arbore exactement le même quand la conversation touche un sujet un peu délicat, du genre politique ou idéologique. Et là, je trouve qu'on devine quelque chose d'assez terrible : la façon dont ils ont été éduqués à *ne pas parler*... C'est le propre des systèmes sous surveillance.

Bien que Geoff soit *musher*, Daho se permet quand même de donner quelques ordres aux animaux. Toujours sur un ton autoritaire, mais ça n'a absolument aucune importance car les chiens l'ignorent dignement. Il se conduit comme un professeur chahuté par une classe de cancres. Je ne le verrai pratiquement jamais faire une caresse ou avoir une relation affectueuse avec l'un d'eux. Il faut dire qu'en Chine on ne trouve pas beaucoup de chiens domestiques.

Dans la journée, Daho a son dada : la roue ! Fixée à l'arrière du traîneau, elle enregistre la distance parcourue. Il scrute inlassablement l'engin, heure après heure. Le compteur n'a aucun secret pour lui. Il connaît le nombre de kilomètres accomplis depuis notre départ, ceux parcourus dans la journée, ceux qu'il nous reste à faire jusqu'au pôle, jusqu'à chaque prochaine étape, jusqu'à l'océan Indien... Il a une mémoire des chiffres phénoménale. Un mécanisme qui l'aide sans doute à structurer l'immensité environnante, à lui donner un peu d'humanité, à nous ancrer par des chiffres au sol glacé, perdus que nous sommes au cœur d'un vide indéfinissable. Daho égrène les kilomètres pour se réconforter, pensant sans doute : « C'est toujours ça de fait ! Mais vivement qu'on en finisse ! »

11 août 1989
Il fait – 32° C

En général, en expédition, je n'ai pas à me plaindre de mon transit intestinal. C'est important quand il fait froid, car on ne peut pas trop attendre les fesses à l'air. Dès que je me réveille, un impérieux besoin m'entraîne à sortir de la tente. Bien sûr, je ne m'attarde pas, mais l'instant est magique ce matin en Péninsule, et je lambine un peu. A l'est, la neige bleutée file à perte d'horizon jusqu'à la mer de Weddell. A l'ouest, la pleine lune se couche sur la chaîne de montagnes pourpres. J'ai l'impression d'être sur une autre planète, comme si j'observais la Terre d'une autre galaxie. Tout est grandiose, étrange, et ça provoque en moi une profonde émotion. Je suis en train de tomber amoureux de l'Antarctique.

Comme les cailloux d'une version polaire du Petit Poucet, un avion a semé à d'égales distances nos dépôts de vivres jusqu'au pôle Sud. Vers 12 heures, nous atteignons le deuxième qui nous attend depuis un an. C'est excitant de retrouver la trace des hommes dans cet univers. C'est aussi une belle récompense pour Geoff, car non seulement il l'a mis en place l'année dernière, mais l'a aussi retrouvé lui-même cette année. Le dépôt est perché sur une hauteur qu'il va falloir descendre avec des traîneaux très chargés. La pente est dangereuse, en glace bleue qui nous rappelle de mauvais souvenirs. Keizo éprouve une certaine appréhension, il m'en parle. Nous décidons de mettre des freins au traîneau : ça consiste tout simplement à enrouler de la corde autour des patins pour empêcher le véhicule de s'emballer.

Le traîneau est bien trop lourd pour le faire basculer, et je dois creuser un trou au piolet à glace sous les patins pour y faire passer les cordages. Je les fais glisser d'un côté, et Keizo, allongé sur la glace, les récupère de l'autre à bout de bras. C'est pénible, ça prend du temps, mais le Japonais est rassuré. Will et Victor, Geoff et Daho en font autant.

Maintenant on peut y aller, serrons les fesses... Finalement ça ne se passe pas si mal. En bas de la pente, nous enlevons les freins. Notre traîneau a encore souffert, toujours du même patin, mais la réparation a tenu bon. Ouf ! Si elle résiste dans ces conditions, on n'a pas à s'inquiéter pour l'avenir.

Ce soir, la glace bleu pâle du mont Alexandre est auréolée d'un ciel pourpre au couchant... C'est magnifique. Réellement, cette journée est la plus belle que nous ait offerte jusqu'à présent la Péninsule.

Enfin nous sommes sous la tente, mais il fait sacrément froid ! Le réchaud a du mal à remonter la température. A l'intérieur, sur une hauteur de 30 centimètres, la toile est couverte d'une couche de glace... Nous devons sortir des habits plus épais.

Keizo s'affaire à préparer le dîner. Au menu, un plat japonais. Ça sent très bon, mais malgré tout il est un peu inquiet que je n'apprécie pas la cuisine de son pays. Il se trompe...

Pendant ce temps, je travaille sur un programme médical que m'a confié l'Agence spatiale européenne (ASE). Quotidiennement, un des membres de l'expédition recueille ses urines de 24 heures. Dans ces conditions extrêmes personne n'apprécie beaucoup d'avoir à pisser dans un flacon. En fin de journée, les urines sont gelées et il me revient la tâche ingrate d'en faire fondre la totalité afin d'en prélever 5 cm^3 que je garde dans un tube à essai. Le froid régnant exige deux heures d'attente avant de pouvoir prélever l'échantillon... Le dégel est long à venir !

Cette collecte d'urine est un des éléments du programme que l'ASE m'a confié. L'objectif est de mettre en place une batterie de tests pour sélectionner les astronautes européens qui partiront un jour pour une station spatiale habitée. Ils pourraient être six et de nationalités différentes. Nous constituons pour l'Agence spatiale un échantillon représentatif des futurs équipages du cosmos.

13 août 1989
Journée couverte, grise, – 35° C

Hier soir, en fin d'après-midi, j'étais heureux que ça s'arrête. Il y avait longtemps que je n'avais pas fait tant d'exercice. Malgré notre rituel désormais bien rodé, il nous faut quand même une heure et demie de travail sans relâche avant de pouvoir nous réchauffer. Après le repas, la radio, les messages Argos, le programme médical, le séchage de tous les habits... je n'ai pas eu le courage de remplir mon journal de bord. Pourtant, il s'était passé quelque chose d'important : Will, Keizo et moi venions de franchir pour la première fois le cercle polaire antarctique ! C'est un passage symbolique dans nos vies, un grand moment d'émotion !

Les conditions climatiques deviennent sérieuses. Aujourd'hui, la morsure du froid continue d'attaquer les visages. J'ai mal aux ailes du nez qui ont gardé le souvenir cuisant des gelures du pôle Nord. L'agression permanente des basses températures poursuit son lent travail de sape, au physique comme au moral. J'ai déjà des crevasses au bout des doigts et des douleurs dans tous les membres. Nous avançons sept heures par jour, et l'arrêt au campement devient un asile, une bénédiction salutaire. Une fois toutes les tâches accomplies, chacun tente de se replier le moins inconfortablement possible sur un moment de tranquillité, la quête illusoire d'un tout petit peu de douceur. Keizo se masse le corps avec une crème pour bébé. Ses sous-vêtements lui donnent des irritations. Il faut bien dire que nous ne les enlevons jamais... Depuis le départ, je n'ai pas vu la peau de mon ventre ou de mes cuisses. Keizo dort déjà et moi je tombe de sommeil. Mais dehors un vent violent souffle du sud, et il faut sortir rapidement inspecter l'amarrage du matériel. C'est glacial. Vite de retour, je me glisse dans le sac de couchage froid et humide. Tout, absolument tout est recouvert d'une fine pellicule de glace.

Devant nous, des violences toujours plus extrêmes nous guettent. D'ores et déjà, nous devons nous ménager, car ce sera dur et long, long, long... Tenir devenant alors le seul mot d'ordre.

14 août 1989
Vent léger du sud-sud-ouest, – 19° C le matin, – 29° C à 12 heures, – 20° C à 17 heures

Ce matin, le vent s'est bien calmé. Il a dû souffler très fort cette nuit car le camp est enseveli sous la neige. Les chiens ont disparu ! D'eux, il ne reste qu'une trentaine de mini-dômes de neige d'où émerge parfois un minuscule point noir... Ce sont leurs truffes, seul signe apparent de leur existence cloîtrée. C'est par là qu'ils respirent ! Au sol, un vent léger éparpille des flocons, qui continuent de s'accumuler sur ces igloos vivants, obligeant les chiens à remonter en surface afin de maintenir leurs truffes au contact de l'air. Certains ne le font même pas, ils s'accommodent de minces boyaux creusés avec leurs pattes ! Mais parfois, nous devons les surveiller de près, car, s'ils ont par exemple pissé sur le câble auquel ils sont attachés, l'urine gelée risque de les souder au sol, et là ils peuvent être insidieusement coincés et ne pas avoir la possibilité de remonter vers l'air libre ni de creuser leurs tunnels. Il y a donc à ce moment un risque d'étouffement sérieux. Aussi, les jours de grand vent, Keizo passe régulièrement de petite colline en petite colline afin de vérifier que tout va pour le mieux.

Dès l'esquisse de la première rumeur d'agitation parmi les hommes, la totalité des petits monticules d'un blanc immaculé, tachetés d'un insolite point noir, se mettent soudain à onduler. Trente truffes émergent en reniflant, suivies de museaux encore tout enneigés, puis d'une soixantaine d'oreilles toujours empesées d'amas floconneux. C'est magique et d'un comique irrésistible ! Les plus rapides à faire surface sont les plus jeunes, six chiens tout fous, nés à Iglooglik. Ils sont déjà en train de se secouer en tous sens, de se lancer à langue perdue dans leur toilette afin d'enlever la neige protectrice qui les a recouverts toute la nuit. Enfin, la meute s'ébroue à l'unisson, et le spectacle devient extraordinaire : un panache collectif de neige, pulvérisée par les saccades intensives des pelages, s'élève, avant d'être dissipé avec délicatesse par un léger vent virevoltant, sous les premières irisations d'un frêle soleil matinal.

Nous organisons les attelages selon diverses techniques. Chaque équipage a sa préférence. Chez Geoff et Daho, les chiens sont alignés deux par deux tout au long d'une seule corde — classicisme et rigueur. Chez Will et Victor, c'est beaucoup plus fantaisiste et cela peut varier d'un jour à l'autre : on peut dire dans l'ensemble que le traîneau est tiré par des grappes de bêtes, selon l'humeur. Pour notre attelage, Keizo les attache en éventail de trois à quatre chiens.

Comme dans un cauchemar fantastique, nous l'apercevons, seule et isolée au milieu de l'éternité blanche. Elle est d'une régularité de contours surprenante, tel le fruit de la chute d'un météore. Je l'évalue à vingt mètres de diamètre au minimum, cette crevasse que nous contournons très soigneusement. Surtout, ne pas l'approcher ! Ce sera la seule note discordante d'une journée de contes de Noël, avec une neige qui descend et plane doucement depuis les nuées et dépose ses cristaux étincelants en nombre infini sur la platitude d'un désert où chiens et hommes paraissent d'incongrus santons, des intrus.

Nous sommes vraiment les visiteurs d'un rêve immémorial. Ici, il n'y a pas de temps, et l'espace est au-delà de la moindre mesure, sans références. C'est poignant. Cela vous enveloppe l'âme, vous déporte, vous emporte loin. Un non-lieu qui ne peut qu'exclure nos petits moi, incapables d'affronter le sans-forme.

J'ai soudain la vision de toute la Terre avec le continent antarctique suspendu en dessous, où nous progressons la tête à l'envers, à la limite des profondeurs inférieures de l'espace. Mais un aboiement de chien, des appels de Victor et de Will, dont j'ai du mal à saisir la teneur, me ramènent peu à peu à la réalité du froid gourd qui nous ronge et nous ronge encore, en ce dix-neuvième jour après les trois phoques des collines de Seal Nunataks...

15 août 1989
– 20° C, temps brumeux, humide,
encore un jour sans ciel !

Une fois de plus, ce matin, tout le « village » est sous la neige. Il y en a bien vingt centimètres.

Les chiens peinent toute la journée dans cette couche où ils s'enfoncent jusqu'à mi-pattes. Pourtant, envers et contre tout, nous avançons ! Partis à 9 heures, nous stoppons à 16 heures, avec 15 milles derrière nous ! Pendant ce temps, sans cesse, des idées m'ont traversé l'esprit, sans que je sois capable d'en contrôler le flux incohérent. Evocations de situations anciennes, projections dans le futur, ébauches de projets, rêves épars... Le cerveau mène sa propre vie. Parfois, j'arrive à le fixer sur des sujets précis et brode tout autour mais, bien souvent, au sein de ce continent ouvert sur le ciel seul, mon mental joue sa partie sans me consulter. Tous ces scénarios, ou presque, ont trait au passé ou à l'avenir. Il me semble parfois que je ne fais pas assez corps avec cette aventure, écartelé entre l'immensité du lieu d'un côté et les réalités quotidiennes de l'autre.

Dans mes rêveries reviennent fréquemment des images, des scènes liées à la politique... Il y a de nombreuses années que l'engagement politique me tente. Mais j'en sais trop sur les coups bas des combats déclenchés par la course au pouvoir. Suis-je assez « blindé » pour m'enthousiasmer encore dans cette voie ?

Il me semble que plus on s'élève dans la hiérarchie politique moins on assiste à un débat d'idées. Les convictions des uns et des autres n'étant à terme que les munitions de la conquête.

N'ayant jamais été enrôlé dans une quelconque formation, sans aucune éducation de parti ni conditionnement idéologique, je possède simplement les références sociales d'un milieu modeste, qui me tiennent à cœur. Conscient qu'il faut craindre la surpopulation, les fanatismes religieux, le déséquilibre entre les nantis et les pauvres... je ressens une certaine lâcheté à ne pas m'engager. Jean Guéhenno nous dit : « Un homme qui a commencé de se sentir responsable et qui veut toujours l'être ne peut plus jamais être contenté. » Alors que faire... ?

La manière dont mon esprit oscille au cours de ce voyage me prend au dépourvu. Hier, c'était l'errance, la rêverie, la contemplation, et aujourd'hui ça ressemble plutôt à une empoignade dans la réalité la plus banale qui soit... Difficile d'expliquer ces renversements de tendance. L'avantage est que la lassitude et l'ennui intérieur ne sont pas encore à l'ordre du jour.

16 août 1989
Brumeux, toujours 25 à 30 centimètres de neige fraîche, – 20° C

Depuis notre départ, nous avançons sur un plateau de glace, le Larsen Iceshelf, entre la mer gelée de Weddell à gauche et la longue chaîne de montagnes qui longe la Péninsule sur la droite.

La Péninsule est cet index que l'Antarctique pointe en direction du cap Horn. Cet appendice qui émerge du continent marque la limite entre les océans Atlantique et Pacifique. La Péninsule n'est pas très large, 200 kilomètres à l'endroit où nous sommes, et nous ressentons bien la proximité des mers. La brume qui nous enveloppe raccourcit les jours, et l'humidité rend le froid pénétrant.

A l'avant, c'est tantôt moi, tantôt Thulé que Geoff commande de la voix, qui faisons la trace. Keizo aimerait que Kutaan, son chien de tête, prenne de temps en temps le relais. Mais, si celui-ci peut être guidé oralement dans les forêts du Grand Nord, il ne sait pas se diriger sur ce terrain sans repères. Aussi, Keizo a demandé à Geoff de bien vouloir le dresser.

Ce matin, Kutaan a reçu sa première leçon du « maître ». Keizo le lui a amené en arborant un air si malheureux qu'il m'a fait penser à une maman qui emmènerait son enfant à l'école pour la première fois... « Il est si timide, tu sais... », m'a-t-il murmuré, et je l'ai senti ému. Heureusement, le dressage n'a duré que dix minutes. Kutaan d'ailleurs semblait pendant tout ce temps être beaucoup plus préoccupé de repérer où étaient ses copains d'attelage que de discerner la droite de la gauche.

A midi, pour la première fois, nous prenons le déjeuner tous ensemble autour du même traîneau. Victor est ravi de cette innovation, sa soif de contacts humains paraît satisfaite bien que les échanges verbaux restent sommaires. Et pour cause, cela dure à peine un quart d'heure, pendant lequel nous avons la bouche occupée à mâcher et remâcher laborieusement. C'est pénible ! Notre repas est constitué d'une mixture confuse : fruits secs, soupe instantanée, chocolat, pâte d'amande. Tout ça, dans le même bol où l'eau chaude arrive un tantinet à dégeler ce « brouet polaire » afin de le rendre... comestible !

Je pense que c'est la dernière fois que je réaliserai ce que le public perçoit comme un « exploit ». Je pressens que désormais la soif incessante de l'extrême ne m'appellera plus. Mais j'ai devant moi des mois et des mois encore pour assimiler ce rejet et cerner la vérité de mes désirs d'avenir.

Plus prosaïque, Will se plaint des ronflements de Victor. Steger est extrêmement sensible et, malgré ses boules Quies, il ne peut pas dormir. « Ce n'est pas tant le bruit, me dit-il, mais surtout les vibrations qui m'indisposent ! »...

Après n'avoir accompli que 12 milles à cause de la neige profonde, malgré un effort constant, nous nous résignons à camper.

Ce soir, c'est la pleine lune. Elle joue avec nos sentiments... Je songe à Sylvie, lointaine, si lointaine...

Cette nuit-là, même les ronflements soviétiques seront dérisoires en comparaison des hurlements des chiens, définitivement obsédés par l'idée fixe d'empêcher une énorme boule lumineuse d'éclairer la nuit en paix.

17 août 1989

Enfin il fait très beau. La brise du sud a chassé les nuages. Mais le thermomètre indique – 42° C. Contrairement à notre hémisphère, ici la brise du sud est glaciale. Le ciel est bleu nuit, l'air pur et la visibilité à perte de vue... A gauche le Larsen Iceshelf s'étend sans fin jusqu'au chaos de glace de la mer de Weddell. Invisible, elle est là toute proche, à peine à 100 kilomètres. Et dire que Shackleton est passé par là, sur cette mer gelée, en 1916, allant vers le nord pour trouver l'eau libre après que son bateau l'*Endurance* fut broyé par les glaces !

Shackleton et son équipe étaient venus ici, comme nous, pour traverser l'Antarctique. Mais, pris par les glaces de la mer de Weddell, ils n'ont même pas pu atteindre le continent. Le retour de ces survivants est sans aucun doute une des plus belles pages de la conquête polaire. Cela s'est passé là, tout près de nous, il y a soixante-dix ans, et presque personne n'y est retourné depuis. Shackleton, mon héros... J'en suis transi d'émotion !

A droite, on distingue très bien maintenant les montagnes. On ne peut pas vraiment parler de sommets. Ce sont d'énormes piliers rocheux, très alpins, qui supportent un plateau glaciaire sur lequel il va falloir monter. Il nous domine de 2 000 mètres. Entre ces colonnes de roc et de glace dévalent des glaciers géants. C'est par l'un d'entre eux que nous allons devoir faire l'ascension du plateau. Un des moments les plus dangereux de l'expédition. Et c'est pour bientôt car devant nous, à l'horizon, le Larsen Iceshelf sur lequel nous nous trouvons se ferme sur les montagnes.

Les chiens peinent encore beaucoup dans cette neige fraîche. Avec Daho, à l'avant, nous faisons deux traces de la largeur des patins pour leur faciliter la tâche. Comme nous, leur gueule est couverte du gel de l'humide expiration. Dans le soleil, un brouillard givrant s'irise autour des attelages qui transpirent malgré le froid. C'est formidable de voir ces chiens de trait tirer dans un commun effort, sans relâche, à la vitesse du pas.

C'est la journée la plus froide, et tout le monde accuse le coup. Malgré les – 42° C, Daho, en glaciologue consciencieux, a creusé la glace pour en extraire son échantillon quotidien. Sa « carotte » à la main, tel un détective découvrant une pièce à conviction, il nous a annoncé que depuis l'été dernier un mètre de neige était tombé à cet endroit-là. La précipitation semble donc importante dans le secteur. Au vu des conditions ambiantes, on s'en doutait un peu !...

Ce soir, chacun s'est vite retiré. Mais la vie sous la tente n'est pas une sinécure : la glace recouvre la paroi intérieure sur plus de 80 centimètres ! La moindre eau chauffant dans la bouilloire dégage un nuage de vapeur, et à l'ébullition c'est pire encore ! On ne voit plus ses pieds ! Il est hors de question de toucher sans gants une pièce de métal : la peau des doigts resterait collée dessus, instantanément gelée... Remplir un réservoir de réchaud ou de lampe sans verser un peu de kérosène est une grande prouesse. Quant à réussir ces exploits sans rien heurter au passage ! Impossible... le froid et les gants rendent nos doigts si pataud que l'on bouscule toujours inévitablement quelque chose : dramatique quand c'est une tasse de café ou un bol d'eau.

Pour nous protéger un peu du froid, nous bouclons hermétiquement toutes les issues de la tente, mais par moments l'atmosphère devient si irrespirable que le réchaud ne tire même plus et qu'il devient impossible d'enflammer une allumette ! C'est le signe certain d'un manque imminent d'oxygène. C'est lorsque les yeux commencent à nous piquer qu'on considère l'alerte sérieuse. Cependant, nous reculons toujours le plus possible l'instant féroce où la porte de la tente légèrement entrebâillée laissera pénétrer un filet d'air coupant comme un rasoir, effroyablement agressif — mais salvateur.

Je n'ai qu'une médiocre envie de me jeter dans mon duvet gelé. Il va falloir s'y contraindre pourtant...

18 août 1989

Ce matin, l'orifice de respiration de mon sac de couchage est bouché, recouvert par la glace. J'étouffe, me sentant comme une momie dans ce sarcophage givré. Mais je resterais bien là quelques siècles durant plutôt que de mettre le nez dehors pour affronter l'enfer glacé de l'extérieur.

– 39° C. Encore une belle journée sur le Larsen, mais à l'ouest de gros nuages coiffent les montagnes. La neige est toujours profonde. Les souffrances du froid sont sans répit, amplifiées par l'humidité de l'océan. Nous en sommes si proches que par moments les nuages soufflés par la brise du large dévalent sur le Larsen. On sent bien que le Pacifique pousse. Maudit soit ce vent mordant ! Il arrache des morceaux de peau de nos visages, si difficiles à protéger. Il s'acharne contre nous violemment. La goutte au nez gèle dans nos narines, déclenchant souvent de violentes douleurs semblables à des coups de couteau répétés.

Geoff a demandé à Keizo de passer devant avec son attelage, pour entraîner Kutaan dans son rôle de chien de tête. C'est plus facile maintenant car à l'horizon il y a un point de mire. Nous faisons route vers Three Slice Nunatak, autrement dit les « Trois tranches de cake ».

Keizo, le cadet de l'équipe, prend son rôle très au sérieux. Depuis le début, nous partageons le même traîneau et je ne l'ai jamais senti aussi présent. Très vite, Kutaan répond bien aux ordres simples que lui donne son maître. Keizo est heureux et n'arrête pas de l'encourager.

— Good boy Kutaan... good dog... good dog... UP UP UP... gauche gauche... good boy... UP UP...

Le Japonais est aux anges.

— Il est formidable ! me crie-t-il.

Pourtant, lorsque je félicite mon compagnon nippon sur les prouesses de son petit protégé, Keizo, humblement comme d'habitude, me répond :

— Oui, mais Kutaan manque encore un peu d'assurance...

Voilà du perfectionnisme à l'asiatique, ou je ne m'y connais pas !

Nouvelles du camp : suite du feuilleton qui oppose ronflements soviétiques et boules Quies américaines : pour l'heure, Will ne cohabite plus avec Victor. Il a monté ce soir sa tente personnelle pour aller dormir seul...

Depuis quarante-huit heures la lune est pleine. Ici, en Antarctique, elle est d'une insolente beauté. Les chiens hurlent comme des loups face au « soleil de glace ». C'est une nuit entre larmes et frissons, digne du *Croc-Blanc* de Jack London...

Pauvre Will ! il ne va pas pouvoir fermer l'œil.

19 août 1989

– 27° C au lever, – 18° C en fin de matinée ! La remontée de la température était si spectaculaire ce matin que nous nous sommes crus pour un temps épargnés. Illusion, illusion... L'Antarctique ne relâche jamais son étreinte d'acier sur ceux qui osent braver son immensité vierge. A 13 heures, nous localisons un panache de neige bien suspect, encore lointain, mais de mauvais augure... Et, à 14 heures, il nous tombe dessus accompagné de coups de boutoir, des rafales de vent de 100 km/h ! Notre caravane s'immobilise dans cette tourmente. Puis, aussi soudainement, tout s'arrête... Nous hésitons sur la décision à prendre... Repartir ? Camper sur place par prudence ?

L'hésitation ne durera pas longtemps. La tempête choisit pour nous. Elle reprend son harcèlement avec une brutalité immédiate, avide, féroce même. Décidément, nous n'atteindrons jamais le dépôt n° 3. Il faut vite monter le camp. Les tentes se gonflent comme des parachutes et nous tentons, secousse après secousse, de contenir leur envie de liberté. Surtout ne pas les lâcher ! Ce serait la catastrophe.

Dans le blizzard du soir, alors que je déroule pour la vingt-troisième fois consécutive l'antenne radio, Will surgit, un appareil-photo à la main. Il me regarde en souriant, avec un air de me dire : « Tu n'en as pas marre de faire toujours ça ? »... Je pourrais... Ce sont des gestes que j'ai accomplis sempiternellement, tous les soirs, des centaines de fois : durant soixante-trois jours sur la route du pôle Nord, pendant soixante-quatre jours lors de notre traversée du Groenland, par tous les temps, inlassablement... Sa photo prise, Will, profitant d'une brève accalmie, se rapproche de moi et me lance :

— Et il y en a encore pour six mois...

A l'instant même, une rafale plus violente emporte ma réponse...

Par expérience, je sais qu'un jour viendra où je me trouverai serein d'être là, parti pour si longtemps. La lente traversée des grands déserts dilate le temps et l'esprit, elle vous donne une calme endurance.

20 août 1989

Belle journée. Le vent qui n'a pas désarmé de la nuit a durci la neige de surface. Fantastique ! Ainsi, les chiens progressent plus aisément, et notre avance s'effectue à présent à un rythme plus soutenu, sans cette sensation de souffrance constante qui finissait par nous miner tous. La confiance est de retour. On distingue très nettement Three Slice Nunatak, au pied de laquelle Geoff, l'année dernière, a mis en place le dépôt n° 3. On devrait sans problème l'atteindre dans la soirée. Le trouver est l'objectif du jour. Il y a du suspense, et nous sommes tous excités.

Geoff, qui fait la trace devant, stoppe brutalement. Que fabrique-t-il ? Soudain il lève ses bras au ciel en agitant ses bâtons de ski. Je réalise qu'il se passe quelque chose, mais je ne comprends pas. Nous arrêtons immédiatement nos chiens à quelques dizaines de mètres. Geoff me fait signe d'apporter une corde. Je devine ce qui est arrivé.

C'est l'état d'urgence. Des chiens sont tombés dans une crevasse. Je les imagine tournoyant dans une chute sans fin, à travers des centaines de mètres de glace, vers l'écrasement fatal...

4

La zone des crevasses

Je m'approche prudemment des bords de la crevasse. Trois chiens sont suspendus dans leur harnais, tournant comme des araignées au-dessus de l'abîme. Les animaux sont surprenants de calme. Avec Geoff, nous empoignons la ligne et tirons de toutes nos forces... c'est lourd. Ils sont encore au bout ! Blessés peut-être, mais vivants ! Nous halons le cordage. Les minutes nous semblent interminables. Enfin, ils surgissent. Mais... il y a un harnais vide ! L'un des trois manque à l'appel. Spina ! C'est affreux. J'ai envie de pleurer de rage et d'impuissance à la fois.

Daho, qui s'est approché de la crevasse à notre insu, après avoir enlevé ses skis, se penche au-dessus du vide... Geoff l'aperçoit et hurle : « Stop ! Ne bouge pas ! ! ! » Notre Chinois est fou, complètement inconscient ! Rien n'est plus sournois et mortel que le pourtour d'une crevasse, souvent en surplomb, rongé en dessous. Un instant de plus et tout s'effondrait sous ses pieds. Il rejoignait alors le pauvre Spina... « Retourne au traîneau et restes-y ! » ajoute tout aussi tendrement Geoff, dont le ton est sans réplique.

Avec d'extrêmes précautions, je m'approche pour voir le fond du trou, éprouvant la résistance de la neige, qui pourrait céder à tout moment sous mon poids... Ça tient. Encore deux pas et je vais pouvoir me pencher au-dessus. Hélas, je n'ai guère d'espoir. Un pas encore... mes yeux découvrent le gouffre. On n'en distingue même pas le fond. Nom de nom ! Sur un pont de neige blanchâtre formé par un bloc coincé dans un étranglement, j'aperçois une tache noire : Spina ! Il est vivant ! Atterri là par miracle, précairement installé sur cet étroit refuge, à dix mètres de profondeur, Spina a survécu !

Très vite, je descends en bout de corde. Je me glisse à ses côtés. Le chien est indemne, étonnamment calme. Il semble apeuré tout de même. Son regard me bouleverse. J'ai l'impression que ses yeux m'implorent, me supplient, m'interrogent : « Est-ce que je vais m'en sortir ? » « Calme, calme, Spina... » Je m'efforce de lui murmurer les mots les plus apaisants possible. Ma hantise est qu'il s'affole, qu'il remue et m'échappe au moment où le bout de mes doigts s'approchera de lui. Non, il est figé par la peur. Ça y est, je le tiens ! Pourvu qu'il ne se débatte pas ! Je dois maintenant lui passer son harnais. S'il s'énerve un tant soit peu, si la peur panique le saisit soudain et s'il fait un faux mouvement, s'il s'écarte de moi, c'est la chute mortelle. « Que tu es beau, mon chien... tu es très beau... tout va bien... Spina, tout va très bien... calme, calme, ne bouge pas... ne bouge surtout pas... » Je continue ma litanie... Il m'écoute avec une attention extraordinaire, reste couché sagement, et c'est fait ! Le harnais enfilé, Spina est sauvé !

Nous remontons tous deux ensemble. J'en pleure de joie durant l'ascension.

Chacun s'attend à ce que le chien soit groggy, même traumatisé après ce cauchemar. Eh bien... pas du tout. Il s'ébroue à la façon de tous les chiens du monde, frétille de la queue en retrouvant ses copains d'attelage, et indique clairement ses velléités de repartir avec eux sur-le-champ, comme si rien ne s'était passé ! Surpris mais contents, nous décidons de démarrer sans plus attendre. Décidément, je réalise que la psychologie de ces bêtes est tout à fait étrangère à la nôtre. Cet épisode, dramatique sans doute pour une sensibilité humaine, ne semble pas avoir le moins du monde affecté durablement notre Spina. Rien ne le différencie à présent de ses congénères qui trottent à ses côtés.

Alors que les traîneaux reprennent leur glissade sans fin, un autre détail sidérant me revient à l'esprit : la chute des trois chiens et le sauvetage de Spina se sont déroulés dans le plus grand silence... Aucune des bêtes n'a aboyé, n'a fait le moindre bruit, produit le plus petit son. Elles ont chuté sans même le signaler de la voix... C'est pour cette raison que nous avons eu si peur et les avons crues mortes. Comme ce mutisme total est étrange ! Pas de réaction sonore, alors que Spina semblait si terrifié, réfugié qu'il était sur son étroite corniche... S'agit-il, de la part de ces animaux, d'une ultime dignité, d'un courage stoïque face au risque de disparaître ? J'ai tendance à le croire, car cette espèce est empreinte d'une force de caractère exceptionnelle. Plus nous affrontons en commun les pièges de ce désert glacial, plus mon admiration croît à leur endroit.

Vers 16 heures, nous arrivons enfin à Three Slice. Nous cherchons à repérer le long mât de trois mètres de haut surmonté d'un drapeau planté là en décembre 1988 par Geoff pour faciliter le repérage : rien ! Munis d'une photo témoin prise à l'époque, avec la montagne à l'arrière-plan, nous nous efforçons de reconstituer l'angle de prise de vue par rapport au décor environnant... De mémoire et d'après la photo, Geoff est sûr que le dépôt est là, tout près de nous. Debout sur mon traîneau, je scrute aux jumelles le paysage à la recherche de ce mât. Rien... Nous décidons de quadriller le secteur en rangs serrés. Après des heures de recherche, il devient évident que nous ne le retrouverons pas.

Geoff est atterré. Il vient nous demander de l'excuser. Pas très loquace, mais son « *Sorry about that* » a une intonation quasi poignante. Lors de la dépose, son pilote n'avait pas été très coopératif. L'emplacement du dépôt, en plein champ, n'était pas idéal, et Geoff avait dû se contenter du secteur.

Immédiatement, nous convoquons une... assemblée de crise, dont le bilan est flagrant : il ne nous reste que dix jours de nourriture pour les hommes et les chiens ! Le prochain dépôt de vivres est à huit journées de traîneau... Si le temps reste beau. Et comme l'équipe cinéma doit nous rejoindre à partir du 25 août — si le ciel est dégagé — elle pourra nous apporter le complément indispensable. Pas de panique, on devrait pouvoir tenir.

A la radio le soir, Criquet, depuis le camp de base de Punta Arenas, dissipe en partie l'énigme du dépôt envolé. Il nous révèle que, quelques années auparavant, les Expéditions polaires anglaises avaient perdu un stock de vivres — au même endroit. Ici la glace subit d'importantes contraintes. Ça pourrait en partie expliquer que le dépôt ne soit plus exactement à la même place. Geoff se sent moins responsable à la suite de cette explication. Comme l'Arctique, l'Antarctique bouge par endroits.

Toute la nuit, je me crois de retour sur la banquise du pôle Nord. Les explosions sourdes et les grincements sinistres de la glace sont incessants. On ressent toujours cette angoisse latente qu'une crevasse sournoise se faufile juste sous la tente, avant de s'ouvrir, béante, et vous avale... Vivement l'aube !

Satané Antarctique ! Notre espoir de progresser au plus vite à la chasse aux vivres est stoppé net ! Un vent d'une rare frénésie, atteignant les 120 km/h, s'est levé. Pourtant, le temps est clair, mais devant nous, à l'horizontale, la visibilité ne dépasse guère les 15 mètres. La longue période patiente d'attente dans les tentes commence. On ne pense plus. On ne bouge pas. On fait le loir. On s'engourdit dans un coin de sa tête. On guette à peine l'accalmie. Ce n'est pas si désagréable de se laisser aller ainsi, dans le cocon dolent d'une économie physique et mentale minimale. Nulle agression extérieure ne peut plus nous atteindre. C'est comme de l'aventure à l'envers, on renverse la vapeur. La performance est dès lors d'endiguer toute velléité d'action, d'énervement, de pénétrer dans un calme où les choses ne vont plus contre vous. Mais hélas, il y a aussi des soubresauts... intérieurs ! Car c'est exiger beaucoup de nos instincts, aguerris depuis des jours et des jours à batailler dur face aux obstacles et aux dangers, que cette relâche si soudaine, cette mise entre parenthèses obligée des tensions et des peurs.

Vers 11 heures, une éclaircie survient. Will et Victor, n'y tenant plus, s'extirpent de leur sac de couchage, et s'acharnent pendant une heure à repérer d'éventuelles traces du dépôt disparu. Ils rentrent bredouilles, mais en s'étant quand même défoulés à leur manière.

Il faut dire que pour Victor, si vivant, si convivial, rester inactif n'est pas une attitude très épanouissante. Avec ses longs cheveux blonds et sa barbe, c'est le Viking de l'expédition. Une grande gueule sympathique qui déborde d'énergie. La « douche polaire » qu'il prend nu tous les matins avec de la neige poudreuse, quelle que soit la température ambiante, le symbolise parfaitement. C'est un monstre de générosité, complètement ouvert à autrui, facile à vivre, et qui possède un humour ravageur. Il est très sensible, poète, subtil et intelligent. C'est notre boute-en-train.

Victor est le « volontaire » par excellence. Plus les conditions empirent, plus il est présent. Aucune difficulté ne semble pouvoir lui résister, et sa chaleur humaine ne faiblit jamais, même au plus dur du péril. Il fait partie des hommes de la race des explorateurs de choc. J'ai une absolue confiance en lui.

Et dire que ce n'était pas Victor que j'étais venu chercher à Moscou, il y a deux ans, lorsque commencèrent les grandes manœuvres diplomatiques pour la mise en place de *Transantarctica* ! J'étais venu chercher Dimitri Chparo, un Russe indépendant qui, comme Will et moi, a vaincu le pôle Nord à la tête d'une expédition polaire « privée » (ça existe !).

Mais Dimitri Chparo, je ne le verrai jamais... il sera introuvable, ou plutôt tout semblera se mettre en travers de ma route pour me faire dévier vers le camarade Victor. Qui, plus tard, m'avouera, hilare : « Oui, tu as été victime alors d'un véritable détournement ! »

En effet, pendant les quatre jours de mon séjour en URSS, les officiels feront tout pour que je ne rencontre pas l'homme que j'étais venu voir. Le premier soir, à la réunion où il devait être présent, on ne décela, bien entendu, aucune trace du « privé » ! Plus tard dans la soirée, on m'emmena directement prendre le train de nuit pour Leningrad. Le lendemain, je visitai la ville fort bien entouré par les scientifiques de l'Institut. A la réunion suivante, quand j'osai demander des nouvelles de Dimitri Chparo... les réponses se firent évasives...

Puis on me rapatria discrètement sur Moscou, toujours de nuit. Le lendemain, je devais prendre mon avion à 17 heures. Il allait falloir m'occuper ! Qu'à cela ne tienne : réunion sans surprise ! A midi, petite balade en dehors de la capitale pour aller déjeuner au vert, excluant toute rencontre intempestive de l'ennemi numéro un. Sur la route du retour, nous nous sommes baignés tous ensemble dans une rivière, deux officiels, Victor et moi, avec seulement deux maillots de bain pour quatre. Ambiance très années cinquante... Quelques heures plus tard, je me retrouvai sans avoir pu dire ouf dans l'avion pour Paris...

J'appris ensuite que Dimitri Chparo, suite à son séjour à Moscou, avait publié un article indigné dans les *Izvestia* affirmant que les Expéditions polaires soviétiques m'avaient purement et simplement « enlevé » dès mon arrivée en URSS. Il avait raison. Les comploteurs avaient même parfaitement réussi leur coup...

Victor m'a donc été imposé par l'administration soviétique. Aujourd'hui, je peux dire que je ne le regrette pas le moins du monde. Le représentant officiel de l'URSS ouvrira notre route avec un courage inouï pendant cinq mois consécutifs. Et faire la trace, par tous les temps, avec les vents que nous affrontons, c'est extrêmement rude ! Il faut marcher à la boussole, souvent à l'aveuglette car on ne voit pas grand-chose, sinon rien. Empêtré dans le masque facial, la cagoule et le capuchon, il est difficile de regarder le compas. Ça exige d'avoir le courage, de dégager son visage, de l'exposer aux intempéries, sachant que la souffrance sera forcément au rendez-vous...

Victor adore les chiens, et c'est réciproque. Il les empoigne, les porte à bout de bras, ne perdant jamais une occasion de faire montre de sa force et de la puissance de sa musculature. Dans ces moments-là, les chiens sont en extase.

Personnellement, surtout en ce début d'expédition, je me suis imposé une relation assez distante avec les chiens. Nos trois *mushers*, Geoff, Keizo et Will, entretiennent avec eux de tels rapports affectifs, tissés jour après jour pendant la période de dressage, qu'il serait délicat de s'immiscer dans cette complicité. Mais Victor, grande gueule et grand cœur en avant, ne s'est pas embarrassé de ces scrupules. Les animaux l'ont immédiatement adopté... et ça ne gêne en rien nos *mushers*.

Mais là où sa force physique lui joue des tours, inénarrables, c'est lorsqu'il se mesure aux objets fragiles ou précieux. Tout ce que Victor frôle, touche, caresse, il le casse tôt ou tard ! Entre le Groenland et l'Antarctique, il brisera six thermomètres ! Je me souviens du jour où il me cria dans la tempête : « Bon, il faut prendre la vitesse du vent ! » Et crac ! instantanément, il se cassa l'anémomètre sur la tête !

A trente-neuf ans, bien que chargé de famille — il est père d'un garçon, Stanislas —, Victor est déjà allé deux fois en Arctique et quatre fois en Antarctique. Il est radiophysicien, scientifique de formation, aventurier polaire par passion... et poète. Son écriture est versifiée, d'un style néoclassique aux effets lyriques musclés. Nous aurons droit, à chacun de nos anniversaires, à des odes, hymnes et ballades spécialement concoctés à notre intention.

Victor est le partenaire privilégié de tout le monde. Nous l'adorons !

22 août 1989

Le temps est toujours couvert. Une couche de nuages noirs coiffent les montagnes qui sont là, toutes proches, face à nous. C'en est fini avec la platitude du Larsen Iceshelf. Maintenant, il va falloir monter sur le plateau, à 2 000 mètres d'altitude, par l'itinéraire sinueux que Geoff a tracé sur la carte. Il emprunte une série de glaciers avec des passages de cols, des ascensions, des descentes que nous redoutons, et surtout des crevasses, nos bêtes noires ! Combien de jours cette ascension va-t-elle durer ? Nous n'en savons rien : une semaine, dix jours ? Aujourd'hui, les choses sérieuses commencent. Personne ne dit rien, mais tout le monde y pense : nous en avons si souvent parlé ! Et puis la première chute en crevasse de Spina est trop présente en mémoire pour que nous y soyons indifférents. Ça me rappelle l'ambiance des longues marches d'approche en Himalaya, où plane inévitablement l'idée de la mort. Statistiquement, un membre par expédition ne revient pas... lequel d'entre nous va rester là-haut pour toujours ?

Il n'y a que l'action pour lever ces craintes.

Une journée d'aventures s'annonce ! Le Stub Pass est le premier col dont la montée commence au fond d'une vallée, mais laquelle ?... Plusieurs s'ouvrent en face de nous. La visibilité en altitude est brouillée par la grisaille, et la direction à prendre n'est pas évidente. La carte est à une bien trop grande échelle pour être précise. Geoff hésite et convoque une réunion. Il nous expose la situation... démocratie oblige.

— Tout le monde est-il d'accord pour prendre cette vallée ?

Pas d'objection. A nos interrogations, à nos arrêts, les chiens sentent qu'il va y avoir du sport, et ça les excite... ils sont très impatients. Je pars devant.

Le vent violent, de face, dévale la montagne et soulève des panaches de neige qui me glacent le visage. Je fais la trace sans y voir grand-chose, en essayant de garder le même angle d'attaque pour éviter les à-coups. Couverts de neige, arc-boutés sur leurs pattes, les chiens arrachent le traîneau à la pente. Regroupés sur eux-mêmes comme les avants d'une équipe de rugby, on sent une forte cohésion dans l'attelage. Quinta, toujours coquin et fantaisiste, est remarquable de sérieux, très appliqué. Au regard à la dérobée qu'il me jette, je sens qu'il est fier, comme ses potes d'ailleurs.

Bêtes et hommes sont en complète symbiose. Jamais je n'avais ressenti cette impression si fortement jusqu'à présent ! Chaque attelage forme une seule entité, se meut comme un seul être, uniquement tourné vers l'efficacité optimale.

A droite, je devine la proximité d'une grande paroi rocheuse ; à gauche, des cascades de glaciers suspendus. Toujours pas de crevasse... et petit à petit, après trois heures d'ascension, la pente s'aplatit... nous sommes au sommet du premier col. Il y a du soulagement dans l'air. De l'autre côté la visibilité n'est pas meilleure, mais on devine le départ d'une belle descente. Prudence ! Nous enroulons tous de la cordelette sous nos patins pour contrôler la vitesse... et ça démarre. Heureuse précaution car c'est vraiment vertical !... A 4 heures, nous sommes pratiquement en bas, sans problèmes... hurrah ! Il était temps car la nuit commence à tomber. Ce soir nous campons au cœur des montagnes et ça stimule tout le monde. Les chiens aussi sont agités après cette véritable journée d'aventures, bien plus excitante que le plat à perpétuité.

23 août 1989

Près de dix chiens sont tombés dans les crevasses aujourd'hui, mais par chance tous sont restés suspendus dans leur harnais. Pas de blessure, même pas d'appréhension. Dès qu'ils sont hissés hors de l'abîme, ils reprennent leur train-train, comme si rien ne s'était passé. Par contre, pour nous six, chaque chute est un grand moment d'inquiétude, et l'accumulation de ces stress rend la journée fatigante.

Après plus de cinq heures d'ascension, nous finissons par camper au sommet du Wilson Pass. C'est magnifique. Tout en bas s'étend à perte de vue la platitude du Larsen Iceshelf. Il est derrière nous ! La dernière lumière du jour est divine, rose sur les glaciers turquoise. Dans le ciel pourpre du couchant, les montagnes projettent leurs ombres, éternelles, allongées jusqu'à l'infini. Il fait à peine – 8° C au moment où la nuit tombe. Les étoiles sont toutes dans le ciel et Victor se promène en nous sifflant une romance !

Le temps a changé trois fois aujourd'hui : – 25° C ce matin, légèrement couvert, – 17° C à midi, venté, glacial, et ce soir il fait beau et très doux, – 8° C ! Avec un ciel aussi dégagé, en altitude et en hiver, on pourrait s'attendre à ce qu'il fasse très froid ! C'est à n'y rien comprendre. On craint le pire. Il est absolument impossible de faire la moindre prévision météo sur la péninsule Antarctique.

24 août 1989

Le temps est toujours superbe, mais ne nous aveuglons pas : la descente inquiétante depuis le Wilson Pass nous guette... Elle s'annonce particulièrement ardue, périlleuse. Une déclivité à n'en plus finir.

Voilà la dégringolade ! Et ça part à toute allure ! Keizo et moi essayons, chacun de notre côté du traîneau, de maintenir la trajectoire. La descente est interminable... comme un mauvais rêve dont on ne peut sortir. Nous tentons de freiner au maximum nos attelages qui ont de terribles désirs d'indépendance. Ils courent comme des fous, complètement inconscients des dangers encourus. Si une crevasse s'ouvre devant, c'est la catastrophe !

Et pourtant c'est une danse, un ballet où ne jouent qu'instincts et intuitions, où la peur cède devant cette grâce des choses qui semblent se faire toutes seules. C'est prodigieux !

Je commence à souffler en apercevant le bas de cette pente infernale se rapprocher... Mais nom de nom ! Devant, c'est une abomination de glace bleutée qui nous attend, glissante comme une patinoire, et chaotique en plus ! HO... HO... HO... Keizo s'époumone pour arrêter ses chiens qui ne veulent rien entendre, nous évitons la catastrophe d'extrême justesse. HO... HO... HO... Ouf, l'attelage s'immobilise lentement.

Nous nous retournons. Ça n'a pas raté : les traîneaux de Geoff et de Will se sont renversés. J'espère qu'ils n'ont rien de cassé... Le temps de redresser et de réorganiser la charge, ils repartent à nouveau. Plus de peur que de mal. Will lève le bras, c'est bon signe, ils n'ont rien, on peut continuer.

Le répit sera fugace. Un tout petit peu plus loin éclate un nouveau drame. Sodapop a disparu dans une crevasse ! Je lis l'horreur dans les yeux de Geoff lorsqu'il aperçoit le harnais vide. C'est un de ses chiens préférés. Avec les précautions d'usage, nous nous approchons du gouffre. Incroyable ! 25 mètres plus bas, Sodapop est au fond de la crevasse... marchant de long en large ! Comme s'il était furieux et ruminait de s'être laissé piéger !

Tandis que Geoff encordé descend chercher le chien, Daho est resté au garde-à-vous près de son traîneau. Décidément, la leçon de la première crevasse a porté ses fruits. D'ailleurs, tout au long du voyage, à chaque fois que nous rencontrerons ces dangereuses fissures, en bon élève sage et consciencieux, notre Chinois ne quittera jamais son attelage, à moins d'y être expressément invité par l'un d'entre nous !

Pendant le sauvetage de leur congénère, le comportement de tous les autres animaux est toujours aussi surprenant. Ils ont vraiment l'air de se moquer éperdument de la mésaventure et du sort de ce pauvre Sodapop... Les uns font la sieste, les autres se bagarrent allégrement. A un moment même, nous devons, avec Keizo, empêcher leur brusque démarrage. Les fous ! Ils étaient prêts à foncer droit devant eux, avec, en plein dans leur trajectoire, la grosse crevasse béante ! Tout se passe comme s'ils n'avaient aucune conscience de ce danger-là, de ces pièges diaboliques venus des profondeurs. C'est vraiment déroutant.

Sodapop réapparaît, très calme, et voilà qu'il nous rejoue le coup de Spina, prêt à repartir au plus vite... Qui nous éclairera sur ces mécanismes de la psychologie animale... Les chiens semblent vivre tellement dans l'instant présent qu'ils en oublient même de mémoriser les avatars qui pourraient les aider plus loin à survivre...

Je prends les devants afin de tenter de trouver une route plus sûre, ou un peu moins périlleuse... Mais à peine quelques centaines de mètres plus loin Sam et Yeger sont à leur tour escamotés dans l'une de ces sordides traîtresses de crevasses ! Will, dont ce sont les bêtes, ne connaîtra pas les mêmes affres que Geoff, car les deux malheureux chiens sont restés suspendus à la corde et pendent lamentablement au-dessus d'un vide sinistre. Nous les treuillons à vitesse grand V. Yeger exécute alors un numéro de trapéziste incroyable, il « ramone » comme un véritable alpiniste dans une cheminée, prenant appui successivement sur ses pattes arrière puis avant, tandis que notre traction ascensionnelle parachève ses efforts de remontée ! Vraiment, avec ces bêtes, nous allons de surprise en surprise. Il faut s'attendre à tout...

Sam, l'un des rescapés de cette dernière crevasse, a derrière lui une très belle histoire. Alors qu'il se trouvait en Alaska avec son attelage, Will vit un jour apparaître au loin un loup solitaire qui les suivait à bonne distance... Progressivement, le loup se rapprocha et, la visibilité s'améliorant, Will s'aperçut qu'il s'agissait en fait d'un chien. L'animal surveilla toute la journée la progression du traîneau. Le lendemain, il était encore là, mais la distance avait diminué considérablement. Peu à peu, il se rapprochait. Le troisième jour, Will l'attrapa, lui mit un collier et un harnais. Et notre vagabond prit du service comme s'il avait toujours fait ça... C'était sans doute un chien esquimau perdu. Will le baptisa Sam et ne s'en sépara plus.

Si nous réussissons notre pari, ce chien sera, avec Yeger, l'un des deux seuls chiens au monde à être allés aux deux extrémités de la Terre. En 1986, il a accompagné Will jusqu'au pôle Nord, et le voilà à présent sur la route du pôle Sud. Un doublé extraordinaire !

Avec sa façon très particulière de tirer, toujours un peu de travers, Sam a conservé un comportement assez sauvage, différent de celui des autres bêtes. On devine qu'il n'a pas été éduqué à la même école. Mais dans le cœur de l'Américain, en raison de leur rencontre, Sam jouit d'un statut très spécial. C'est un privilégié qui a tous les droits, même celui de paresser à son aise...

L'équipe cinéma est arrivée dans l'après-midi avec le Twin Otter, l'avion qui « sent l'aventure » tant il me rappelle mes expéditions du pôle Nord et du Groenland... Je suis heureux de revoir mes potes Laurent, Bernard et Damien. Ils nous apportent les vivres qui commençaient à nous faire cruellement défaut, un nouveau traîneau pour Will et Victor, et le courrier bien sûr. Tout au long de la traversée, Laurent sera le facteur de l'expédition. Dans ma pile personnelle, il y a la lettre de Sylvie que j'attendais avec impatience. La force de tout message, même du plus banal, est décuplée pour l'homme perdu dans le désert. Que dire alors d'une lettre d'amour !

25 août 1989

Mobil Oil Inlet ! Je ne sais pas, et je préfère l'ignorer, pourquoi ce glacier satanique porte le nom si peu évocateur d'une compagnie pétrolière... C'est en tout cas le plus épouvantable champ de crevasses que nous ayons rencontré jusqu'à présent. On en compte une tous les dix mètres ! Heureusement que Will et Victor ont abandonné leurs petits « radeaux de la banquise », bien trop courts pour passer les ponts de neige en sécurité.

Ce matin, la visibilité est nulle, et comme il n'y a rien à filmer, Bernard et Laurent partent devant pour ouvrir la route dans cette brume à couper au couteau. Laurent Chevallier à la caméra et Bernard Prud'homme au son forment sûrement la meilleure cordée mondiale du cinéma d'aventure. Ce sont deux alpinistes d'expérience. Nous progressons comme des fantômes au sein d'un univers indistinct. La présence de Bernard aux avant-postes me sécurise. Le « Président », comme nous le surnommons (il dirige la Compagnie des guides de haute montagne de Chamonix), est un sage des glaces. Il a forgé sa maîtrise au cours de vingt-cinq années d'expéditions tous azimuts durant lesquelles il a tout vécu, tout rencontré, tout traversé. Derrière ce doux géant de deux mètres, même une exploration de l'enfer — s'il existe ! — prendrait l'aspect d'une tranquille visite guidée, une promenade de santé, et j'accepterais de l'y suivre les yeux fermés !

Aujourd'hui, un seul chien a basculé dans le vide d'une crevasse, et son harnais l'a retenu. Pourtant, Buffy a été un peu plus ébranlé que ses pairs Spina, Yeger, Sam ou les autres. Il a un peu gémi, suspendu au bout de la corde, avant que Will et Victor ne le sortent à l'arraché d'une bien fâcheuse posture ! Buffy est psychologiquement plus fragile que les autres. Ça se lit sur sa gueule, dès qu'il ne fait pas très beau. Au cours de l'expédition au Groenland, l'année dernière, il avait fait une petite déprime et on l'avait mis sur la liste des exclus pour l'Antarctique. Mais comme il a fait une bonne saison l'hiver dernier, Will a décidé de le prendre quand même.

Peu avant de camper, Will tord le patin de son tout nouveau traîneau. Un comble ! En fait, il nous faut bien l'admettre, ces véhicules sont trop hauts sur pattes. Il va nous falloir les consolider sérieusement. Demain, les couteaux suisses vont reprendre du service !

26 août 1989

Toute la matinée, sous une neige tombant dru, l'équipe soudée à bloc dans la difficulté répare le traîneau de Will. Cela prend un temps fou, et ce n'est qu'à midi que nous envoyons le signal du départ. Le brouillard épais règne toujours. Cela n'enchante personne, surtout pas notre navigateur, Geoff.

— Nous entrons maintenant dans la partie la plus dangereuse de l'expédition ! nous avertit-il...

Je reprends la tête, et me dirige à la boussole car on n'y voit vraiment rien. Impossible de deviner la grande paroi qui est là, toute proche, à ma droite. Damien, l'assistant de Laurent, m'assure en bout de corde. L'avance est lente. Le plus insensé, c'est que je ressens violemment l'omniprésence des crevasses, mais sans en voir concrètement une seule. C'est sans cesse comme une progression au bord d'un gouffre, une transe où mon instinct doit pressentir l'obstacle. Il faut interpréter chaque signe, déduire très vite, et avancer avec l'arrière-pensée latente d'une fatale erreur. Je finis par en perdre toute notion du temps, enfermé dans cet univers cotonneux, tous les sens en alerte contre un mur d'inquiétude.

Quand le soleil réapparaît, c'est comme si la lumière de la réalité me brûlait le cœur. Ce ne sont pourtant que quelques coups de pinceau lumineux qui dissèquent le brouillard, révélant les montagnes. Nous sommes passés ! L'ogre est derrière nous, il disparaît dans la pente et se fond dans la brume. Nous sommes arrivés sur le plateau Mercator ! Un immense carrefour de géantes vallées glaciaires. Chacun semble paralysé, figé sur place, muet, stupéfié... par tant de beauté. La contemplation de cette sauvagerie glaciale qui nous entoure se prolonge dix bonnes minutes. Après l'ascension de ce tunnel sans fin, l'illumination brusque de ce monde des cimes et du ciel paraît surnaturelle.

Mais les chiens, affamés après cette épreuve, nous rappellent à la réalité. Ils réclament leur pâtée, et ça s'entend sur des kilomètres ! Comme chaque soir, pour l'organisation du camp, on commence par tendre les câbles de nuit pour les bêtes : une ligne par attelage. Chaque équipe enfonce très profondément dans la neige deux grandes plaques d'aluminium qui serviront de point d'ancrage, qu'on relie par ces câbles, tendus au maximum grâce à un système de palans. Il y a intérêt à ce que l'ensemble soit costaud, car le manège qui suit est féroce !

Les uns après les autres, nous détachons les chiens des attelages, pour les mousquetonner sur les câbles, tout en laissant expressément deux mètres entre chacun, car sinon ils auraient vite fait de s'étriper. Ce sont les *mushers*, Will, Keizo et Geoff, qui donnent la récompense quotidienne. Le seul fait d'ouvrir la boîte de nourriture met les bêtes dans un état d'excitation incroyable (un peu moins ceux de Geoff, *for sure*, qui sont bien éduqués et tirent nettement moins sur leurs cordes...).

Au moment de la distribution, la ruée est terrifiante ! Ils sautent de joie dans tous les sens, hors d'eux-mêmes, et la traction sur les lignes devient infernale. Chaque soir, nous pensons la même chose : pourvu que les câbles résistent encore aujourd'hui ! Car mieux vaut ne pas imaginer ce qui se passerait, à la suite d'une rupture, si la meute entière nous tombait dessus !... Je peux vous assurer que la distribution de nourriture s'effectue vite fait, sans s'attarder à musarder parmi les fauves, et en maintenant une distance respectable entre nos doigts et les crocs des animaux rendus à leur sauvagerie primitive ! C'est à toute vitesse qu'ils dévorent, ou plutôt engloutissent, ces « blocs de pierre » durcis par le gel, enfournant 6 000 calories d'un seul coup, d'un seul ! Ce plat d'explorateur, plutôt ce cube de dix centimètres de côté, ils l'adorent. Il faut dire, question gastronomique, qu'ils n'ont jamais connu autre chose, hormis les chiens nés au Canada — qui s'y sont d'ailleurs très vite habitués. Une fois les dogues rassasiés, un calme... relatif revient enfin !

La nuit est belle, il fait – 32° C. J'ai hâte de retrouver la relative quiétude de la tente.

27 août 1989

Le Mercator est, à 800 mètres d'altitude, un petit glacier plat intercalé à mi-chemin de notre ascension vers les hauts plateaux neigeux qui coiffent la péninsule Antarctique. Nous passons toute la journée à le traverser. La progression est facile, ce qui repose les chiens. Sans le moindre incident, nous arrivons le soir même au pied du Weyerhauser, un long glacier de 60 kilomètres de long, dernier passage obligé pour accéder au plateau péninsulaire.

Aujourd'hui, à l'arrière du traîneau, j'ai eu du plaisir à discuter avec Bernard Prud'homme. Nous nous connaissons bien. Ensemble nous avons déjà fait pas mal d'expéditions : la première traversée du grand glacier continental de Patagonie, qui s'étend de l'océan Pacifique à la cordillère des Andes. Jean-Marc Boivin était avec nous, c'était en 1982... L'année suivante, nous sommes allés à la face nord de l'Everest, une expédition que dirigeait Yannick Seigneur... Le 11 mai 1986, le tandem Chevallier-Prud'homme était au pôle Nord pour filmer l'arrivée de ma conquête solitaire... Et ce n'est pas tout, car Bernard a fait avec nous la grande traversée sud-nord du Groenland, un prologue de 2 000 kilomètres pour la préparation de cette *Transantarctica*... Eh oui, nous avons beaucoup de souvenirs à partager. Mais ensemble nous parlons surtout de l'avenir, de ce que nous allons faire de nos existences si semblables, toutes les deux organisées pour satisfaire ce goût géant que nous avons pour l'aventure. En rentrant à Chamonix, Bernard, à quarante-six ans, va sûrement démarrer une autre vie car il sera bientôt papa...

Personnellement, quoi qu'il puisse arriver, il me semble que je resterai fidèle à cette vie que je me suis inventée. Même les exigences de l'âge ne m'empêcheront pas de tenter toujours des expéditions originales. Voyageur insatiable des grandes immensités, je demeurerai.

C'est ce que je souhaite aussi à Will pour ses quarante-cinq ans. Anniversaire que nous fêtons la nuit tombée, tous ensemble sous la même tente, à la lueur des bougies, entonnant après Victor la chanson qu'il a composée : *Six people goes*, sur l'air de *Plaine, ô ma plaine.*

29 août 1989
– 27° C

C'est parti pour l'ascension du Weyerhauser. Le terrain est facile, sans surprises, enfin... mis à part quelques crevasses bien béantes ! A gauche, nous longeons une gigantesque paroi de cascades de glace qui doit faire entre 800 et 1 000 mètres de haut. L'équipe cinéma s'est régalée à nous filmer à côté d'elle, si dérisoires. Lilliputiens jetés par la main d'un géant dans un décor hors de mesure.

Quand les cinéastes sont là, l'ambiance s'en ressent. Même si Laurent, Bernard et Damien, qui connaissent toute l'équipe depuis deux ans, s'efforcent de travailler avec le plus de discrétion possible, il y a malgré tout un minimum d'impératifs techniques à respecter pour la réalisation de leurs images. Laurent, qui est très perfectionniste, refait pratiquement toujours deux fois la même prise. Nous devons continuellement attendre qu'ils se mettent en place... et par – 30° C, à l'arrêt, les minutes paraissent fort longues. Cela n'arrange pas les caractères, d'autant que les problèmes d'image se manifestent également parmi nous. Certains ont l'impression de ne jamais être filmés, et les ego s'inquiètent, en souffrent même. Geoff, quant à lui, ne connaît pas ce genre d'affliction, il continue son blocage passif face aux caméras, farouchement opposé à ce qu'il considère, à tort, comme de l'aventure-spectacle. En effet, jamais Laurent ne nous demande une mise en scène. Il ne fait que balader sa caméra témoin. Par contre, Will est sans conteste celui qui lui propose le plus de « sujets » de tournage. C'est typique de la construction des documentaires à l'américaine, où tout est prévu, construit par avance. Que ce soient les photographes du *National Geographic*, ou les opérateurs de télévision venus sur l'expédition, ils arrivent tous avec la liste des choses à tourner confiée par le réalisateur. Cela donne des reportages *american style*, assez stéréotypés. On sent très bien que Will a travaillé ses interviews pour la télé américaine. Il possède une technique éprouvée : lorsqu'on l'interroge sur un quelconque sujet polaire, il fixe la caméra sans ciller un instant, pose avec un naturel accompli un genou à terre et attrape avec désinvolture un chien qu'il serre aussitôt affectueusement dans ses bras ! Cette façon de faire m'a choqué au début. Maintenant je connais le scénario, c'est O.K...

31 août 1989
– 28° C

Je trace devant à la boussole, avec une brise glaciale, terriblement éprouvante, qui m'arrive de trois quarts avant. J'ai l'impression de n'avoir plus de visage. Ce n'est qu'une zone anesthésiée d'où fulgurent par moments des élancements aigus : j'ai des gelures aux ailes du nez. A travers cette espèce de masque de glace, la douleur vrille encore. C'est dur, très dur de mener sous cette agression généralisée, mais il faut sortir ce soir du Weyerhauser et atteindre le dépôt de vivres dont nous avons un besoin urgent. Geoff n'est pas inquiet pour celui-là : « Je l'ai placé sur un rocher bien en évidence, à l'arrivée sur le plateau », nous dit-il. Mais ce soir la visibilité est insuffisante pour savoir exactement où nous nous trouvons. Je continue à la boussole, avec Bernard dans mes traces. Mais après 5 kilomètres nous renonçons. Impossible de dire si nous sommes à 100 mètres ou à 1 kilomètre de notre ravitaillement. Il vaut mieux s'arrêter et monter le camp.

Chacun enrage dans son for intérieur. Mais il faut bien composer avec l'ambiance environnante, et continuer comme si de rien n'était à camper, manger, dormir, sinon l'atmosphère de l'expédition deviendrait irrespirable.

Demain, si le temps le permet, l'équipe cinéma nous quittera. D'un côté, je perdrai des amis avec qui il est agréable de parler français mais, de l'autre, la cohésion entre les six membres de l'expédition sera incontestablement meilleure. Toutes les petites jalousies dues à des bouts de pellicule impressionnés seront balayées par la neige, qui sait tout effacer. Nous retrouverons cette innocence primordiale qu'engendre le désert, sans l'œil de la caméra qui vous pousse malgré tout à devenir acteur dans le quotidien de l'histoire.

1er septembre 1989
– 27° C

Le K.-O. est unanime. La tempête nous couche sous les tentes, comme des gisants. Ça mugit à mort du sud-sud-est avec un enthousiasme infernal, un courant glacial monté directement des profondeurs d'une gorge de titan. Une horreur sans nom ! Le blizzard transporte un *ice fog* qui s'accroche à la moindre saillie, s'infiltre dans le recoin le plus infime. Mais le pire est de se dire que le dépôt est sans doute là, à quelques mètres peut-être, tout près, englouti, invisible...

Malgré la tempête, j'arrive à entendre la voix de Criquet, qui, depuis Punta Arenas, m'apprend qu'Henry, le pilote du Twin Otter, est en attente à Rothera, une base anglaise située à 300 kilomètres plus au nord de notre position. Il a bien fait de se poser là car il ne nous aurait jamais trouvés dans le mauvais temps.

Pour nous gâter un peu, Keizo fait sauter du *pop-corn* dans la casserole.

J'écris à Sylvie.

Après un mois de route, je suis devenu le nomade du grand désert blanc. Ici, il n'y a rien qui vive, et mon cœur attentif se nourrit de la beauté des jours et de ton mot d'amour. Ici, la glace, le ciel et le vent me parlent de toi. Le soleil joue avec les couleurs comme nulle part au monde. Tout est doux, rose, pourpre, ou bleu comme tes yeux. Il m'arrive même parfois de me souvenir que j'ai rêvé de toi. Il fait froid tous les jours, entre – 25° C et – 30° C, et comme nous nous dirigeons vers le sud, ça ne se réchauffera pas. En septembre, il fera – 40° C car nous serons plus haut en altitude et plus à l'intérieur du continent... mais on s'endurcit progressi-

vement, au froid seulement. Mon cœur est toujours attendri par l'amour que tu m'as donné. Je pense à toi, et l'Antarctique magnifique embellit la mémoire des choses qui nous manquent. C'est dur par moments, et j'ai besoin que tu me dises que tu m'aimes. Je t'embrasse très fort, mon cœur.

3 septembre 1989
– 20° C

Enfin des brouillards passagers succèdent à la tempête. La chasse aux vivres est ouverte ! J'ai l'âme en paix, car je me souviens très clairement de cette fameuse phrase de Geoff, dite au moment où nous cherchions désespérément notre ravitaillement la dernière fois : « Le prochain dépôt, nous ne pouvons pas le manquer ! C'est au sommet du Weyerhauser. Je suis persuadé de le retrouver car je l'ai installé en lieu sûr, au-dessus d'un socle de rochers !... » L'implacable réalité des faits va, hélas, lui opposer un démenti glaçant. Nous ne voyons aucune trace d'un quelconque dépôt par ici. Nous avons beau nous escrimer à fouiner en tous sens, à inspecter le coin mètre par mètre, nous sommes de nouveau bredouilles !

Comme le temps s'améliore, j'invite le pilote à venir. Malheureusement, quand il arrive sur nous, le temps s'est à nouveau gâté. L'avion tourne autour du secteur sans pouvoir nous repérer. Que doit-il faire ? Continuer à survoler en attendant l'éclaircie ? Non, la seule option est d'aller jusqu'au dépôt suivant, tout d'abord pour être sûr qu'il est toujours là, et surtout pour nous rapporter de quoi survivre les jours à venir. Fort heureusement, nous avions prévu ce genre de problèmes et pris la sage précaution de faire des dépôts de vivres très abondants. Le pilote estime qu'il a assez de carburant pour s'y rendre : ça représente une heure de vol pour lui. (Plus d'une semaine de marche pour nous !) Pour plus de sécurité, Henry me demande de rester en contact radio. En moins d'une heure, il m'annonce la bonne nouvelle : j'ai trouvé le dépôt, je rapporte des vivres, je reviens sur vous !

La chance continue à nous sourire et, miraculeusement, le Twin Otter surgit du ciel, plongeant entre deux pans de brume, et se pose dans un nuage de neige. Henry débarque nos vivres. Nous sommes soulagés, mais l'énigme persiste en ce qui concerne ce dépôt tout proche que nous n'arrivons pas à trouver. Il n'y a aucun doute, d'après les instruments du bord nous sommes exactement sur le site relevé par le pilote qui a effectué la dépose en décembre dernier... Se serait-il trompé en notant cette position ? C'est la seule solution logique envisageable... Sinon, il faut imaginer qu'une expédition fantôme nous précède et vole au fur et à mesure nos précieuses denrées alimentaires ! Bon appétit, messieurs !

Geoff s'embarque illico avec Henry afin de survoler et de scruter la zone alentour. Il y a toujours beaucoup de brume et ça ne facilite pas les recherches. Ne repérant pas le dépôt, l'avion dépose Geoff, embarque l'équipe cinéma, et disparaît dans la brume comme il était venu.

Maintenant, nous avons de quoi tenir jusqu'à Laine Hills, le dépôt suivant, à condition de... ne pas traîner !

Pourtant, bien que nous ne soyons pas réellement menacés à court terme, je sens qu'une angoisse latente s'installe et se cristallise en moi, suite à ces dérobades répétées et inexplicables de nos « vivres ». En effet, lorsque l'on affronte des conditions extrêmes, la nourriture devient le symbole même de la survie. A ce trouble s'ajoute l'émotion provoquée par les effusions accompagnant le départ de l'équipe cinéma. Au soir, je suis comme saturé du sentiment d'être abandonné, délaissé. Manque de vivres, manque d'affection, je reste dans le souvenir des interminables accolades de Bernard et Laurent, suivies d'un sinistre grondement de moteur qui se perd peu à peu au cœur du ciel...

Geoff surgit alors, il invite tout le monde dans sa tente. Une initiative qui, pour moi, tombe à point nommé, car, à l'intérieur, la chaleur humaine ne... manque plus. Il serait même impossible de caser l'un de nos aventuriers fantômes...

Mr. Somers commence par un préambule très protocolaire, où il nous demande de l'excuser pour les deux dépôts manqués de Three Slice et de Weyerhauser...

— Ce n'est pas si grave ! l'interrompt Victor...

— Les chiens ont de quoi manger, et nous avons de quoi boire ! Et on ne va pas s'en priver !...

— J'ai quelque chose d'un peu spécial à vous offrir, ajoute Daho.

— Qu'est-ce que c'est ? interroge Will, très intéressé.

— Du vin que le pilote a pris en passant à la base chinoise de Great Wall Station...

Je sers le vin chinois, et le goûte. C'est un vin rouge madérisé, excellent.

Tout le monde trinque. Les yeux de Keizo s'allument. Lui aussi aime bien boire. Ça donne un peu de couleur à toute cette neige, et les pensées s'en trouvent pour un temps allégées, elles tournent dans un autre sens. Certaines tensions s'apaisent comme des cicatrices qui se referment, après un verre ou deux. Mais ici, les occasions sont rares et toujours le signe d'un rapprochement convivial des membres de l'expé.

— Oh boys ! La pire des crevasses est à présent derrière nous... lance Will.

— Même s'il y en a d'autres, vous ne me verrez pas décoller du traîneau ! répond Daho.

— Buvons à notre arrivée à Laine Hills !

Une bouteille de pisco chilien surgit par enchantement. Daho a prélevé tout exprès de la glace — il la casse en morceaux et la distribue dans nos verres. Voilà une denrée qui ne risque pas de manquer ! C'est Byzance en Antarctique, ce soir. Nous ne sommes plus bons qu'à chanter tout ce qui nous passe par la tête.

4 septembre 1989
– 27° C

Oh, la cuite ! Même avec le capuchon, même avec la fourrure qui est sous le capuchon, même avec le bonnet qui est sous la fourrure qui est sous le capuchon... j'ai « froid aux cheveux ». Je vous passe l'insupportable mal de crâne et l'irrésistible envie d'offrir mon indigestion du petit déjeuner à la neige.

Toute la journée, je traîne la patte. Mais pas les chiens, qui nous pulvérisent un record de distance : près de 30 kilomètres parcourus sur le plateau, qui n'est pourtant pas vraiment plat. A la tombée de la nuit, nous perchons nos tentes sur un dôme qui surplombe les montagnes, à l'ouest. De l'autre côté, à l'est, s'élance un admirable massif d'une blancheur aveuglante, aigu, très haut, puisqu'il culmine à 3 000 mètres d'altitude. La lune est réapparue, toujours à l'envers. Le décor est sublime...

5

Dans les « catabatiques »

5 septembre 1989
– 32° C

Sur l'immense plateau vallonné, nous sommes presque aussi haut que les montagnes. La neige est croûteuse, cassante, pénible. La journée est superbe, par contre. Ceci compense cela. A l'est, nous avons même deviné le Pacifique !

L'après-midi, Kutaan mène pendant trois heures — les leçons de Geoff ont porté. Keizo, qui a pu le guider à la voix, est ravi.

Je baigne dans la félicité. Ce panorama m'évoque des souvenirs de Patagonie. Mais Will s'approche et je devine à sa tête qu'il est préoccupé. Il me propose de quitter Keizo pour voyager en sa compagnie, Victor me remplaçant auprès de mon ami japonais. Je refuse tout net. On ne peut pas tout changer à chacune de ses sautes d'humeur. Je sais bien qu'il me faudrait être plus diplomate, mais tant pis ! C'est une question d'équilibre, toujours délicat à trouver, et précaire lors d'une expédition. Je sens déjà depuis un certain temps que Will juge nos dialogues à tous deux assez difficiles, et pense que je ne l'aide guère à communiquer. Mais je ne peux pas faire autrement. C'est comme si nous nous enfermions chacun dans un univers très personnel, un microcosme, afin d'essayer de nous préserver de cette immensité inhospitalière, trop vertigineuse pour l'esprit. Will et moi sommes prisonniers de l'audace de ce projet que nous avons engendré ensemble, et dans la réalité polaire, aux points de repère quasi inexistants, se produit un curieux phénomène : je me recroqueville. Je m'accroche de plus en plus fort au fond de moi-même ! Tout est tellement déroutant et hostile par ici que rompre un tant soit peu la normalité de la routine (comme cette idée d'intervertir les partenaires) prend brusquement des proportions démesurées à mes yeux.

Steger réagit différemment. Le côté ritualisé des occupations quotidiennes semble l'étouffer et l'emplir de lassitude. Il éprouve visiblement un besoin impétueux de nouveaux stimuli. Cela provient sans doute de l'instabilité assez spectaculaire de son labyrinthique caractère, jamais satisfait, toujours à la recherche de quelque chose de neuf, d'autre ! Cette fougue ne lui vient-elle pas de ses origines ? Il est l'enfant terrible d'une jeune nation, alors que nous... je regarde Daho, le « vieux » Chinois, appartenant à l'une des plus anciennes civilisations de la planète... Keizo, digne descendant d'un empire du Soleil-Levant séculaire... Victor, le « progressiste de tradition » dont la terre natale est si dense historiquement... Je nous regarde, Geoff et moi... chargés de notre vieille Europe, empêtrés dans son passé millénaire... Pas étonnant que l'envie de batifoler nous coupe déjà les jambes à tous les cinq, avant même d'avoir commencé ! La pesanteur de l'héritage, de nos origines respectives, est peut-être la clef secrète de nos comportements plus assagis. Au désert, ce face-à-face est implacable, qui nous renvoie aux fondements mêmes de nos racines...

6 septembre 1989
– 27° C

Ce matin, un vent soufflant du sud-sud-est se lève, se renforce, puis ralentit... Partir ? Rester ? Un sentiment d'indécision s'empare progressivement de chacun. C'est une sorte d'appréhension larvée qui colle au plexus, très désagréable. Il vaudrait mieux pour nos humeurs trancher tout de suite, opter pour un choix définitif... et nous n'y parvenons toujours pas. Enfin, lors de notre expédition au Groenland, nous nous risquions bien à « naviguer » par des temps beaucoup plus exécrables ! A cette évocation, nous ressentons l'impulsion d'un sursaut collectif, et nous entamons envers et contre tout les préparatifs de départ. Mais après quelques minutes les doutes nous assaillent de nouveau... Non, pas de doute ! mieux vaut renoncer...

Recroquevillé sous la tente, à demi obsédé par la pensée insidieuse qu'il faudrait avancer coûte que coûte, chacun ronge son frein. C'est intolérable, cette valse-hésitation, cette démission collective sans queue ni tête !

Personnellement, j'enrage, et je finis par convaincre Will que notre longue route doit être désormais attaquée au rythme du Groenland, sinon nous n'en verrons jamais le bout... Tout le monde est d'accord, un instant, et cela suffit à nous galvaniser de nouveau. Dans un second sursaut, qui sera le dernier, nous recommençons à nous rééquiper pour... foncer ! Hélas, dehors la rage insoutenable du vent nous cloue sur place. Et le découragement nous empoigne encore...

Tout se passe comme si l'Antarctique avait décidé de nous phagocyter, de nous emprisonner dans sa toile comme une colossale araignée blanchâtre... Dire que nous avions une semaine d'avance à l'approche du dépôt du Weyerhauser ! Au train où vont les choses, nous risquons d'être bientôt en retard sur nos prévisions. Je me jure la main tendue que demain sera une marche forcée sans pitié !

7 septembre 1989

Pitié ! On ne voit même plus le traîneau depuis notre tente... Le vent dément fouette et cingle en rafales du sud, comme s'il voulait nous signifier qu'il tient en son pouvoir nos précaires existences. Reçu 5 sur 5 !

Deux silhouettes surgissent, à demi rampantes dans le blizzard, tentant d'échapper à la fureur du ciel. De qui s'agit-il ? Je reconnais enfin Will et Geoff alors qu'ils atteignent les abords de notre camp. C'est l'enfer ! Et je me doute bien du pourquoi de leur visite. Il va falloir envisager de planifier un trop éventuel rationnement de la nourriture ! Fini, la possibilité d'un ravitaillement confortable en cours de route grâce à la venue de l'équipe cinéma comme précédemment. En effet, jusqu'à Ellsworth, plus aucun avion ne décollera pour nous apporter quoi que ce soit ! Le bilan est angoissant. Depuis le 1er septembre, nous n'avons marché qu'un seul jour !

Nous commençons à « fictiver », à connaître d'épouvantables insomnies dues à l'inaction. Nous ne faisons rien d'autre qu'attendre, attendre et attendre encore...

Aujourd'hui, la lecture et la relecture d'un exemplaire du *Monde diplomatique* s'avère ma ruse personnelle pour résister à cet engourdissement mental si difficile à... transgresser ! Il y a un article intitulé « Inventer un avenir pour la planète » qui me fascine, et grâce à lui je passe des heures et des heures à argumenter...

Il est bien évident que la machine économique qui vise à la production maximale, qui, à travers la communication tous azimuts, pousse à la consommation démesurée, encourage une rapide destruction de la planète. Peut-on enrayer cette machine dont la puissance fait la fierté des Etats ? Après l'ouverture sur l'Occident de Gorbatchev, son fameux : « Nous avons 250 millions de clients potentiels » figurant dans sa lettre à Mitterrand, destinée à la réunion des sept pays les plus riches, seul le régime capitaliste semble s'imposer dans le monde. Et ce système ne fera pas la moindre concession. « Rien ne se perd, rien ne se crée, tout se transforme », a écrit Lavoisier. Mais aujourd'hui, on transforme la Terre à une vitesse supérieure à sa capacité d'assimilation ou de régénération. Le processus de fin du monde est-il engagé ? Pour sauver à présent la planète, il faudrait utiliser des produits de substitution, donc de synthèse, à cycle court, dont on maîtriserait les déchets, et qui porteraient de fait un label écologique... Je n'arrive pas à croire à un ralentissement de l'économie pour sauver la Terre. Par contre, je pense que l'homme sera de plus en plus amené à consommer ce type de produits. Un jour viendra — dans fort peu de temps — où les écologistes inciteront le public à choisir des produits synthétiques à déchets recyclables plutôt que des produits naturels. Ils clameront même : « Abandonnez les produits naturels afin de préserver la Terre ! Pour sauver la planète, consommez synthétique ! »

Quel sacrifice ! Même tapi au tréfonds d'un duvet, lui-même lové au fond d'une tente harcelée de blizzard, elle-même perdue sur un continent géant à l'allure de cauchemar, que ne va-t-on pas inventer pour s'occuper l'esprit !

8 septembre 1989
– 38° C ce matin, – 40° C ce soir

Pas un nuage ! Des horreurs rugissantes d'hier ne demeure qu'un petit vent du sud, mordant sans doute, mais c'est un délice comparé à la fureur de la veille. Geoff et sa Thulé font le forcing à la trace aux avant-postes. Nous filons comme des boulets de canon.

A midi, l'Antarctique nous offre un opéra hallucinant : tous les hauts sommets se dédoublent sur la glace du sol, projetés dans un mirage inouï, tandis que d'autres cimes, un peu plus basses, semblent en suspension, comme si elles lévitaient au-dessus de l'horizon ! Nous savons que la couche d'air en surface, lisse tel un lac immense, engendre ces illusions optiques par le simple jeu des reflets. N'empêche que c'est grandiose et propice aux plus folles chimères de l'imaginaire. Et nul ne s'en prive, je le sens...

Nous continuons à avancer jusqu'à l'obscurité tombée, saisis entre l'irréel de la réverbération des mirages de nos rêves et la ténacité d'une fatigue qui s'accroît rapidement après neuf heures de course effrénée sur 23 milles.

Ce soir, sur le mont Charity, la neige est rose pâle, les pans situés à l'ombre, bleu ciel. Un jeu de pastels de conte de fées. Au couchant, l'horizon se teinte d'un violet époustouflant. L'air a la pureté translucide d'une aile de libellule... Se taire...

9 septembre 1989
– 27° C

Pouah ! Où est passée la libellule ? Tout est couvert. Au sol, seules dépassent les truffes noires des igloos sur mesure des chiens. Au premier zip de la fermeture à glissière de nos tentes, les plus vaillants dressent la tête. Comique, on dirait qu'ils portent un béret de neige sur le crâne.

Le vent attaque du sud-est, puis passe au nord, s'infléchissant ensuite au nord-ouest, quelle girouette !... Ça n'augure rien de bon. Pourtant, malgré ses 60 km/h, puis ses 80 km/h, nous lui faisons un très gros pied de nez en parcourant quand même 27,6 milles ! Les héros de cette folle cavalcade sont encore Thulé et son maître, littéralement déchaînés en tête.

Dans ma tête à moi, ça discute ferme. Me voilà donnant même une conférence de presse imaginaire ; mais je dois dire que les questions des journalistes sont parfois si décalées par rapport à la réalité des faits que j'en arrive à m'énerver franchement, gesticulant tout seul sur la neige ! Keizo s'en aperçoit, et me fait un clin d'œil de connivence. Contre quoi se bat-il lui-même ? Je l'ignore, mais du côté nippon l'ambiance ne semble pas non plus à la divine quiétude. A force de se côtoyer pendant des heures et des heures de part et d'autre d'une poignée de traîneau, on finit par développer une intuition très fine de ce qui se passe dans la tête et le corps de son compagnon, une subtilité qui confine à une variété de « télépathie polaire », réellement étrange et surprenante. Mais nom de nom ! Voilà le ballet agressif des questions insipides qui reprend de plus belle : « Docteur Etienne, à quoi ça rime tout ça ? » « Avez-vous un but scientifique ? » « Etes-vous un aventurier ? » « Et après cette traversée, qu'allez-vous entreprendre ? »... Du calme, s'il vous plaît, du calme ! Au fond, peut-être que Keizo répond à ma place...

10 septembre 1989
– 25° C

C'est l'ouragan ! Nous sommes pilonnés par des à-coups de 150 km/h... Effarant ! La visibilité est à moins de un mètre, car je ne vois même pas les piquets de la tente ! Notre survie en dépend. Pourvu qu'ils résistent !

La neige qui s'est infiltrée goulûment entre les parois du double toit s'y est agglomérée et, en gelant, elle a formé une dure carapace. C'est du dernier chic, nous habitons un igloo ! Les avantages sont multiples : isolant contre le bruit — cela atténue un tantinet le vacarme du blizzard —, isolant contre le froid, cela va sans dire. Mais tout privilège a son revers, et la contrepartie odieuse est que tout ce qui était gelé et qui vivait tranquillement sa vie passive à l'intérieur de la tente a fondu du fait de la hausse notable de la température ambiante. Nous marinons désormais dans un cloaque. Les parois dégoulinent littéralement d'eau tout en vibrant sous les gifles acharnées des rafales en furie. Tout s'ébranle, et les secousses convulsives déclenchent constamment de petites averses perverses se déversant du toit. Supporter cette « féerie des eaux » pendant des heures et des heures tient du supplice chinois. Tout à l'heure, mort d'ennui au fond du duvet, je décide de sortir mon précieux livre de bord pour écrire quelques phrases. A peine l'ai-je entrouvert qu'il est déjà trempé ! J'en ai assez ! Vraiment ras le bol ! Au cours d'une expédition polaire, le plus pénible n'est pas tant d'avancer dans la journée, puisque nous sommes équipés et, comme on bouge tout le temps, le froid est contrôlable. Le pire, c'est de camper dans cet infâme petit mètre cube qui prend des allures de marécage glacial !

Au milieu de cette interminable journée, Keizo

tente une sortie afin de rendre visite à nos chiens. Il y va en rampant, l'angoisse au ventre, car c'est comme de se retrouver pris de plein fouet dans l'effroyable souffle d'un réacteur d'avion en plein décollage. Instantanément, toutes notions d'espace et d'orientation sont balayées par le maelström. Quant aux petits igloos individuels des chiens, ils se sont mués en véritables congères. Le vacarme est si puissant que le malheureux Keizo est contraint de guetter les brefs instants de pseudo-accalmie, entre les assauts de l'ouragan, pour tenter d'entendre l'éventuelle et triste plainte d'un chien trop enfoui qui pleurerait... Heureusement, me dit-il au retour, il n'a rien décelé de tel. Mais il m'avoue qu'il a la curieuse impression de se réveiller juste d'un cauchemar, et je vois la peur de l'extrême encore fichée dans son regard. Ses yeux ont une fixité déroutante. C'est alors que je me souviens de mes propres hallucinations au pôle Nord, et je n'ose même pas imaginer quel pouvait être mon visage en ces instants. Par bonheur, j'y étais seul, donc dans l'incapacité de me voir ni de me saisir dans le regard d'autrui... Il y a vraiment de quoi être terrifié lorsque les éléments deviennent aussi inhumains, et je trouve que Keizo leur a fait face avec un courage digne d'éloges.

Puis ce que je nomme la « routine des gisants de l'Antarctique » perdure. Alités, on s'endort, on se pétrifie dans un demi-sommeil glauque, on se réveille en sursaut... la tente est toujours là. Une seconde, j'avais cru qu'elle s'était désintégrée sous un coup de boutoir particulièrement redoutable. Les minutes sont des heures.

La nuit finit par arriver, mais le temps a pris de tels contours, il s'écoule de manière si « intemporelle », qu'on pourrait croire que c'est toujours le jour.

Maudite prostration ! Du calme, Jean-Louis. Il ne faut pas se laisser leurrer par l'impatience ! Et puis, tu n'es qu'à 25 milles du prochain dépôt, qu'il y a peu tu estimais inaccessible... Mais quand même, depuis le 1er septembre, si je compte juste, cela nous donne six jours sur dix passés sous la tente ! Que suis-je donc venu faire ici ? Eprouvé par cette attente, la « belle existence » que je mène depuis une quinzaine d'années me paraît dans ces moments dérisoire. C'est tout à fait comme si un personnage étranger s'était glissé en moi subrepticement, cherchant à m'écarter de la beauté de ma route. Ciel, donnez-nous quelques jours de répit ! Que l'on avance enfin !

11 septembre 1989

L'ouragan s'est transformé en tempête. Le vent, qui avait un peu chuté tôt ce matin, nous laissant l'espoir d'un départ, est reparti de plus belle... A 9 heures, on peut de nouveau dénombrer six momies emmurées dans leurs sarcophages de toile.

J'ai passé une mauvaise nuit. Depuis plus d'une semaine, des soucis d'argent et d'organisation me traversent sans cesse l'esprit. Comme si, après le premier mois de découverte, je reprenais le travail que j'ai fait pendant deux ans pour mettre au point cette expédition géante. Savoir qu'à mon retour, pour combler mes emprunts bancaires, l'infernale course à l'argent reprendra de plus belle n'est pas une perspective très réjouissante. Chasseur de primes, voilà ce qui m'attend à la rentrée...

Dans les jours d'autocritique, où je ne me fais aucun cadeau, je trouve en plus que je me suis peut-être un peu fermé égoïstement sur ce projet pendant ces deux dernières années. Quand on vit intensément sur de telles aventures, forcément assez obsédantes, on se coupe involontairement du reste du monde. Mais c'était quelque chose de très lourd à assumer, où se mêlaient déjà tant d'interférences qu'il était difficile d'éviter cette attitude, due beaucoup plus à un réflexe de protection qu'à une volonté d'exclusion des amis.

Le montage de *Transantarctica* n'a pas été une mince affaire. Il s'agit sans doute de l'une des plus importantes expéditions privées de toute l'histoire. Pour mettre en route cette énorme machine, il a fallu bien évidemment donner beaucoup de soi, de son temps, de son énergie, être entièrement focalisé sur ce but à chaque minute.

Une fois le rêve défini clairement, restait à trouver les fonds... De tous temps, les explorateurs ont été aidés, soutenus par les Etats, les banquiers, ou les mécènes qui furent les premiers sponsors. Chacun y trouvait son compte, les Etats espéraient la découverte de nouveaux territoires, les banquiers l'ouverture de nouveaux marchés..., les mécènes du plaisir et de la notoriété. Par la suite, les expéditions « nationales » ont pris le relais pour un temps. Il s'agissait alors de prestige national...

Aujourd'hui, nos parrains sont les industriels, *sponsor* étant la traduction anglaise du mot parrain. Il faut que tout aventurier qui cherche un financement pour son projet sache bien que les entreprises qui parrainent une expédition, quelle qu'elle soit, marchent avant tout au « coup de cœur » !

Sponsor-aventurier sont des partenaires indissociables, l'un étant le corps et l'autre les ailes de l'oiseau !

L'aventurier, lors de sa démarche auprès d'un sponsor, doit apporter la preuve qu'il est passionné, déterminé, et qu'il a les compétences pour mener à bien son projet. C'est dans cette phase de séduction que tout se joue. On ne tombe pas à tous les coups sur le parrain idéal, il faut être très persévérant ! C'est une bonne école...

Quel est-il, ce bon sponsor ? C'est celui qui va tout de suite faire la relation entre le potentiel que vous véhiculez et l'opportunité pour l'entreprise de communiquer sur un mode nouveau, plus porteur de rêve que la publicité traditionnelle.

Le sponsoring est une « aventure » où l'on partage la passion d'un projet, et aussi le risque qu'il n'aboutisse pas, les conséquences étant une perte de crédibilité pour le chef d'expédition et peut-être une perte financière pour le sponsor. Pour limiter ce risque financier, les hommes de la publicité font de plus en plus de propagande avant le départ, si bien que certains projets fantastiques, dont on entend lourdement parler, s'évanouissent dans la nature. Quand on évoque les risques, il faut être clair, être bien conscient que la catastrophe ne profite à personne et que jamais un sponsor ne pousse à la faute. Dans certains cas dramatiques qui passionnent les journalistes, la publicité faite sur un accident, si elle augmente la notoriété du sponsor, va malheureusement donner une mauvaise image de la marque au public. Ce qui était au départ une passion se transforme facilement en polémique au sein d'une entreprise... il y a un tel culte malsain de la mauvaise nouvelle !

Fort heureusement, dans la majorité des cas, tout se passe bien, même en cas d'échec. Après ma première tentative au pôle Nord, mes sponsors UAP, ELF, DAMART et SAFT n'ont pas hésité à me suivre dans ma deuxième tentative victorieuse de 1986. Le sponsoring ne marche qu'en relations de confiance. Mais, au-delà de ce contrat moral, le rôle de chacun doit être clairement établi : celui de l'aventurier est de mener à bien son projet et d'en parler avec passion, celui du sponsor, d'utiliser l'aventure qu'il a financée comme support de communication, ou comme test pour ses produits.

Les sources de malentendus viennent en général d'une confusion dans les rôles de chacun. Dans le contexte d'une aventure, ce n'est pas en principe au sportif de faire de la publicité directe pour ses sponsors. Il est normal cependant de porter sur ses vêtements la marque de son parrain.

Grâce au sponsoring, les entreprises ont rendu l'aventure accessible à de nombreux marins, alpinistes, explorateurs... Aujourd'hui le mécénat d'entreprise se développe dans des domaines plus larges qui englobent des actions sociales, humanitaires, scientifiques...

Transantarctica a coûté 25 millions de francs, sans compter le bateau. Nous avons créé un *joint venture* entre une société américaine, l'association française Hauteurs et Latitudes, et les Expéditions polaires soviétiques. La moitié de cette somme a servi pour l'expédition, l'autre à l'organisation internationale de la communication et du programme éducatif. Nous avons employé une vingtaine de salariés pendant deux ans. La production cinématographique a été confiée à une société française, Les Films d'Ici, dirigée par Yves Jeanneau, qui s'est imposé comme un partenaire de talent, malgré la crainte de départ des chaînes de télévision américaines. La série de films a été diffusée dans cinquante-deux pays, par Antenne 2 en France.

Notre premier sponsor a été, comme pour mon voyage au pôle Nord, la compagnie d'assurances UAP. Puis la compagnie Gore Tex, qui était d'abord un partenaire technique pour les vêtements, s'est emballée devant l'ampleur que prenait le projet et est devenue l'un de nos deux principaux alliés. Les fidèles du pôle Nord ont continué le voyage au pôle Sud. Damart « Froid moi jamais », Saft, leader mondial de la pile au lithium qui fonctionne jusqu'à – 70° C !

Pour la collecte de fonds, Will Steger a également pratiqué un système qui n'est pas développé en Europe mais très courant aux USA. Il a vendu son nom à un énorme réseau de distribution, Target, qui possède des grandes surfaces sur tout le territoire américain. Ceux-ci ont étudié toute une série de produits ayant de près ou de loin trait à l'aventure, fait une étude de marché et, une fois assurés de la fiabilité de l'affaire, donné une « avance » sur le produit de la vente future estimée.

Personnellement, pour le moment, je ne tiens pas à commercialiser mon nom. Je souhaite rester en marge, et trouve qu'il ne faut pas se faire « consommer » par le public, mais plutôt l'alimenter. C'est quelque chose de plus subtil à réaliser, mais là au moins on conserve intact son patrimoine. Je crois qu'à partir du moment où les gens achètent un produit qui porte mon nom, c'est comme s'ils achetaient une partie de moi... et ça ne se récupère jamais ! On peut le recouvrer en notoriété, mais certaines actions deviennent impossibles. J'ai une règle très simple : toutes les fois que je ne sens pas les choses, je les refuse. Je ne tiens pas à passer mon existence à me justifier pour des actes accomplis par intéressement. Ça ne me dérange pas que certains le fassent, mais je ne peux pas accepter cette règle du jeu pour moi.

Les autres pays partenaires ont apporté ce qu'ils pouvaient. La Chine nous a donné un Chinois. Ce qui n'est pas négligeable : ils représentent un quart de l'humanité ! Pas d'argent du tout, mais des services à l'arrivée sur l'île du Roi-George, où ils nous ont hébergés quelques jours dans leur base de « Great Wall Station ». Et puis, ils nous ont offert à tous de la gelée royale reconstituante et... aphrodisiaque... !

Les Russes ont apporté beaucoup de moyens en logistique — ce qui a éclipsé le rôle capital de notre voilier polaire. Ils ont transporté le fuel jusqu'en Antarctique, nous ont emmenés au point de départ avec le fameux Iliouchine, et ils nous prendront en charge à la fin de la traversée sur la portion Vostok-Mirny, pour toute l'assistance technique et la sécurité.

En attendant d'atteindre cette zone, distante à l'heure actuelle de plus de 3 000 kilomètres, prenons notre mal en patience. Rien d'autre à faire que d'attendre et d'attendre, cloîtrés comme des reclus... Passer d'une tente à l'autre pour rendre visite aux amis tient de l'expédition extrême : on doit s'équiper pour le gros temps. Armons-nous de flegme.

12 septembre 1989
– 14° C

S'agit-il d'une miraculeuse accalmie, ou bien enfin d'une trêve prolongée de cette guerre blanche que nous livre si furieusement l'Antarctique ? Le vent est tombé et nous nous éjectons des tentes pour apercevoir sous nos regards consternés un campement informe directement sorti d'une hallucination. Tout est enfoui sous une épaisse couche de neige, d'énormes congères se sont formées entre les tentes et les traîneaux. Il nous faut nous déguiser en cantonniers et envisager deux bonnes heures de pelletage avant que notre matériel émerge de cet engourdissement, où nous-mêmes étions plongés depuis plusieurs jours. Kutaan est à l'intérieur d'une véritable grotte de glace taillée sur mesure. Il est en pleine forme ! Il était réellement très bien protégé dans sa coquille, un refuge aux parois lisses. Son poil est d'une étonnante propreté. Ce chien appartient à la race des « ensevelis », comme Oclock, ceux qui se laissent enfouir sans crainte sous la neige. Monty et ses autres congénères, par contre, ne supportent pas de jouer aux taupes des glaces, et remontent au fur et à mesure que la neige les recouvre vers la surface. Ils sont dans un état indescriptible : des blocs de glace impressionnants restent collés à leurs poils, ce qui leur donne l'allure d'étranges créatures issues de l'ère glaciaire ! Après avoir manié les pelles, ce sont les raclettes pour poils de chien qui entrent en action, et peu à peu ces monstres hibernants sortent de leur gangue polaire et commencent de nouveau à ressembler à des chiens dignes de ce nom. Ce toilettage effectué, surtout aux endroits où frottent les harnais, nous nous mettons en route. Il est déjà 10 heures lorsque les traîneaux s'ébranlent. Ce secteur restera à jamais maudit dans nos mémoires. Nous sommes enchantés de filer et nous ne lambinons pas. C'est presque plus une fuite qu'un départ.

Mais... catastrophe ! A l'heure du déjeuner, les hostilités reprennent ! Le vent se lève à une vitesse ahurissante. C'est l'accablement... La visibilité se pétrifie dans un amas blanchâtre qui me donne envie de vomir. Quasi instantanément, nous perdons la trace de Geoff qui menait seul devant. Derrière, comme de bien entendu, Will et Victor se sont également escamotés sur-le-champ. Je suis assez inquiet pour notre Anglais. Une seule solution : monter la tente d'urgence et attendre en espérant une amélioration rapide...

Deux heures passent dans une tension harcelante. Keizo et moi nous nous sentons misérables d'impuissance et bouillons d'une rage mal contenue. Le blizzard non plus ne décolère pas.

Soudain, Geoff surgit devant nous, seul, à pied. Notre soulagement est à la mesure de l'angoisse précédente. En fait, il n'a pas perdu son sang-froid : suivant la plus élémentaire règle de sécurité en pareil cas, il s'est arrêté. Après avoir monté la tente, il a réussi à revenir vers nous grâce à l'unique technique possible, déjà expérimentée au Groenland : abouter tout d'abord toutes les cordes utilisables afin d'en confectionner une ligne de vie, puis embarquer tout ce qui est susceptible d'être planté dans la neige, et... en avant ! à coups de skis ou de bâtons fichés çà et là comme des garde-fous, des repères. Ainsi, de saut de puce en saut de puce, il a pu nous rejoindre !

Peu de temps après, le vent se calme... Ce n'est plus à bouillir de rage, c'est à invectiver le ciel entier, à l'injurier tout net, car évidemment il est juste trop tard pour repartir...

Mais le lendemain, ce sera de la tente, de l'attente et encore de la tente... Un exercice pour légume léthargique guetté par la catalepsie, un combat d'endurance sur le point de se muer en épreuve de survie.

Dans mon journal, j'écris : « La nature m'a offert l'éveil, à la mesure de ses défis. En choisissant les voies qui m'ont paru les plus inaccessibles, je n'ai finalement entrepris que la conquête de moi-même. Dans ces confrontations difficiles, on acquiert une vision intuitive des choses essentielles, un regard dépouillé au plus proche de la réalité. Aujourd'hui, en méditant sur la voie que j'ai choisie, je me rends compte que ma révolution est faite, et mes forces sont intactes, sincères. Et quand j'interroge l'avenir, je découvre avec bonheur que vivre avec le monde est maintenant la seule réponse. »

14 septembre 1989
– 27° C

Nous avons trouvé Laine Hills ! Après trois heures de marche, les vivres sont enfin à portée de la main ! Un grand bien-être, et même plus — une joyeuse frénésie —, s'est emparé de nous à leur seule vue. C'est une réaction presque enfantine, le plaisir d'avoir découvert un trésor tant espéré, tant recherché. Tels des pirates du pôle, nous explorons les merveilles contenues dans les caisses, de l'or, des pierres précieuses... Plus prosaïquement, c'est avant tout du pemmican et des briques d'aliments pour les chiens ; mais, à l'instant même, ici sous le ciel morose et la neige stérile, leur valeur est inestimable ! C'est dans un climat débridé que nous nous partageons le précieux butin, même les bêtes féroces qui nous accompagnent dans nos rapines participent à l'allégresse générale !

Lorsque nous reprenons la route, les traîneaux sont considérablement alourdis par ces nouvelles charges, mais tous les attelages s'arrachent de la neige molle avec un enthousiasme désarmant. Un moral d'acier est de retour parmi quadrupèdes et bipèdes se dirigeant vers le pôle Sud ! Nous marchons jusqu'à 6 heures du soir dans une euphorie strictement inimaginable lors des mélancoliques prostrations des jours précédents.

15 septembre 1989
– 27° C

Cela débute comme dans la fameuse scène d'*Amarcord* de Fellini, où le taureau fantomatique de son enfance émerge de la brume. L'atmosphère est tout aussi ouatée et mystérieuse, mais ici nul animal ne risque de surgir. Car rien de rien ne survit ni ne vit sur ce plateau antarctique, et seule l'imagination y projette à défaut l'illusion d'un oiseau de passage, ou d'un yéti perdu, à travers une spirale de brouillard dont les lambeaux épars esquissent un instant un embryon d'existence...

A midi, je succède à Geoff pour faire la trace. Will me rejoint. Il est comme apaisé aujourd'hui, enjoué même, d'un contact agréable. Nous skions côte à côte, en bavardant.

— Ne trouves-tu pas que Daho s'intègre bien à l'équipe, lui qui n'avait aucune expérience de ce genre ? me demande-t-il.

— Tu parles, avec la médecine chinoise il peut se permettre d'attraper tous les tours de reins qu'il veut ! Il est tranquille : grâce à ses emplâtres magiques, il résisterait à n'importe quoi ! Mais... plus sérieusement, ça se passe vraiment très bien. C'est même surprenant !

— Tu crois que cette médecine-là soigne réellement ?

— Oh, Will, il suffit d'y croire. C'est comme pour la nôtre...

— J'ai quand même eu du flair de le confier à Geoff. Avec lui, il est en confiance, il le dirige bien...

— Sûr que s'il était avec toi, vu ta méthode d'improvisation permanente, ç'aurait été plus dur...

— Je suis content aussi de voir Keizo maîtriser de mieux en mieux ses chiens. Et ça se passe comment avec lui sous la tente ?

— C'est le Japon immémorial face au Tarn profond !...

— Qu'est-ce que tu veux dire ?

— Il a découvert l'estragon, moi les algues ! En fait, Keizo est un contemplatif... extrêmement discret, délicat... Moi...

— Oh, toi... je te connais...

— D'accord, je suis un boute-en-train, mais bien pâlichon à côté de Victor...

— Aïe ! Victor, ne m'en parle pas ! C'est incroyable ! Jamais je n'aurais pu imaginer qu'un Russe puisse avoir un tel sens de l'humour !...

Will a reçu une éducation anticommuniste primaire et viscérale. Mais, au cinquante et unième jour de son tandem avec Victor, rien ne va plus dans ses schémas, et ses convictions en ont pris un sacré coup ; pour tout dire, elles sont sérieusement ébranlées : ne serait-il pas en train de devenir ami avec un Soviétique ?... J'en suis ravi. C'est tout l'intérêt d'une expédition internationale que de déliter les idées reçues, de faire tomber les barrières fictives, même les mieux ancrées.

« *Allô, Echo Tango! Echo Tango, tu me reçois?* » Mon cœur se met à battre fort d'un coup: *Echo Tango*, c'était mon indicatif fétiche au pôle Nord! Michel Franco, qui m'a guidé d'une voix ferme là-bas, au milieu de tant de péripéties, de vicissitudes et de périls, m'appelle de Punta Arenas. Le bateau *UAP Antarctica* est enfin arrivé dans un état impeccable, paré à embouquer les canaux de Patagonie. Peu après, Jérôme Poncet intervient, à l'écoute depuis son îlot des Falkland. A bord du fameux *Damien*, en compagnie de Gérard Janichon, ils m'avaient fasciné en naviguant en pionniers dans les eaux antarctiques. Décidément, c'est une soirée radio riche d'amitié et de réminiscences. Mais, alors que je suis sur le point d'interrompre les communications, Michel, Criquet, et Jean Collet, le capitaine du voilier polaire, m'annoncent qu'ils partent dîner au restaurant tous ensemble... Et nous... nous sommes là sur la glace, à quatre pattes sous la tente, mangeant nos pâtes au fromage pour la septième fois de la semaine! Prisonniers d'un congélateur sans bornes...

Quelque peu frustré, je sors pour observer le ciel. La lune est pleine mais brouillée par des amas nuageux. Dommage, ce sera notre dernier regard sur elle... En octobre, il n'y aura plus de nuit...

6

Tiendrons-nous ?

16 septembre 1989
– 22° C

Et un nouveau coup de chien dès midi, cognant du nord à 30, 40 km/h ! Le vent nous pousse à fond dans le dos. On ne voit presque rien. C'est comme d'escalader et de dégringoler des montagnes russes invisibles, avec en plus la délicieuse obsession du risque de se perdre. Soudain, nous partons dans une accélération définitivement incontrôlable. Le traîneau est pris de folles secousses, les embardées se multiplient. J'aperçois Monty les quatre fers en l'air, et Arrow qui s'est détaché. Cette descente est infernale ! Monty la continue sur le dos, sans que nous puissions intervenir, arc-boutés comme nous sommes aux poignées dérisoires du traîneau dans l'espoir d'éviter un chavirage. Notre frayeur est intense. Nous nous battons de toutes nos forces pour tenter de maintenir un semblant d'équilibre. Lorsque ça s'arrête enfin, Keizo se précipite pour rassurer Monty et l'examiner. Heureusement, le chien semble indemne, il bat joyeusement de la queue et paraît même plutôt amusé par son numéro de cascadeur...

Nous bâclons le déjeuner en quelques minutes à peine, car nous avalons au moins autant de neige soufflée que de fruits secs et de pemmican !

D'après Geoff, nous nous trouvons dans une espèce de « corridor » situé entre deux montagnes, d'où le tumulte et le branle-bas de ces rafales de vent catabatiques, complètement anarchiques, qui accélèrent tout aussi vite qu'elles disparaissent. Cela tient plus du tourbillon, ça nous frappe avec une violence inconnue jusqu'alors. Par intermittence, il arrive que le soleil soit visible à la verticale. Mais à l'horizontale, à hauteur d'homme, nous sommes littéralement aveuglés, comme noyés dans cette lourde couche de neige pulvérisée. Geoff grimpe souvent sur son traîneau, se hisse au-dessus des paquetages et, se dressant, il parvient à émerger de cette masse blanchâtre et furibonde, pour repérer les montagnes et vérifier notre cap.

La progression continue... C'est un bien étrange voyage. Comme si la réalité possédait deux visages, était à deux étages. Je rêve parfois d'être équipé d'une sorte de périscope afin d'apercevoir le monde d'en haut — qui nous ignore avec superbe, pauvres rampants que nous sommes — et de discerner ne serait-ce qu'un petit morceau du ciel...

Lorsque nous nous arrêtons enfin pour camper, la bagarre contre les éléments ne cesse pas pour autant. Au contraire, c'est presque pire ! Monter une tente tient carrément de l'exploit ! Il nous faut deux heures pour en venir à bout. Et dedans... les muscles ne sont pas encore au repos : l'intérieur est bardé d'une couche de neige qu'il faut brosser avant que la chaleur ne la fasse fondre. La corvée commence, interminable... Nous en enlevons le plus possible avant d'allumer le réchaud. Mais... peine perdue, tout dégouline, tout est humide, tout est trempé. C'est le cycle infernal. Nom de nom ! quelque chose de vraiment spécial doit nous habiter pour que nous acceptions de vivre ainsi !

Heureusement, nous arrosons notre lassitude

antarctique à la vodka ! Ce soir, c'est l'anniversaire de Victor. Il a quarante et un ans.

17 septembre 1989
– 15° C

Le vent est toujours incessant. J'ai le pressentiment d'une journée épouvantable. Ma première visite est pour la tente de Geoff où, fait exceptionnel, un chien a dormi. C'est Sawyers. Hier soir, il était épuisé, victime d'une déprime due à l'accumulation de jours et de jours de trop mauvais temps. C'est une bête très sauvage, timide et asociale. Même Geoff a toujours eu des difficultés pour l'approcher. Il en est des chiens comme des êtres humains, avec ceux qui ne communiquent pas il est délicat de déceler le moment où ils risquent de craquer, car ils peuvent tenir longtemps sans rien laisser paraître, puis s'effondrer soudainement. Geoff est très surpris car Sawyers avait été excellent lors de notre expédition au Groenland. Ce matin, il va mieux. Avec la chaleur ambiante, les longs poils de son pelage ont perdu les amas de neige collée qui le caparaçonnaient. Son maître le hisse sur son traîneau, il est hors de question qu'il marche aujourd'hui. Le chien semble beaucoup apprécier le confort qui l'entoure et observe autour de lui avec une curiosité ingénue.

Nous descendons d'un col — allez savoir exactement lequel ! — au cœur des Gutenko Mountains, à travers une muraille de cristaux de neige opaque. Mon intuition était juste, hélas ! Cet endroit est damné ! Nous nous perdons dix fois de suite, contraints et forcés de marcher à quatre pattes pour repérer les sillons du traîneau précédent ! Les chiens ne nous sont plus d'aucun secours ; complètement aveuglés eux-mêmes, ils sont incapables de suivre la moindre trace. C'est plus que dur, dément! Cela commence à tenir de la survie pure. Dans la soirée, l'ignoble catabatique nous crucifie sur place par une offensive de terreur à 120 km/h où toutes les furies habitant les airs se sont donné rendez-vous, et la séance du « dressage » des tentes est pire encore que celle de la veille...

Par radio, nous essayons de communiquer avec le bateau qui a pris le large. Rien à faire. C'est impossible à cause des fréquences d'émission incompatibles entre terre et mer... Je suis fou de colère ! La véritable fonction d'*UAP Antarctica* est celle d'un navire d'assistance, et le voilà qui fait de la « plaisance » au cap Horn ! Il y a à bord pour une fortune de matériel de communication sophistiqué, mais pas la moindre radio susceptible de nous joindre ! J'enrage envers Michel Franco, responsable du matériel embarqué. Si ce bateau, avec le prix qu'il coûte par mois, n'est pas à même de faire de l'assistance radio, il vaudrait mieux qu'il rentre directement en France, après notre passage au pôle Sud...

18 septembre 1989
– 25° C

Miracle ! Le soleil illumine l'étendue du plateau ponctuée de montagnes magnifiques qui émergent de la glace comme des apparitions fabuleuses. Au loin, à l'est, on devine même l'île Alexandre. L'Antarctique possède vraiment un sens inné de la mise en scène, du pathétique torturé au merveilleux incandescent, tous les registres y passent ! Au moment même où nous, si frêles acteurs qui y jouons notre vie, nous étions sur le point de sombrer dans la plus blanche des désespérances, le continent profite d'une brève nuit pour inverser la totalité du décor à notre insu. C'est à se pincer pour y croire !

Chacun aujourd'hui aura un air un peu absent, une attitude presque trop calme, comme engourdie. En vérité, nous nous efforçons de retrouver nos esprits après dix jours d'agression non-stop. Sawyers, lui, en tout cas, va mieux. Il a gambadé avec joie autour de nous.

Au soir, il n'y a pas un souffle d'air... Cette tranquillité excessive de l'atmosphère est pesante et constitue presque une gêne tant nos oreilles bourdonnent encore des chaos antérieurs.

Quelle vie ! En accepter la violence des contrastes, en saisir le plaisir exige des racines aventurières enfouies profondément jusque dans notre propre jeunesse, la mémoire du tout premier contact avec le vent cinglant votre visage, les envies impétueuses, irrésistibles, de dormir à la belle étoile et d'escalader toutes les montagnes jusqu'à plus soif... Notre existence actuelle n'est que la surenchère permanente d'un dépassement de soi dont la graine a été plantée très, très tôt. Une graine si particulière... Seul un désert glacé peut la faire germer à ce point, entre les mâchoires de nos peurs et l'éblouissement des extases.

19 septembre 1989
– 32° C

Quelle belle, longue et calme matinée pour les hommes ! Mais hélas, pas pour les chiens — car ce n'est pratiquement jamais plat. Il y a de grandes ondulations aux approches de chaque montagne. Les bêtes sont sans entrain, et Keizo, avec une patience continuelle, leur parle, les encourage et les stimule. Son mimétisme avec elles m'émerveille, il finit par porter ses fruits. Chinook est passé devant, afin que Kutaan se repose un peu. Hier, ce dernier nous a fait un semblant de colite, avec des ténesmes accompagnés de quelques gouttes de sang spumeux. Plus simplement, le chien a souvent envie de chier mais ne peut expulser que quelques gouttes de liquide mêlées de sang. C'est typique d'une situation de stress. Timide, manquant d'assurance, sa lourde fonction de leader aura dû lui peser, l'inquiéter. J'avais suggéré à Keizo de le soustraire momentanément à cette tâche, il a accepté. Chinook, la queue orgueilleusement dressée, a tout sauf l'air inquiet en tête, mais il ne s'y montre pas formidablement brillant. Il prend des initiatives plutôt surprenantes qui l'emmènent batifoler en dehors des traces à suivre, ou bien il rebrousse carrément chemin pour venir courser ses trois partenaires de derrière, Oclock, Kutaan et Kuka ! Sacré Chinook ! C'est un jeune chien de deux ans, très élégant et au regard insolite du fait de ses yeux vairons, un œil brun à gauche et bleu à droite. Son port de tête est une splendeur et, allongé, il pose toujours ses deux pattes de devant croisées. C'est notre sphinx de l'Antarctique. Jamais immobile et énigmatique pour très longtemps, bien sûr ! Un rien suffit à le faire bondir, il adore jouer. C'est un grand affectueux et un sacré lécheur ! Dès le matin, il vous saute au visage à l'improviste et il lèche tout ce qui dépasse, en particulier les lunettes, qui gèlent immédiatement ! Il faut alors les gratter. C'est long, énervant mais quasi impossible à éviter avec Chinook...

Vers midi, soudain, je ressens de violentes douleurs du côté de la fosse iliaque droite ! Cela se répète ! Est-ce une crise d'appendicite ? J'en ai peur ! Les conséquences pourraient en être catastrophiques, vu notre isolement. Je me suspends au traîneau en me recroquevillant tant bien que mal jusqu'à ce que nous fassions enfin halte pour le déjeuner. A l'arrêt, je conserve une position en chien de fusil, et... ça passe ! C'était une fausse alerte. En fait, j'ai l'impression que la nourriture à base de notre perpétuel pemmican en est la cause. D'ailleurs, Keizo et moi ne cessons de polluer l'atmosphère limpide de souffles intenses et sonores du côté de nos postérieurs ! Et dire que notre alimentation restera la même pendant au moins cinq mois encore... ça promet !

20 septembre 1989
– 26° C

A la mi-journée, alors que rien ne le laissait présager, une énième tempête nous est tombée dessus ! Arc-bouté contre un vent d'est rageur frappant de côté, je parviens à marcher en faisant la trace. Mais la visibilité s'est atrophiée, les arrêts se multiplient. Les chiens de Keizo, en particulier Kuka vers l'avant, refusent d'avancer au milieu de ces tourbillons qui les harcèlent sur les flancs. Il y a de quoi. A cinquante centimètres du sol, ils endurent beaucoup plus que nous les assauts de cette neige comme soufflée par un ventilateur d'enfer. Pendant les moments de pause forcée, qui nous permettent de regrouper les traîneaux, les chiens se couchent dos au vent, serrés à deux pour se réchauffer.

Et lorsque nous stoppons, il est plus que temps. Nous tenons à peine debout contre le vent, toute parole est inutile car happée instantanément par les rafales. C'est indescriptible ! Nous « hissons » littéralement les tentes plutôt que nous ne les dressons.

Ce soir, ça souffle à 180 km/h. Les communications radio sont inaudibles. Jusqu'à présent, nous n'avions jamais encore affronté cette fureur. Cette fois, nous déclenchons le plan d'urgence, au cas où... Nous empaquetons toutes nos affaires à l'intérieur, prêts au pire si nos tentes se déchiraient. Ensuite, chacun fait l'autruche dans son sac de couchage, mais même celui-ci est secoué par les vibrations de la tente et du sol ! Le moins que l'on puisse dire c'est que l'angoisse est au rendez-vous de chaque coup de boutoir. Tiendrons-nous ?

21 septembre 1989

Demain, c'est l'automne qui arrive avec ses feuillages jaunissants, les jours qui raccourcissent, l'odeur piquante de la fumée des feuilles que l'on brûle, les nuits plus fraîches et déjà les matins brumeux... Mais le beau temps insiste, et il fait doux pour préparer l'hiver. Les colchiques, les cahiers neufs, le nouveau maître... C'est la rentrée...

Ici, en Antarctique, c'est le printemps qui commence. La ronde des saisons est inversée dans l'hémisphère Sud. Après une nuit d'ouragan, à laquelle nous avons survécu, la tempête règne encore. Enfermés dans les tentes, nous comptons nos jours de vivres. Le prochain dépôt, Savin, a été mis en place à découvert par notre pilote Henry, et ce dernier, tout autant que nous d'ailleurs, s'inquiète. Allons-nous le découvrir ? Ou, comme pour les deux précédents, tomber sur le vide ? Dans ce cas, il faudra rationner les chiens, et l'étape se prolongera jusqu'au stock de nourriture du mont Rex. Une telle éventualité serait particulièrement pénible. Déjà, depuis quelques jours, nos bêtes ont faim — même un cube ne leur suffit pas actuellement. Il faudrait pouvoir leur en donner deux, mais c'est hors de question tant que le suspens des vivres de Savin n'est pas retombé. Pire, aujourd'hui, si le mauvais temps persiste, ils n'auront droit qu'à un demi-cube... C'est dur pour eux. J'aimerais les regrouper dos à dos, serrés les uns contre les autres, afin qu'ils se tiennent chaud et que leur moral remonte, mais c'est utopique. Hier, ils s'étaient adossés ainsi spontanément, mais ce sont des comportements instinctifs extrêmement difficiles à organiser autoritairement de la main de l'homme.

Keizo s'ennuie durant cette longue journée de désœuvrement. Il n'a emporté qu'un livre de chansons japonaises qu'il feuillette. Afin de ne pas me déranger, il chantonne, la plupart du temps dans sa tête. C'est dommage, car cela se révèle très agréable quand il se décide à le faire à voix haute. Un de ses chants qui parle du vent est très beau.

Moi, je me perds dans l'avenir, en songeant à l'Erebus, un volcan de l'Antarctique. Je rêve de descendre dans son cratère jusqu'au bord du lac de lave afin d'y réaliser un beau film pour écran sphérique. Je sais que l'avenir de ce projet dépend du succès préalable du film de Laurent Chevallier sur notre *Transantarctica*. Ah, l'Erebus ! quelle chimère éruptive ! Il faudrait s'y rendre en octobre, alors qu'il y a encore des nuits, afin de constater l'incandescence de ses laves, et profiter des sublimes lumières rasantes du matin et du soir sur les neiges bleutées.

23 septembre 1989
– 32° C

Hier, nous avons pu enfin repartir, après trois heures de pelletage d'une neige qui engloutissait tout, et un long nettoyage des chiens. Hélas, pour ne franchir qu'une dizaine de milles ! Très vite, les bêtes furent à nouveau couvertes de glace sur la gueule et les flancs exposés aux rafales. Amaigries, manquant de force et d'enthousiasme, elles souffraient. Leur instinct les poussait sans cesse à se mettre dans l'axe de la direction du vent et nous avons eu beaucoup de mal à les empêcher de pivoter ainsi, à 90°, déviant fortement notre route !

Aujourd'hui, ce satané vent n'est plus qu'un petit résidu venant de l'est, mais il nous envoie quand même *ice fog* et *white-out* ! L'Antarctique acharné a simplement changé de mode de torture ! Nous ne voyons plus rien, ou presque. A la mi-journée, c'est encore pire, une brise du nord fait « monter » la température à – 26° C, et du grésil s'abat sur nous...

Enfouis dans ce *white-out* où neige et ciel se confondent, notre frustration est extrême. Nous sortons la carte afin de tenter de comparer, mais impossible de discerner les chaînes de montagnes indiquées, qui doivent pourtant se trouver dans le coin... Nous nous trouvons au sein d'un tunnel livide, enserré de reliefs invisibles... C'est terriblement constricteur, oppressant. De temps en temps, une pente nous happe et nous entraîne. Les chiens s'emballent, les traîneaux partent de travers, nous nous accrochons en skiant, les secousses et les vibrations deviennent infernales ! Est-ce la dernière pente de notre vie ? On descend, descend, descend dans un gouffre qui paraît sans fin... On en ressort. Mais la moindre éclaircie est tout sauf rassurante ! Car elle nous permet d'apercevoir à deux kilomètres à peine d'autres pentes, mais de séracs celles-ci, avec des précipices à la sortie ! Et alors, chacun se dit en soi : « Nom de nom ! Si notre route aveugle avait dévié ne serait-ce que de deux kilomètres, nous serions morts ! » Cette zone est encore plus dangereuse que celle des crevasses qui la précédait !

Heureusement, Geoff, le navigateur, veille au pire grâce à son compas installé sur le traîneau. Assisté à merveille par Thulé qui tient un cap très précis et constant, Kutaan la suit à la trace. Il est remarquable en cela. Keizo l'a replacé en tête depuis que sa colite de stress n'est plus qu'un mauvais souvenir.

Au bilan, vu le retard accumulé, si le dépôt de Savin manque, il faudra demander la venue de l'avion. Mon idée de continuer jusqu'à Rex avec ces aléas météo serait beaucoup trop dangereuse.

24 septembre 1989
– 16° C

Sous la tente encore ! A 11 heures, la tempête atteint des sommets de puissance incroyables. Dedans, je me tiens adossé à la paroi face aux bourrasques, et parfois je dois même me plier en deux sous les chocs des rafales les plus véhémentes ! Impossible de faire autrement, me voilà déguisé en piquet de tente ! Si je m'en vais, tout va s'aplatir, la toile sera déchiquetée et l'on se retrouvera sur la glace et dans l'horreur en quelques secondes !

Keizo sort, accroché à une corde, pour essayer de voir s'il ne peut pas construire un mur afin de dévier un peu les attaques des catabatiques... Peine perdue ! Il n'arrive même pas à tenir debout avec la pelle entre les mains !

La toile de tente craque, martelée par la glace soufflée de l'ouragan. Je suis toujours... le dos au mur, sans autre alternative. Nous n'avons aucune nouvelle des autres. J'espère que la tente en forme de pyramide de Geoff résiste, et j'imagine que si Will est contraint et forcé de jouer comme moi au... piquet vivant, l'ambiance doit être plutôt électrique avec Victor.

Soudain, un bonhomme de neige s'engouffre par notre porte ! C'est Keizo, blanchi des pieds à la tête ! Comme nous chauffons un peu à l'intérieur, il se met aussitôt à fondre... La température ambiante le fait suinter de toutes parts. Tout est trempé, le cloaque est assuré, mais notre Japonais redevient peu à peu un explorateur digne de ce nom, quoique toujours ruisselant.

Je songe aux avis recueillis auprès des spécialistes météo. Le temps devrait être beau, bien que plus froid, sur le plateau antarctique, après Weyerhauser. D'après eux, il n'a jamais été aussi mauvais et venté du nord-nord-est au nord-ouest, du côté où nous harcèlent les tempêtes. Nous nous trouvons à présent à 73°S au pied de la Péninsule. Mais je crois que ce ne sera que vers 80°S que nous nous libérerons enfin de l'étreinte maligne des vents océaniques du secteur nord. Il me tarde que nous soyons déjà là-bas, alors que les secousses hystériques de la toile derrière moi me donnent vraiment l'impression de subir une fessée vengeresse de la part de l'Antarctique — ce qui fait quelque peu sourire mon compagnon.

Une demi-heure passe, il ne reste plus dans la tente un coin sec où s'asseoir. Trempé pour trempé, Keizo décide de ressortir. La situation de nos chiens l'inquiète. Comme toujours dans ces cas-là, le vacarme ambiant ne nous permet pas d'entendre leurs éventuelles complaintes.

A peine a-t-il ouvert la porte et passé un bras dehors que son corps tout entier est littéralement happé par le vent, couché puis balayé tant la surface du sol est glissante et durcie. Tantôt à demi rampant, tantôt à plat ventre, parfois à quatre pattes, il parvient à faire la tournée des grottes vivantes, dont aucun appel à l'aide ne semble monter. Rassuré, il revient en m'annonçant, non sans ironie, qu'il ne fait que – 8° C dehors et surtout, comme par hasard... qu'il neige !

Plus tard à la radio, Criquet me demande si je suis à même de lui donner une précision de date concernant notre arrivée à Patriot Hills, où la presse internationale doit venir nous rencontrer.

— Ecoute, lui dis-je, au bord de l'explosion de colère, je ne suis plus qu'un piquet de tente depuis ce matin et tu voudrais que je me déguise maintenant en P.-D.G. de l'Antarctique organisant des déjeuners...

— Ecoute, Papi...

— O.K. ! Hélas, il y a un problème...

— Quoi ?

— J'aperçois bien ma secrétaire, mais j'ai dû trop la faire attendre. Elle est gelée dans un bloc de glace !

— Mais, qu'est-ce que tu racontes ?

— Et tu sais pas le pire ?

— Non !

— C'est elle qui avait mon agenda !...

C'est bizarre : tout d'un coup, Criquet change de sujet.

J'arrive quand même à plaisanter, et pourtant la solitude me pèse avec un crescendo qui s'accentue cruellement au fil des jours. Je suis en manque d'amour. Sylvie me poursuit comme une autre tempête, encore plus difficile à endiguer, car invisible et purement intérieure...

25 septembre 1989
– 34° C

Ça souffle encore très fort, mais nous décidons de partir envers et contre tout. Victor est en tête : éclaireur vigilant, il donne la direction à suivre. Quant à Daho et moi, nous sommes les damnés de la neige, juste derrière notre Soviétique. Car, à l'aide de nos skis, nous damons, damons, damons la profonde couche blanche afin de faciliter le travail des chiens. A 2 heures de l'après-midi, à la lumière du compteur, force est de constater que seulement cinq malheureux kilomètres ont été franchis... Les bêtes de Geoff et de Will marchent, mais celles de Keizo répugnent à avancer. Que se passe-t-il ? Je rejoins mon Japonais, nous poussons le traîneau, nous encourageons de la voix tout l'attelage, mais même les chiens les plus vaillants, comme Monty, Herby ou Kuka ne tirent plus ! Will, Victor, Daho, Geoff, tous pèlent de froid en nous attendant, tandis que Keizo et moi transpirons comme des fous en nous efforçant de suppléer à la carence animale. A un moment donné, pris d'un doute soudain, nous essayons même de renverser le traîneau... N'y aurait-il pas sous un patin des amas de crottes gelées qui les empêcheraient de glisser ? En fait, ils se révèlent parfaitement lisses. Non, il faut bien se rendre à l'évidence, c'est une rébellion ! Les animaux ont décidé collectivement de saboter notre avance... Keizo est dans tous ses états. Il ne manquait plus que ça : une révolte de la gent canine ! Si jamais ce climat contestataire s'étendait à l'ensemble de l'équipage, cela deviendrait dramatique !

Il sera difficile de trouver le sommeil avec ce scénario catastrophe qui tourne dans ma tête, va et revient de plus en plus noir. Seulement 13 kilomètres parcourus aujourd'hui au prix d'efforts hors de proportion... Il faut sauver par n'importe quel moyen cette expédition en déroute ! Mais comment ?

26 septembre 1989
– 8° C

Aux ululements du vent qui m'arrachent les tympans dès le réveil, je comprends hélas instantanément ce qu'il en est. Un coup d'œil dehors en entrouvrant la porte de la tente : on n'aperçoit même pas le traîneau entreposé à quelques mètres à peine ! Nous ne bougerons pas aujourd'hui.

Victor apparaît un peu plus tard. Il a astucieusement balisé la route entre sa tente et la nôtre, car nous devons nous rendre au meeting général prévu chez lui et Will. Le parcours est fléché. Nous nous équipons pour cette sauvage traversée. Ensuite, c'est une valse-hésitation, tâtonnant entre un ski planté dans la neige et un piolet dressé quelques mètres plus loin, nous marchons à l'aveuglette, mais atteignons finalement sans trop de dommages le camp américano-soviétique.

Là-bas, nos délibérations débouchent très vite sur la seule résolution susceptible de sauver l'expédition : adopter dorénavant un rythme plus rapide, et préserver la santé des chiens grâce à une technique hyperlégère et plus mobile. Nous allons donc envoyer les bêtes les plus fatiguées au vert, et conserver le strict minimum quant au matériel ; deux traîneaux conduits par quatorze chiens. A trois attelages, nous nous perdons si souvent de vue qu'il faut s'attendre les uns les autres à n'en plus finir. Et puis, à trois hommes par traîneau, la synchronisation devrait beaucoup s'améliorer. Nous décidons dans la foulée de faire venir un avion afin d'emmener quinze chiens — sur trente-neuf — qui partiront en... vacances à Punta Arenas. Pourvu que le Twin Otter demandé arrive au plus vite ! Au pis, étant donné qu'il ne nous reste plus que quatre jours de vivres pour les bêtes, nous rationnerons les onze « vacanciers ». En temps normal, ils consomment 6 000 calories par jour afin d'être à même de couvrir l'effort physique et de lutter contre le froid. Nous passerons à 3 000 calories, ce qui sera supportable pour eux s'ils ne travaillent pas, et ils se rattraperont côté alimentation sur leur lieu de villégiature...

Au moment où nous sortons de sa tente, Victor me murmure : « Fais boire un coup de vodka au petit, il est dans tous ses états !... » Le « petit », c'est Keizo, le plus jeune de nous tous. C'est vrai qu'il n'a pas l'air très en forme, même s'il dit être satisfait des choix faits par l'équipe. En fait, il m'avoue se sentir un peu coupable de la courte distance parcourue jusqu'à présent. Cela va même jusqu'à lui couper l'appétit. « *My stomach is bad* », m'affirme-t-il avec une mimique très évocatrice. Je m'efforce de le rassurer, et surtout de le déculpabiliser. Progressivement, son « coup de blues » s'atténue... Peut-être perdons-nous trop souvent de vue que Keizo, âgé de trente-deux ans seulement, est « impressionné » par nos expériences de vieux baroudeurs et nos âges canoniques !...

Ce soir, est-ce le grondement du tonnerre qui résonne ? Sommes-nous au cœur d'un violent orage dans la jungle ? En ouvrant la porte de la tente, allons-nous nous trouver face à une végétation luxuriante poussée magiquement en quelques heures ? Tous ces bruitages théâtraux sont absolument incongrus ici, des sons étrangers destinés sans doute à nous induire en erreur quant à notre situation géographique... Les claquements morbides de la toile de tente imitent à la perfection les roulements sourds et vibratoires du tonnerre, une grêle tropicale percute constamment, à pleine volée, le tissu qui ne s'attendait pas à rencontrer ce type de traitement si loin de l'équateur... Il fait à peine – 8° C dehors et, à l'« intérieur », cela s'égoutte tant — des trombes d'eau, des écoulements surgissant de toutes parts — que l'on se croirait bivouaquant dans une clairière amazonienne plutôt qu'en camping en Antarctique...

J'installe un système de drainage avec de la cordelette en guise de « conduite d'eau » entre notre toit et le sol. La totalité de la glace accumulée dans les goussets, les coutures, sur les parois, fond à une cadence spectaculaire. C'est toujours le déluge quand nous nous endormons...

27 septembre 1989
– 12° C

Sous la tente encore... Cela devient dramatiquement banal. Par instants, à force d'être allongé — de toute manière, aucune autre position n'est possible —, je me sens faible comme un convalescent qui traîne au lit depuis une éternité. Ah, cette faiblesse dans les jambes, qui s'insinue dans tout le reste du corps, grimpe sournoisement le long des membres et des muscles, se faufile dans les nerfs les plus ténus et parfois atteint même la tête !... C'est oppressant. Nous sommes comme des captifs, enfermés dans les geôles de l'Antarctique, dans un camp plutôt, puisque la seule liberté qu'il nous reste c'est de nous rendre mutuellement visite d'une « cellule » à l'autre. Nous avons reçu ainsi Geoff et Will afin d'exécuter un concert de plaintes et gémissements à plusieurs voix, exercice libératoire qui soulage quand même un peu... et nous fait découvrir que nous avons presque perdu le souvenir du ciel et du soleil ! A tel point qu'il nous paraît impossible de les revoir un jour... Fuir ! Fuir vers le sud, le grand sud, voilà la seule ressource qu'il nous reste et l'idée qui arrive à nous animer un tant soit peu. Là-bas, il doit faire beau — si cela existe encore sur terre...

Au fond, cette enfilade à perpétuité de nos jours, dans un tunnel ouaté, confirme bien que dans les régions polaires la difficulté ne vient pas essentiellement des vents violents et des températures extrêmes, mais de l'infernale usure du temps. Aborder ces grandes traversées, s'engager aussi fortement sur un chemin si malaisé ne peut s'accomplir sans une longue préparation exigeant de la constance, de la discipline. C'est un choix absolu, excluant les hommes pressés, les indécis, comme les touche-à-tout de la consommation aventurière rapide. L'engagement polaire demande une souveraine dévotion.

Et ce soir, le souffle de l'espoir, le vent du sud s'est levé, signe que la tendance météo pourrait s'inverser...

7

L'oiseau miracle

28 septembre 1989
– 16° C

Geoff et Daho se réveillent à 2 h 30 du matin. A leur grand soulagement, le vent est enfin tombé. Mais tout le camp est enfoui sous 50 centimètres de neige fraîche, accumulée, soufflée par le vent, et le pelletage intensif s'impose. Keizo et moi n'émergeons qu'à 4 heures. Epuisés par le trop-plein des tensions accumulées, nous n'avons même pas entendu la sonnerie du réveil, une heure plus tôt. Quant à Will, il a carrément décidé de ne mettre le nez hors de sa tente qu'à 7 heures ! Sans surprise, toujours fidèle à son style du moindre effort...

Qu'importe, l'ambiance est géniale ! Nous pouvons enfin AGIR ! Chacun prend d'assaut le matériel entassé sur les traîneaux, et la grande purge au poids inutile débute dans une frénésie totale. Adieu aux tentes de rechange — nous n'en conservons qu'une sur les quatre qui nous encombraient. Adieu au stock de nourriture en surplus prévue en cas de coup dur — nous abandonnons sur le sol le contenu d'un énorme garde-manger. Adieu aux réserves d'essence pour les réchauds — tant pis pour le confort des jours à venir, nous ne les laisserons plus allumés au-delà du temps indispensable au plus gros du séchage et à la cuisine... Adieu aux habits neufs — finalement, nous en changeons si peu qu'ils ne nous manqueront guère... Et bienvenue à l'expédition de passage qui découvrira avec émerveillement tous ces trésors ! Elle aura de quoi s'abriter, se nourrir, se chauffer, s'habiller même... à moindres frais ! Chacun de nos gestes, extirpant un nouvel objet puis s'en débarrassant, nous prodigue une sensation de défoulement fantastique. Il faudrait presque nous freiner, car un peu plus et nous effectuerions un véritable nettoyage par le vide ! La technique hyperlégère est un excellent objectif, d'accord, mais de là à tenter le pôle Sud armés de nos seules brosses à dents... N'en faisons pas trop ! Et gardons la tête froide — si j'ose dire — en matière de survie. D'ailleurs, comme pris de remords, juste avant le départ, chacun vient fouiller dans le tas du voisin, au cas où quelque chose pourrait lui servir...

La caravane s'ébranle à 8 h 30, mais notre euphorie est vite contrariée : le vent du nord, ce cauchemar ambulatoire, s'est relevé, et très vite la visibilité se réduit à la distance qui sépare les traîneaux ! Dès 10 heures, les jeux sont faits... Criquet me confirme par radio que l'avion ne pourra pas venir. Une mélancolie de très mauvais aloi s'insinue en nous et nous imprègne à nouveau.

A l'heure du lunch, les conditions atmosphériques sont redevenues épouvantables. Will est définitivement écœuré :

— Jean-Louis, on n'y arrivera jamais !

— J'ai pensé à une solution...

— Alléger encore plus ?

— En quelque sorte ! Mais cela risque de te faire un choc...

— Au point où j'en suis, un peu plus, un peu moins...

— Si nous renvoyions deux d'entre nous...

— Deux hommes en moins, tu veux dire ! Mais...

— Je sais. Ça va complètement perturber l'équilibre de l'équipe...

— Le briser même ! Et puis, lesquels choisir ?

— C'est là-dessus que je bute...

— Malgré la dureté des conditions, je suis certain que personne ne veut s'en aller...

— Ce serait juste le temps de finir de traverser la Péninsule...

— Quand même, tu imagines la frustration des deux « exilés » !

Un silence lourd de sens s'établit entre nous. Je finis par le rompre.

— Ecoute, Will, gardons cette idée de côté, en dernière extrémité...

— Je suis d'accord, mais il ne faut surtout pas en parler aux autres, ni même en évoquer la possibilité...

— Sûr, sinon on le vivra tous comme une épée de Damoclès menaçant chacun en permanence !

En principe et selon les cartes, nous aurions enfin dépassé le mont Nang ! Toutefois, c'est impossible à vérifier autrement qu'à l'estime car il y a dix jours maintenant que l'horizon n'est plus qu'un fantasme.

Ce soir, il reste aux chiens seulement deux jours de réserve de cubes alimentaires. Le prochain dépôt se trouve à 17 milles et l'avion est paralysé à Punta Arenas... Le moral est au bas fixe. Sauf celui de Keizo, très fier de ses chiens, qui ont marché avec une opiniâtreté exceptionnelle. Will est d'une humeur inverse, car ses bêtes au contraire montrent de plus en plus de signes de démobilisation.

Dans la majorité des têtes, les calculs de distances sont des comptes à rebours scabreux, induisant l'idée noire d'un échec angoissant, à très brève échéance...

29 septembre 1989
– 10° C

C'est carrément... la retraite de Russie ! Nous stoppons à 2 heures de l'après-midi, après n'avoir parcouru que 4 milles. Devant ce résultat minable... stop ! Préservons plutôt les chiens, conservons quelque nourriture dans l'attente de l'avion, en *stand by* à Rothera. Henry, son pilote, est cependant très optimiste : « A l'exception de la zone où vous vous trouvez, complètement pourrie à l'heure actuelle, le beau temps règne partout ! » affirme-t-il à la radio. « Pourrie », le mot est faible : il est tombé 85 centimètres de neige fraîche par ici en deux jours ! Mais ça fait plaisir d'apprendre que partout ailleurs les lunettes de soleil sont en action...

Confiné dans la tente, j'écoute Radio France Internationale pour tenter de dévier toute mon énergie inutilisée et me distraire, mais je sature très vite sous l'accumulation accablante de nouvelles. La plupart des informations sont d'une négativité poignante. Rien ne va sur la planète, les guerres et les conflits égrènent leurs litanies de violence... tout est empreint d'un relent de catastrophe terrassant. Mon corps, comme épuisé, sans forces, se trouve au cœur de l'Antarctique, et voilà que mon esprit se fixe sur la douleur du monde ! Autant éteindre, se préserver le plus possible de ce parasitage insensé, et affronter à nu le néant blanc, dire enfin oui au vide en l'acceptant tout entier. De plus en plus, je prends conscience que la diversion n'est pas de mise en Antarctique. Ici, on ne peut que faire face, combattre pied à pied, plonger consciemment dans l'engloutissement des blizzards intérieurs, s'y forger une âme absolue de « Polaire » !

30 septembre 1989
– 12° C

Lorsque j'ouvre les yeux, je parviens à peine à y croire : le soleil est là ! Un frêle rayon traverse la porte de la tente laissée ouverte par Keizo, déjà sorti... pour bronzer sans aucun doute ! Un enthousiasme fulgurant me saisit, je m'empare vivement d'un bloc de papier à lettres et j'écris, j'écris... à tout le monde, intimement persuadé que l'avion « postal » va arriver d'une minute à l'autre... Ma première missive est pour Steph.

Steph... Ah, Steph ! Tout un poème, notre ange gardien parisien ! Fidèle au poste, c'est l'homme providentiel qui veille au grain, et à tout le reste, sur la terre natale... Un ami de longue date à la bonhomie légendaire et à la gentillesse confondante, qui sait arrondir tous les angles avec son accent du Sud-Ouest et remédier par pure magie, d'un coup de baguette invisible, aux innombrables maux accablant la préparation et la réalisation d'une expédition comme *Transantarctica*. L'indispensable Steph, capable de me prendre deux rendez-vous pour deux conférences le même jour, à la même heure, mais hélas pas au même endroit !... Et d'arriver frais comme un gardon, la bouche en cœur quand tout est presque terminé, avec comme seule et inénarrable excuse que quelques heures auparavant il a appris par l'un de ses correspondants personnels (c'est un homme branché tous azimuts) qu'à Reims — où il fallut évidemment foncer toutes affaires cessantes — un lot de champagnes particulièrement intéressant du point de vue finances était en vente, une promotion rarissime qu'il s'en serait éternellement voulu de rater, bouteilles destinées à alimenter nos futurs buffets et arroser nos probables et nombreuses victoires... Steph en revient vainqueur en tout cas, les inestimables caisses bien au « chaud » dans le coffre de la voiture... On peut préciser qu'en chemin il a, comme de bien entendu, fait une halte dans une casse de banlieue, constatant que ses essuie-glaces fatiguaient un peu... Il en a profité pour s'approvisionner en pièces mécaniques de toutes sortes, au cas où nos véhicules tomberaient en panne un jour ou l'autre, avant d'être bloqué sur l'autoroute par un bouchon incontournable... Et le miracle, c'est que malgré cette apparente désinvolture tout se passe... à merveille : Steph arrive presque à l'heure, les deux conférences de presse se font quand même, le champagne est délicieux, les essuie-glaces fonctionnent admirablement... Un sorcier ! Il se met dans les pires situations... les pires ! Et il s'en sort... toujours ! Il y a un mot qui n'existe pas dans son vocabulaire : c'est NON. Il ne connaît que le oui, il ne dit donc que des oui et ensuite il jongle avec tous ses oui. Vingt-quatre heures par jour, c'est à peine suffisant pour réussir à négocier et ruser avec tout ce qui en découle ! Il passe ses journées à faire l'équilibriste, et le soir, quand les bureaux sont fermés, les téléphones au repos, Steph travaille. Au matin, le trapéziste revient en piste et nous stupéfie par sa diabolique habileté. Tout le monde lui en a voulu à mort un jour ou l'autre, tous les gens qui bossent avec lui le maudissent régulièrement parce qu'il oublie par exemple de transmettre les messages. Il a des secrets, il tourne avec sa calculette personnelle et ne tient personne au courant de rien, il note peu de chose et en oublie souvent... mais, ça se termine toujours bien, sa chaleur humaine est irremplaçable. Et puis il s'occupe de tellement de choses qui réussissent ! C'est un homme capable de toujours concilier le diable et le bon Dieu, d'une force de persuasion incroyable. Steph, on l'aime d'amour.

Mon cher Steph,

Vite une lettre, à la hâte, car l'avion va sûrement venir. Il est 8 heures sur le plateau antarctique et le soleil nous regarde pour la première fois depuis une éternité. Comme tu le sais, le mois de septembre a été épouvantable : des vents violents sans interruption, la neige et la poussière de glace soufflée qui empêchent toute visibilité. Vivre en permanence avec cette neige infernale qui s'engouffre partout, qui brûle le visage et les yeux, est harassant. Les séances de brossage et de séchage sont constantes. Tout est mouillé, les tentes menacent de se déchirer à tout instant, l'impossible répit, toujours sur le qui-vive, la souffrance et l'usure des hommes et des chiens essayant coûte que coûte d'avancer, se perdant dans la tourmente, et les bêtes qui, sous leur carapace de glace, se retournent vers nous comme pour demander où cette lutte infernale va nous mener... et par moments nous perdons le sens de la réponse...
A Paris, j'espère que vous faites aussi un beau voyage à travers cette aventure, même si c'est souvent dur. Appliquez-vous pour donner au monde l'image d'une équipe de gens vrais, heureux, qui ont fait certes un choix difficile mais lucide, sincère, et qui ne sont pas là pour battre des records mais pour consolider l'idée que les grands rêves sont possibles. Je t'embrasse.

Une lettre aussi pour Sylvie :

Cette lettre écrite à la hâte n'est pas très confidentielle, mais notre amour n'est pas un secret. Tu me manques quand c'est difficile, mais tes bras m'enveloppent, me serrent contre toi, me font un nid où personne ne peut m'atteindre. Tu es là quand c'est beau, plaisant, heureux. Tu es là avec moi, belle comme le soleil de l'Antarctique. Il n'y a jamais de quotidien quand je pense à toi, mais toujours l'impression fabuleuse d'un jour nouveau qui se lève. Ici, il n'y a rien qui vive et c'est dur. Mais c'est un voyage initiatique qui donne des couleurs magnifiques à ce que nous avons vécu ensemble, à ce que nous vivons maintenant et qui s'ouvre dans l'avenir. Que de bonheur nous avons.

Lorsque le Twin atterrit, notre premier mouvement est de nous précipiter sur la nourriture pour les chiens. Ce sont des rations historiques, dignes d'un musée de l'Antarctique, section « Expéditions ». Elles datent de... 1957 ! Des vieilles boîtes du *British Antarctic Survey* toutes rouillées, entreposées à la base anglaise de Rothera... mais les chiens vont se délecter de ce mélange de graisse et de poisson, tout à fait bien conservé.

Ensuite vient la cérémonie de l'ouverture du courrier. Certaines missives remontent à juillet dernier (Steph aurait-il encore frappé ?). Nous les lisons et les relisons avec une attention démesurée. Ces morceaux de papier introduisent une telle rupture dans notre économie affective habituelle, dans notre solitude apprivoisée, que chaque mot écrit se transfigure, prenant une valeur quasiment palpable, merveilleuse d'émotion.

Puis nous faisons nos adieux aux « vacanciers » et leur souhaitons un joyeux repos chilien. Chiens de luxe, va ! *Good luck*, Junior, Buffy, Chamony, Tommy, Gordy de l'équipage de Will. *Sayonara*, Cassa, Arrow, Kutaan, Odin, Kuka, Oclock de chez Keizo. *Bye bye*, Sawyers, Kaviac, Sodapop de Geoff ! Nous vous retrouverons à Patriot Hills !

La nuit tombe. Nous buvons du pisco chilien apporté par Henry. Tout le monde pousse son refrain — plutôt faux ! Saperlipopette ! Cet alcool est redoutable : on croirait entendre un disque ne tournant pas du tout, du tout à la bonne vitesse... Il faut réparer cet électrophone, les mecs ! A moins que ça ne vienne du courant... et d'abord pourquoi je ne vois que des hommes dans cette boîte de nuit !

Mieux vaut fermer les yeux. J'imagine la globalité du monde, et nous-mêmes, minuscules piqûres d'aiguille sur le dernier des continents... Toutes mes rages et mes errances antérieures se sont comme volatilisées ; très au fond de mon cœur je perçois que je me trouve envers et contre tout à l'endroit exact où j'ai toujours rêvé d'être !

En sortant de la tente, ainsi qu'une mémoire vive du soleil à peine couché, l'horizon luit, pur, dégagé. Après les horreurs climatiques que nous venons de traverser, cela tient du miracle, et je pleure d'émotion.

3 octobre 1989
– 23° C

Les deux derniers jours, nous sommes encore restés coincés sous la tente. La visibilité était si effroyable qu'Henry et son Twin sur la route du retour n'ont même pas pu atteindre le dépôt de carburant. Contraint à un atterrissage sauvage, notre pilote a été forcé de dresser un campement de fortune sur place, avec en prime nos quinze chiens à chouchouter sur les bras ! Heureusement, leur calvaire collectif n'a pas duré longtemps, il a pu décoller et est parvenu à Rothera sain et sauf en compagnie de la meute !

Ce matin, c'est enfin le départ, malgré quelque appréhension pour la suite des événements car l'enneigement est important, féroce, poudreux à souhait. Trois hommes passent devant pour faire la trace, Victor, Daho et moi. Le traîneau de Keizo a été scié à l'arrière — chasse au poids superflu oblige.

Faute d'adopter la solution extrême d'« exiler » deux d'entre nous, nous préférons garder trois attelages, mais la mobilité du traîneau « raccourci » de Keizo devrait nous éviter de nous attendre constamment. Cinq chiens suffisent pour le tirer. Geoff n'a plus que neuf bêtes et un chargement également allégé. Will conserve dix chiens pour tracter le sien.

Tout devrait aller pour le mieux car le vent se lève, lissant quelque peu la poudre. Pourtant, une polémique se déclenche rapidement. Will, dont visiblement les chiens peinent, commence à se plaindre de sa charge, il la juge trop importante. Geoff, maître-chien anglais, lui fait scolairement la leçon, lui reprochant de ne pas mener ses bêtes avec assez de rigueur. Les mots sont vifs ! C'est l'éternel conflit entre leurs deux tempéraments. Geoff joue son rôle de professionnel de l'attelage endurci que le manque de cohérence de Will choque ; l'Américain se réclame, lui, de sa seule intuition et des rapports affectifs le liant à ses animaux. Deux tendances irréconciliables. Et voilà que Victor vient mettre son grain de sel, plein d'humour : « Moi, je pense que ces pauvres bêtes ont beaucoup trop mangé ces derniers jours ! Ce manque d'entrain est dû au poisson des conserves du Musée qui ne passe pas ! » Quand Victor s'en mêle, tout le monde rit, et l'incident est vite clos.

Par contre, le soir, un vrai problème se pose. Il s'agit dorénavant de cohabiter à trois hommes par tente, et ce n'est pas une sinécure ! A deux, c'était déjà limite, point de vue espace et promiscuité... Et puis, ça va être dur psychologiquement aussi, car toute la routine installée depuis des mois et réglée au quart de tour n'y survivra pas ! Et c'est elle en grande partie qui nous permet de tenir en structurant le temps et l'espace du soir par des rites bien établis et des lois tacites. Allons, essayons de faire bonne figure... Les trois sacs de couchage étalés occupent en entier la surface du tapis de sol ! Mais où allons-nous bien pouvoir poser le réchaud ? Ça urge ! Nous sommes couverts de neige des pieds à la tête ! Tant pis, on entre, mais instantanément se fait jour la question des jambes ! Comment les disposer pour réussir à tenir tous allongés ? On finit par trouver une solution bancale mais qui règle pour un temps le problème : deux d'entre nous croisent les leurs, le troisième pose les siennes en travers — je ne sais pas si vous voyez vraiment l'enchevêtrement... Enfin, cela... marche, à condition que chacun respecte poliment la liberté de l'autre en ne bougeant qu'au minimum et en ne s'étalant pas trop ! Après quelques autres folkloriques tergiversations, nous installons finalement le dieu de la tente, le réchaud, l'allumons, et... tout est mouillé... plein de buée..., etc. A trois, l'effet en est décuplé... évidemment. C'est alors que Daho, quoique n'y voyant « goutte », se met à chercher ses lunettes dans ce brouillard intime, où le flou artistique règne. D'habitude, il les pose à un endroit qu'il connaît par cœur et les récupère les yeux fermés, mais là, la nouvelle géographie aidant — ou plutôt perturbant —, il est perdu. J'ai la même problématique avec ma lampe de poche. Bref, c'est le bordel complet ! Il va nous falloir une sacrée patience pour nous réorganiser et arriver à avoir de nouveau une vie... confortable !

Par bonheur, Daho, à ma surprise, conserve un optimisme contagieux. Il se révèle surtout un excellent cuisinier. Son grand plat chinois avalé, nous essayons de trouver le sommeil. A trois, ce n'est pas non plus très commode car nous n'arrêtons pas de nous tourner et nous retourner les uns sur les autres. Et, comble de misère, nous crevons de chaud ! Après tout, cela risque d'être un avantage appréciable dans les conditions de température impitoyables qui nous guettent plus au sud...

8 octobre 1989
– 30° C

Quatre jours sont passés sous un vent taraudant qui n'a cessé un seul instant de nous persécuter — mais jamais au point de nous expédier sous la tente. De plus en plus souvent, les chiens semblent être à bout de nerfs, saturés de ces bourrasques qui les harcèlent de profil et les caparaçonnent de neige d'un seul côté. Spontanément, pour s'en protéger, ils virent de bord, parfois jusqu'à leur tourner carrément le dos. Il faut alors s'arrêter dans l'espoir de pouvoir redresser leur route avant d'être hors de vue de l'attelage voisin. Peine perdue, le plus souvent ! Dès lors, nous devons partir à quatre pattes dans la neige afin d'essayer de retrouver les traces des sillons des patins ou les empreintes des pattes des bêtes. Quand je progresse ainsi, je sais que quelque part, derrière le rideau de brume d'une opacité absolue, un autre « quadrupède » de mon espèce s'est aussi lancé aveuglément à ma recherche. Le gag que nous attendons tous, c'est évidemment de nous retrouver un beau jour nez à nez, front contre front l'un avec l'autre, mais en général nous nous apercevons avant d'en arriver là, à trois mètres environ, bien visibles dans nos costumes d'extraterrestres. C'est d'une grande drôlerie, mais nous ne parvenons même pas à en rire, car sous le capuchon et le masque de poudreuse nos visages ne sont qu'une grimace de souffrances dues à l'infiltration de la neige qui réveille et aiguillonne sans relâche nos vieilles gelures.

Parfois, nous nous ratons, même si le périmètre où sont « perdus » les deux traîneaux n'excède guère cent mètres. L'unique solution alors est de revenir au point de départ, de s'encorder solidement et de balayer consciencieusement le secteur jusqu'à l'indispensable rendez-vous. Dans cette situation, il est crucial que les chiens restent calmes et bien à leur place. Hélas, ce n'est jamais le cas !

Au soir de ce 8 octobre, 73e jour de l'expédition, le vent est tombé comme par enchantement. Ce silence paraît saugrenu, presque dérangeant, comme s'il manquait quelque chose d'essentiel au décor. Vers 17 heures, j'ai cru avoir une hallucination : une masse grise, énorme, se dégageait lentement des lambeaux de la brume... Il m'a fallu un laps de temps considérable pour comprendre de quoi il s'agissait, n'ayant plus aucune notion des distances. J'ai dit à Keizo : « Regarde ! Une montagne ! » Il a crié de joie. Tout à fait comme le marin qui entrevoit la terre après une interminable traversée d'océan. Plus tard, un second prodige m'a non moins pétrifié. J'ai vu, vraiment VU, un oiseau qui tournait autour du camp ! Ce signe de vie au milieu du désert de la désolation est un fabuleux rappel à l'existence. Oui, nous sommes encore sur Terre, sur la planète des hommes.

Depuis trois jours, nous voilà de nouveau deux par tente. La cohabitation s'étant révélée insupportable, techniquement parlant. Cet espace est l'unique havre de paix qu'il nous reste, le seul espoir d'un confort minimal susceptible d'endiguer l'agression si monstrueuse de l'extérieur. La dernière trace d'un archétype de la « maison », essentiel pour l'être humain dépouillé de tout autre refuge dans cet univers invivable où se déchirent les forces élémentaires.

Keizo m'a quitté pour aller vivre avec Geoff. Sa première réflexion : « J'ai repris la vie militaire ! » Commentaire sans équivoque quant à la fantaisie du campement anglais. Daho, à qui cette rigueur convenait si bien, est maintenant avec Will. Sa nouvelle situation semble complètement le décontenancer, il n'arrive pas à trouver ses marques et paraît même en souffrir. Steger est si imprévisible, désorganisé, enclin à la nonchalance, que le pauvre Chinois a l'impression fort désagréable pour un rejeton du Céleste Empire d'être considéré comme le serviteur d'une sorte de tyran capricieux qui le traite en esclave... J'espère que cela s'atténuera au fil des jours mais, connaissant beaucoup trop bien Will, il m'arrive d'en douter ! Si la situation s'aggrave, nous interviendrons.

Dorénavant, je partage ma propre tente avec Victor. La vie commune est facile, généreuse et gaie, même si j'ai découvert qu'il était au moins aussi têtu que moi. Heureusement, nous rions souvent, cela relativise les choses et adoucit les angles, si vite aigus dans la promiscuité.

Il est 23 heures dans cette fausse nuit de l'Antarctique. La demi-lune est haute dans le ciel. Je m'endors en pensant que l'oiseau miracle de cet après-midi est là, tout près de nous, à portée de la main, perché sur un piquet de tente.

9 octobre 1989
– 30° C

44 kilomètres parcourus ! C'est une journée record ! Et de « beau » temps... pour le coin (tout est relatif !) malgré une brume persistante au niveau de la surface de la glace. Hier, Criquet m'a annoncé à la radio qu'une campagne de presse montée par des personnes hostiles à l'utilisation des animaux de traction battait son plein en France, dénigrant systématiquement leur utilisation dans notre expédition. Cela m'a tarabusté toute la journée. Comment des gens qui défendent les animaux contre l'agression de l'homme peuvent-ils penser que nos relations avec nos bêtes sont dépourvues d'amour ? Passer des

mois et des mois ensemble au cœur d'une telle immensité implique une osmose extraordinaire avec nos compagnons canins, une relation extrêmement raffinée, une complicité hors du commun et une affection réciproque. Là, il ne s'agit pas de quelques miettes de temps offertes à Mirza afin de lui faire faire ses besoins au bord d'un trottoir, après avoir ingéré le Journal télévisé, mais d'une coexistence de chaque instant, continuelle, comprenant des bonheurs et des souffrances partagés.

Exactement comme nous, les hommes, nos chiens sont des explorateurs. Ils vaincront l'Antarctique au même titre que les bipèdes que nous sommes. Notre interdépendance est totale. A ceux qui manifestent contre notre tentative sans même savoir de quoi il retourne, j'ai envie de dire : « Je vis avec les chiens une belle histoire d'amour, ne me la volez pas ! »

10 octobre 1989
– 26° C

Encore 44 kilomètres franchis aujourd'hui ! Si nous arrivons à soutenir ce rythme, nous atteindrons le mont Rex demain ! La surface où nous évoluons est gelée, bleue, polie comme un miroir, incroyablement dure sous nos skis. Les chiens éprouvent de sérieuses difficultés à conserver à leurs quatre pattes un équilibre digne de leur superbe race. Après les offensives quasi continuelles des neiges précédentes, l'absence de précipitations dans ce secteur semble ahurissante. Par moments un soleil voilé fait des incursions rapides, cuisantes. D'ailleurs, nous commençons tous à souffrir de l'intensité de son rayonnement. C'est vraiment le monde à l'envers : après la férocité des gelures, voici celle des craquelures sur les lèvres et le nez. Quant à nos yeux, à la fin du parcours, ils sont rouge albinos !

En cheminant, nous apercevons soudain un point à l'horizon. L'excitation est à son comble. De quoi peut-il s'agir ? Plus nous nous rapprochons, plus cela prend l'allure d'objets, aux contours encore trop indistincts pour préciser avec certitude leur nature exacte... L'émotion ne cesse de croître. C'est si paradoxal, exceptionnel même, de rencontrer une trace laissée par des humains sur ce continent de l'oubli.

En fait, cela s'avère n'être qu'un bidon vide, accompagné d'un pieu planté juste à côté ! Les restes d'un ravitaillement effectué par l'expédition de 1961-1962 sur cette Péninsule ? Peut-être y a-t-il quelque chose d'enfoui en dessous ?... Dommage, nous ne le saurons jamais, nous n'avons pas le temps de creuser. Il nous faut avancer, et avancer encore, à tout prix ! Cependant, jamais je n'aurais cru qu'un vieux bidon rouillé et un simple morceau de bois soient capables d'émouvoir à ce point six hommes, de les transporter dans une telle extase.

11 octobre 1989
– 37° C

Enfin le mont Rex ! Formé de deux montagnes, il émerge majestueusement du plateau antarctique. Sa contemplation est fascinante, mais hélas nous ne pouvons nous contenter de ce plaisir des yeux. Il va nous falloir aussi l'escalader, grimper jusqu'au col où se trouve notre prochain dépôt de vivres. Vu le temps qui sévit, affreux ! cela s'annonce... très, très touristique !

Au fur et à mesure de l'ascension, la météo empire. Quand nous parvenons sur les lieux de l'approvisionnement, un froid terrifiant nous englue dans une transanse de survie. C'est l'horreur absolue. Canonnades de bourrasques, mitraillages de blizzard, orgues de l'Antarctique, fusillades ininterrompues... c'est le continent tout entier qui nous a déclaré la guerre. Cette fois, il veut vraiment notre peau ! Notre seul salut est dans la fuite ! Et la descente s'effectue à haute cadence, pratiquement à l'aveuglette, avec la vague silhouette de Victor en éclaireur. Brusquement, Will, stressé par la crainte de voir son traîneau partir de travers, au risque d'une nouvelle rupture, crie : « Maman ! Maman ! Maman ! » Voilà à quoi nous en sommes réduits pour nous défouler, nous libérer des empoignades de la peur de l'accident qui rôde. D'évidence, les interjections très enfantines de Steger ne sont pas dénuées d'ironie, mais... c'est... une variété d'humour très spécial, très antarctique ! On ne peut pas dire « noir » par ici, c'est... disons... d'un humour blanchâtre qu'il s'agit !

Plus bas sur la pente, c'est toujours bourrasques, blizzard et compagnie, mais atténués. Rien à voir avec la salle des tortures qui s'en donne à cœur joie... là-haut, où nous étions aux portes de l'enfer.

Plus tard, au camp, Will me dit :

— C'est incroyable, nous avons tenu le coup !

— Et personne ne s'est plaint !

— Tu sais, Jean-Louis, je me demande parfois si cette expé serait possible avec six Américains...

— Je vois ce que tu veux dire. Avec six Français, ce serait aussi très, très difficile !

C'est vrai que l'internationalisme de l'équipe fait de chacun une sorte d'ambassadeur de son pays. Et dans les pires situations, cela renforce psychologiquement le stoïcisme individuel, comme le respect réciproque. Nous ne nous laissons jamais aller aux jurons ou aux aversions dégénérant en conflits lamentables, si souvent observés dans les expéditions habituelles. Nos relations sont courtoises, élégantes, durables.

12 octobre 1989
– 37° C

Du froid toujours. Du vent de face dans un brouillard givrant des plus corrosifs pour les visages. Mais, au-delà de ces préoccupations, somme toute ordinaires, je suis inquiet au sujet de Tim, un des chiens de l'attelage de Will, qui présente des signes de fatigue alarmants.

Il y a quelques jours, alors que Steger l'accroche mal à l'attelage, Tim se détache et lui échappe. A ce moment-là, Victor et moi sommes en train de plier le socle de notre tente, de couleur noire — ce qui capte bien le rayonnement solaire. Tim se blottit très vite sur cette surface un peu attiédie, puis se réfugie entre nos jambes... Ce comportement est révélateur d'un problème sérieux, car Tim est d'habitude extrêmement sauvage, très timoré et fuyant. Dès la plus petite tentative d'approche, même pour le caresser, il s'esquive vivement. Comme tous ses frères, il est capable d'endurer un niveau de souffrance terrible, sans jamais le montrer. Il doit donc être à bout pour réagir ainsi. Will me dit qu'il vaut mieux qu'il marche, car ça entretiendra la circulation dans ses membres. A son sens le chien peut continuer. Je ne suis pas de son avis : il a des gelures aux pieds et surtout aux pattes. Mieux vaut l'installer sur le traîneau, me semble-t-il. Dès ce soir, à la radio, je demanderai que l'avion à destination de Patriot Hills dévie un peu sa route pour se poser près de nous. Il devrait passer dans trois jours pour aller préparer un camp intermédiaire entre le départ et le pôle Sud. L'état de Tim exige son rapatriement.

A l'heure actuelle, à Paris, a lieu la réunion des parties consultatives du traité de l'Antarctique. Au cours de ces discussions, la France se distingue ainsi que l'Australie en refusant de ratifier la convention de Wellington sur l'exploration et l'exploitation du sol. Cousteau sème la panique dans cette assemblée internationale. Il use de la puissance de son indépendance, de sa force d'homme libre pour inciter les autres Etats à ne pas signer cette convention et à revenir sur cette décision d'envisager un jour, même en prétendant « respecter l'environnement », d'exploiter les richesses de l'Antarctique. Je prépare un texte destiné à renforcer cette démarche. Il sera lu par Paul-Emile Victor lors de l'inauguration de l'exposition consacrée à *Transantarctica* à la Cité des Sciences de La Villette, à Paris le 23 octobre. J'espère que d'ici là rien de définitif ne sera signé et que ma déclaration restera d'actualité.

Il est presque minuit lorsque j'arrête d'écrire. Dans à peine cinq heures, il faudra se lever. Au fond, je n'ai jamais été autant surmené de ma vie : après les fatigues physiques du jour, entre les vacations radio — dont je suis responsable —, la multitude des soucis « domestiques », qui vont du séchage à la cuisine, de l'organisation sous la tente à la rédaction de mon journal de bord... plus une minute pour se laisser aller, s'évader, alors que j'aurais tant besoin de rêves...

8

La ville fantôme

15 octobre 1989

Toujours pas de Twin Otter en vue. Il y a pourtant urgence à évacuer Tim à présent ! C'est l'angoisse ! La visibilité ne dépasse pas 100 mètres dans cette brume glaciale, où souffle par rafales un mauvais vent de sud-est. Hier, il nous avait incarcérés sous les tentes, aujourd'hui, nous ne progressons que de 20 milles, dans la tristesse et la difficulté. Nous nous perdons maintes fois, malgré le courage physique hors du commun de Victor qui combat seul à l'avant de la caravane. Les sévères gelures qu'il a attrapées depuis quarante-huit heures ne s'arrangeront forcément pas avec cette exposition constante aux pires agressions — puisqu'il est obligé de dénuder son visage pour observer la boussole. La peau de son nez, de son front, de ses joues, est complètement rougie et douloureuse. J'admire sa ténacité. Cet homme est une vraie force de la nature !

J'apprends qu'Odin, arrivé à Punta Arenas avec ses compagnons, vient d'être opéré par un vétérinaire d'une nécrose à un orteil probablement consécutive à une gelure. La vraie question concerne la capacité des chiens à endurer ces conditions extrêmes. Il nous faut organiser davantage de rotations de l'avion afin de conserver toujours des chiens frais au repos. Cette logistique risque d'être très onéreuse.

Le dernier rapatriement des bêtes nous a coûté 30 000 dollars, mais à nos yeux leur santé et leur survie sont sans prix.

Au moral, nous sommes minés. Nous devons lutter constamment contre une tendance persistante à la paranoïa et à la claustrophobie, exactement les maux psychiques des prisonniers en cellule. J'avais imaginé ce voyage comme une épopée, en oubliant que l'existence au jour le jour du « héros » n'est qu'accumulation de souffrances et de frustrations, que le sublime ne surgit que par instants, d'une brièveté déchirante, pour être presque aussitôt rayé de l'esprit par la recrudescence de nouveaux obstacles, comme autant de meurtrissures, griffant à n'en plus finir la si frêle émanation de l'espérance.

La troisième lune est là, et nous ne la verrons pas une nouvelle fois...

18 octobre 1989
– 42° C

Depuis deux jours, Spina, le tout premier chien que je suis allé chercher dans une crevasse, voyage sur le traîneau de Geoff. La pauvre bête a eu le pénis sérieusement gelé, mais il semblerait qu'aujourd'hui son état soit satisfaisant. Les conditions météorologiques ne permettent toujours pas au Twin Otter de nous rejoindre, et la santé de Tim devient de plus en plus préoccupante...

Notre progression est un calvaire. Gagner quelques mètres de plus fait à chaque fois appel à la volonté. Le froid est sordide. Chaque arrêt casse-croûte, par – 40° C, nous voit engloutir notre pitance de survie dure comme de la pierre à une cadence effarante. Pas un mot n'y est prononcé. Chacun est muré dans le silence de sa propre souffrance.

En marchant, mon esprit divague au ralenti. Je pense à Sylvie comme à un mirage d'amour. L'image de mon Tarn chéri émerge souvent. Ah, le vent d'autan, pourtant rude par là-bas l'hiver, quelle volupté est-ce à côté des horreurs d'ici !

Brusquement, sans rime ni raison, je suis assailli par des pensées d'ordre politique du genre : On dit la France coupée en deux politiquement, mais n'est-ce pas le reflet de la division de chaque individu ? Si l'on analyse les valeurs qu'on dit être de « gauche » ou de « droite », on se rend compte qu'elles cohabitent le plus fréquemment en chacun. Etre de gauche ou de droite est la conséquence de l'éducation, du milieu social, de l'héritage culturel bien plus que du patrimoine chromosomique ! Quelle incongruité que ce style de réflexions, à peine amorcées le plus souvent, toujours assez confuses, au milieu d'un désert !

20 octobre 1989
– 32° C

Depuis 9 heures du matin, nous filons avec allégresse vers Siple ! Là, nous devrions enfin tomber sur une base américaine, abandonnée certes, mais notre soif de la plus infime trace humaine décuple nos énergies. Par radio, Criquet m'a averti qu'il ne serait sans doute pas facile de la localiser, car elle est entièrement ensevelie, et seules quelques antennes dépassent de la surface ! Selon nos prévisions, après ces 23 milles que nous venons de parcourir, nous devrions commencer à apercevoir quelque chose... A 18 heures, force est de constater que nous ne voyons toujours rien. Cela douche définitivement les enthousiasmes. Nous stoppons. « On verra demain ! » me lance Geoff... Je soupçonne une erreur de navigation, car Victor se trouve le plus souvent 15 à

20° à gauche de la route... Mais comment lui en vouloir ? Il est le seul à pouvoir tenir le choc contre la furie des éléments. Et il y a de quoi faire des fautes de lecture de boussole ! Il ne nous restera qu'à préciser notre position grâce au système Argos, mais je supporte mal cette dépendance permanente au satellite. Et surtout, mon instinct me dit que cette base n'est pas loin...

Je bondis sur le dessus d'un traîneau. Les jumelles braquées, j'explore l'horizon faisceau par faisceau. Mes yeux pleurent ! C'est cette saleté de vent ! Mes larmes gèlent sur les oculaires, qu'il me faut continuellement nettoyer pour être à même de viser à nouveau... Autour, les autres équipiers ont déjà amarré les chiens et commencent à dresser les tentes. Tant pis, je m'obstine !

Après un quart d'heure de recherches, j'aperçois quelques vagues traits noirs, flous, à la limite de l'illusoire. Les antennes ! Je vise encore une fois : c'est certain, ce sont bien elles ! Je hurle : « BASE ! » Abasourdis, mes cinq compagnons se retournent, n'en croyant pas leurs oreilles. Je crie : « Il faut y aller tout de suite, tant que la visibilité est bonne ! » La joie est générale. Nous replions tout en cinq sec et, après 8 milles d'une chevauchée homérique, nous atteignons ce site tant espéré, épuisés après une aussi longue journée.

C'est une bien étrange impression que nous éprouvons en y pénétrant. On se croirait dans un décor de western, dont nous serions les cow-boys, version polaire, errant dans une ville fantôme. Toutes les habitations sont à l'abandon, imprégnées de mystère, enfouies à jamais sous les neiges, disparaissant chaque jour un peu plus, happées, englouties par les glaces éternelles de l'Antarctique. Au détour de chaque rue, même en sachant pertinemment qu'il n'y a pas ici âme qui vive, on s'attend à tomber sur un autochtone.

Il est 11 heures du soir. Bien trop tard pour songer à creuser la neige pour parvenir jusqu'aux portes d'entrée des maisons afin de les explorer. Ce sera pour demain. Nous sommes excités comme des gosses à l'idée des merveilles que nous risquons d'y découvrir... Le ciel est clair ce soir et le soleil se couche à peine. A partir de maintenant il n'y aura plus de nuit.

21 octobre 1989
– 32° C

Incroyable ! Sidérant ! Inimaginable ! Le temps touche à la magnificence. Sous un ciel d'un bleu de rêve, les chiens sont couchés sur le dos, offrant leurs ventres au soleil, revenu après presque un mois d'absence ! Repos aujourd'hui. L'ambiance a un parfum de vacances. Mais, par bouffées de souvenirs récents, la mémoire des souffrances des derniers jours se manifeste malgré tout avec opiniâtreté. Comme pour m'avertir que ce n'est qu'un répit passager : « Profites-en ! mais sois sans illusions, ce ne sera jamais qu'une trêve car l'Antarctique est sans pitié ! »

L'après-midi, nous attaquons à la pioche l'épais mur de neige très dure qui obstrue l'accès aux bâtiments de la base. Après deux heures d'efforts, nous pouvons enfin y pénétrer. A l'intérieur, une vraie caverne d'Ali Baba de l'ère électronique ! Un capharnaüm de câbles, de matériel vidéo, d'instruments complexes... La richesse inouïe des choses abandonnées sur place nous laisse pantois. Le plus surprenant est que tout semble absolument intact, comme si les habitants venaient juste de partir la veille en claquant la porte derrière eux... Tout d'abord, nous avons une envie effrénée de faire main basse sur tous ces trésors, et puis nous réalisons qu'il s'agit d'une lubie, du caprice de six gamins attardés tenus sous l'enchantement d'une sorte de fantastique magasin de jouets pour adultes !

En fait, nous sommes des moines du désert, vivant de rien ou presque. Nos réels besoins sont nuls. Face à ce trop-plein d'objets hétéroclites, devenus quasi insupportables, nous écourtons la visite au plus vite, laissant tout sur place, intouché, et ressortons à l'air libre, comme pour nous purifier à la blancheur sans limites, si nue, du monde des glaces...

Depuis 48 heures, aucun contact radio n'est possible. Un comble ! Alors que nous campons au beau milieu d'une ex-station d'études de la propagation des ondes hertziennes ! Mais heureusement, j'ai mon « psion » ! Inclus à la balise Argos. Il s'agit d'un petit clavier qui me permet d'envoyer par satellite un message composé de 32 signes maximum. En général, je l'utilise quotidiennement pour expédier des renseignements météo via le Centre national d'études spatiales (CNES) de Toulouse. Et, s'il me reste un peu de place inutilisée, j'en profite pour ajouter un message personnel, du genre « Bises à Sylvie ! » ou « Apportez-moi *Le Monde diplomatique* ! » Ce soir, par le canal de cet instrument magique, le reste de la planète (qui nous paraît parfois si lointain que nous doutons de le revoir un jour...) saura que tout va bien, que nous sommes en vie.

22 octobre 1989
– 28° C

Hier, ma conscience avait bien raison de me chuchoter de ne pas me leurrer sur des « vacances » en Antarctique ! Il suffit d'entendre le concert sinistre de la harpe éolienne de fortune, formée par les cordages soutenant la tente, pour comprendre que nous ne partirons pas. « Le vent enrage du nord à 150 km/h ! La visibilité est à cinq mètres, m'annonce Victor. Un mélange absolument délicieux de glace soufflée et de neige dégringole de l'"azur" ! C'est une atmosphère optimale pour trouver des rimes puissantes... » plaisante mon Russe, qui préfère explorer la poésie pour le moment, plutôt que d'affronter le pôle Sud face à face.

Demain — à Paris —, c'est l'inauguration de l'exposition *Transantarctica* à la Cité des Sciences de La Villette. Je relis mon texte, écrit à cette intention, imaginant Paul-Emile Victor le déclamant de sa célèbre voix, tandis que les coupes de champagne s'entrechoquent gaiement !

« Aujourd'hui, nous sommes au cœur de l'Antarctique, dans la région du massif d'Ellsworth, en route pour la Grande Traversée... En voyageant comme des nomades, nous découvrons l'immensité, la force et la pureté originelles d'un continent à part, une autre planète sur la Terre où l'homme ne pourra jamais que survivre. Aussi, aujourd'hui encore, je n'ai pas peur pour l'Antarctique, mais j'ai peur pour la menace de guerre froide qui pèse sur ce continent. Cette terre est sans partage, et je crains l'orgueil des nations. Ses richesses suscitent des convoitises, et je crains la volonté de puissance des Etats. Concernant ces richesses, si elles existent, la question essentielle n'est-elle pas de savoir à qui elles appartiennent, car c'est du patrimoine mondial qu'il s'agit. En 1961, les hommes ont fait de l'Antarctique une « terre de science et de paix », et ils ont eu la sagesse de se donner trente ans pour réfléchir. En trente ans, le traité a été enrichi et il sera reconduit. Aujourd'hui, le problème de l'exploitation du sol de l'Antarctique est posé avec empressement, comme s'il s'agissait d'une urgence. La question est d'importance, aussi prenons le temps d'y réfléchir ! Ayons, comme les hommes du traité, la sagesse de nous donner trente ans, de continuer l'exploration afin de mieux connaître la terre, et de laisser aux prochaines générations le soin de décider du futur de ce continent. Les hommes du troisième millénaire seront par nécessité familiarisés avec des situations globales, ils auront appris à gérer la planète en faisant passer les intérêts du monde avant ceux de leurs Etats, sinon la Terre sera proche de l'asphyxie. Ces dernières décennies, la planète a été consommée sans retenue. Ayons la décence de laisser à nos enfants ce dernier coin de terre vierge.

« Quant à nous, il reste encore de la route à faire avant l'océan Indien. C'est une expédition longue et difficile, mais nous sommes là, Daho, Keizo, Victor, Will, Geoff et Jean-Louis parce que nous aimons cette vie, et pour dire à la Chine, au Japon, à la Russie, aux Etats-Unis, à l'Angleterre et à la France et à tous les pays qui nous regardent que, par-delà les nationalités et les cultures, les hommes savent cohabiter même sur les chemins les plus difficiles. Et il n'y a qu'une terre au monde où cette expédition était possible, c'est ici, en Antarctique. Gardons cette terre comme elle est. »

Maintes fois au cours de la journée, j'ai tenté d'obtenir un contact radio, mais sans succès. Rien ne passe dans les deux sens. Le black-out est total. Ce soir, je suis encore en train d'essayer fébrilement de joindre Punta Arenas, lorsque Will, le visage décomposé, m'annonce : « Tim est mort ! » Sous le choc, je reste muet, le cœur me manque, mon corps me semble comme une chape de plomb. C'est atroce ! Pauvre Tim, sa vaillance était extraordinaire. Depuis quelques jours, il avait recommencé à mieux manger, il partageait notre nourriture et nous avions même pu le faire un peu marcher afin d'améliorer la circulation sanguine dans ses pattes... Hier, il paraissait bien requinqué ; couché sur une caisse, il s'était réchauffé au soleil avec une joie évidente. C'est terrible, terrible ! Will ne s'est pas rendu compte que son chien était en état de survie au point d'en arriver à ce drame. Toutes nos tentatives de faire intervenir l'avion se sont soldées par des échecs, d'abord du fait de la persistance des tempêtes, puis à cause de ce maudit black-out radio ! Dur ! Tout le monde est accablé de tristesse, car au fil des luttes communes chacun de nos chiens est devenu, comme par osmose, un prolongement de nous-mêmes, et nous ressentons la disparition de Tim comme une amputation de notre propre chair. De plus, sa mort ravive la menace alarmante d'un échec de l'expédition, en nous signifiant de façon implacable que les chiens pourraient peut-être ne pas tenir...

Deuil noir et angoisse de défaite écourtent la nuit la plus sinistre passée jusqu'à présent sur ce continent. Insomnie ponctuée de rêves effrayants où le tribut réclamé par les glaces se révèle trop lourd pour les piètres humains que nous sommes. Mon Dieu ! Nous frôlons continuellement la chute ! Nous marchons au bord de l'abîme, à la merci de la moindre erreur ! Il nous faut une vigilance exacerbée au maximum, sinon nous risquons le pire !

23 octobre 1989
– 39° C

Nous quittons Siple par un temps d'épouvante ! Un vent du sud nous boxe de face avec des uppercuts à 80 km/h ! Will a déposé le cadavre de Tim à l'avant de son traîneau et ouvre la marche. Soudain, alors que nous venons de parcourir cinq cents mètres à peine, l'Américain pousse son chien de côté. Le corps tombe à même la glace. A l'instant, la tempête redouble de violence et la neige drue recouvre en quelques minutes la tache noire d'un linceul sauvage. C'est poignant. Will n'a voulu aucun cérémonial. Pour lui, Tim, avec ses origines de loup, était une bête dont la sauvagerie intrinsèque se devait d'être ainsi respectée. Né sur la glace nue, il y retourne — et seule la neige, sa compagne de toujours, était digne de l'envelopper pour son dernier voyage...

En passant à côté du corps déjà à demi enseveli, aucun des autres chiens ne manifeste la moindre hésitation... Apparemment, la disparition de leur compagnon d'attelage les laisse indifférents... Ils ne sont concernés que par la vie, et pour eux il n'y a plus rien sous ce tas de neige... Sagesse animale...

Pour nous, les hommes, la violence de la tempête est salutaire aujourd'hui. Nos esprits s'y noient, et c'est tant mieux car nous sommes à la limite immédiate du K.-O. physique et mental. Plongés comme nous sommes dans un état d'engourdissement total, la tristesse de l'adieu à notre chien est occultée par la rude bataille contre les éléments exterminateurs ! Combattant pour notre propre survivance sur 19 milles, nous sommes épuisés lorsque nous stoppons. La fatigue nous préserve encore de la douleur mais, une fois sous les tentes, le choc émotif refait surface. Ma tête est pleine de l'image obsédante d'un petit monticule de neige au bord de la ville fantôme de Siple, dont émergent çà et là des touffes de fourrure noire pas encore définitivement recouvertes...

Afin d'échapper à cette emprise morbide, je manipule ma radio. Parler de la fin de Tim avec quelqu'un m'aiderait sans doute beaucoup émotionnellement. Hélas, la communication — si l'on peut dire — ne fonctionne que dans un seul sens ! J'entends Criquet dialoguer avec le pilote de l'avion qui aurait pu sauver notre chien, s'il n'était bloqué par 75 °S et 69 °W... La radio de Criquet fait 400 watts, la mienne à peine 20 watts, et c'est la première fois, depuis ce blocage hertzien, qu'il ne m'entend pas. Tous mes appels restent sans écho... Il va falloir passer la nuit seul avec sa tristesse...

26 octobre 1989
– 25° C

32 kilomètres parcourus avant-hier, où nous avons bénéficié d'une accalmie miraculeuse, qui nous a même permis de monter nos tentes sans les amarrer... Mais hier, de nouveau, nous assistions à une terrifiante compétition des vents, se levant à tour de rôle ! C'était à celui qui hurlerait le plus fort ! On se serait cru vivant en direct le jour de l'Apocalypse ! Je me demande encore comment nous avons réussi à franchir nos 22,5 milles !

Mais aujourd'hui il y a un peu de soleil et, au cours d'une embellie libératrice, ses rayons éclairent celui qu'on attendait impatiemment de voir, le magnifique massif d'Ellsworth. Cette chaîne de montagnes, qui abrite le géant de l'Antarctique, le mont Vinson, 4 897 mètres d'altitude, est pour nous la marque importante de la fin des caprices climatiques de la Péninsule. Le grand mauvais temps est a priori derrière. Cependant Will est fatigué, nerveux. Il souffre terriblement du dos. La mort de Tim l'a beaucoup secoué. Nous passons une demi-heure ensemble, et brusquement il se met à pleurer, sous l'effet de la tension accumulée en lui depuis des mois... Nous nous serrons dans les bras l'un de l'autre. De grosses larmes roulent sur ses joues. Je l'embrasse, j'essaie de le consoler... mais sa détresse m'émeut tant que je craque à mon tour et pleure avec lui... Il est évident que nous sommes profondément fragilisés intérieurement par les perpétuelles agressions physiques et morales de cette expédition. La mort de Tim nous a sérieusement déstabilisés, et continue d'agir sur nous comme une détonation répercutée de jour en jour par la mémoire. Par à-coups, nous ressentirons longtemps ces implosions de tristesse jusqu'au centre du cœur.

Et puis, très bientôt, ce sera l'arrivée à Patriot Hills. Sur cette base, les journalistes, la télévision, l'équipe cinéma vont nous rejoindre. C'est-à-dire que nous allons devoir affronter la pression concrète, irrévocable, du monde des autres, avec ses chapelets de questions, ses objectifs braqués tous azimuts, inquisiteurs en diable !

Cela nous inquiète. Après ces quelque cent jours d'isolement, comment s'adapter en quelques minutes à ce tourbillon médiatique où il faudra, autant que possible, faire bonne figure ?

Ici, nous existons dans un univers vraiment spécifique, dangereux à l'extrême, mais aussi d'essence très subtile, incitant à l'introspection, à la contemplation intérieure. Il va falloir en un clin d'œil rompre avec l'intimité de ce cocon dans lequel nous nous protégeons ! C'est beaucoup demander, trop même ! Nous avons beau anticiper sur ce décalage, préparer des réponses, nous risquons d'être complètement à côté de nos skis et de tenir un discours assez confus... Tant de choses sont encore en gestation aux arrière-portes de nous-mêmes.

27 octobre 1989
– 17° C

Le terrain devient très abîmé, avec des ondulations profondes, les sastrugis, où disparaissent les chiens. De l'arrière, je ne vois plus par moments que le buste de Will dépasser de ces creux ! Les montagnes sont très proches. C'est la pression du glacier et du vent qui engendre cette « mer de vagues gelées » très spectaculaire. Pour les dix derniers kilomètres, nous renonçons aux skis, car avec eux le vent, sur cette patinoire démente, nous fait partir... à reculons ! Il souffle du sud-ouest à 80 km/h ! Même avec nos « muckluks » nous éprouvons des difficultés à rester debout ! Les chiens, à sept par attelage, s'en sortent mieux. Ils n'ont aucun mal à progresser car les traîneaux sont légers, et leurs pattes moins... hautes que les nôtres !

Mais quel pays ! Par exemple, si jamais vous vient le désir absurde de sucer un bonbon, il vous faut l'attraper sans gant dans votre poche. Puis enlever très vite le papier de vos doigts malhabiles, et trouver votre bouche sous les masques enraidis par la glace. Si toutes ces opérations sont réussies, quand vous remettez votre main dans votre gant la première est gelée et le second déjà empli de neige !... Alors, dans ces conditions il faut vraiment avoir envie d'un bonbon. On y réfléchit à deux fois avant de monter une telle expédition...

Du détail le plus simple à l'essence profonde des choses, je crois qu'on devient polaire comme on devient marin ou homme du désert : en vivant en nomade, en s'imprégnant des éléments au fil du temps. C'est un apprentissage patient, qui ne se pratique que sur le terrain, jour après jour, humblement.

Le semi black-out radio continue. J'entends Criquet qui ne me reçoit pas. Cela fait maintenant dix jours que ces ennuis de transmission se répètent. Seul le psion marche à merveille. C'est réellement une technique révolutionnaire pour les vagabonds du pôle Sud !

A l'écoute dite « muette », j'apprends tout de même une excellente nouvelle : le pilote du Twin Otter est enfin à Patriot Hills. Et surtout le DC6 chargé de nous ravitailler et d'amener la presse devrait y arriver demain ! Ah ! les mésaventures de cet avion mériteraient d'être narrées par le menu, c'est une véritable saga ! Au commencement il y eut « Adventure Network International », une compagnie aérienne canadienne. Enfin... de toute petite envergure. Une bande de copains passionnés d'aventures polaires, presque tous des guides de montagne dont certains étaient pilotes. Lors de mon expé au pôle Nord, ils m'avaient souvent ravitaillé avec leurs Twin Otter loués qu'ils pilotaient d'ailleurs comme des dieux. Ici, en Antarctique, ce sont eux qui mènent toute la logistique de *Transantarctica.* Ils ont donc établi leur base principale à Patriot Hills, un endroit unique, idéal pour atterrir car la glace bleue y est dure comme du béton et permet de se poser avec des avions aux trains d'atterrissage classiques à pneus. Situé au pied d'une montagne, Patriot Hills est déjà loin à l'intérieur du continent et un problème sérieux s'est posé : afin de constituer un dépôt important, transporter beaucoup de passagers, les Twin étaient insuffisants, et l'achat d'un avion plus gros s'est donc imposé.

Ces « rêveurs » d'Adventure Network se sont alors pris pour une véritable compagnie aérienne, ils ont fait l'acquisition d'un avion impressionnant : le fameux DC6 justement ! Un quadrimoteur à hélice vieux de trente ans pas cher du tout. Parti du Canada, le gros coucou a déjà connu maints problèmes techniques avant d'arriver jusqu'à l'Antarctique. Une fois sur place, les ennuis n'ont fait que se multiplier. A chaque sortie, l'équipage revenait en disant : « Finalement, il y avait trop de vent, nous n'avons pu continuer et fait demi-tour ! » En vérité, la météo n'y était pour rien, il s'agissait plutôt de la sarabande des voyants rouges d'alarme qui s'allumaient constamment ! Plus tard, pour des raisons obscures, l'avion fut immobilisé une semaine... Enfin, le générateur brûla... Bref, problème après problème, cet avion est d'ores et déjà devenu une légende de l'aviation polaire, une légende à faire frémir...

28 octobre 1989
– 20° C

Que la montagne est splendide ! Il fait très beau ce matin. Je reste quelques longues minutes les yeux perdus dans le bleu limpide du ciel, comme pour m'en imprégner à satiété. C'est une transfusion d'azur tonique et cela me revivifie. Pouvoir enfin relever librement la tête après deux mois consécutifs passés à se regarder les pieds, quelle extase ! Pas de bourrasques de neige, et il me semble même que des odeurs m'arrivent, apportées par le vent qui me fouette le visage... Incroyable ! Les chiens ont repris de belles couleurs, leurs pelages brillent et leurs carapaces de neige ont disparu. A chaque arrêt, ils s'allongent voluptueusement sur le dos pour profiter du soleil. C'est une journée parfaite pour eux, mis à part la boisson... car ils éprouvent quelque peine à trouver de la neige molle pour s'abreuver tant la glace est partout présente, polie, dure comme de l'acier. D'habitude, ils boivent souvent en courant, happant la neige de leur mâchoire inférieure. C'est impossible par ici.

Les sastrugis, ondulations de la surface, atteignent parfois un mètre de hauteur, et les traîneaux sont bringuebalés dans tous les sens. Après 38 kilomètres passés à courir à côté d'eux — il était impossible de skier sur un sol si accidenté — tout le monde a mal aux pieds et la fatigue est là. Mais l'optimisme est de retour. C'est incroyable ce que la présence du soleil, de la lumière, est importante pour l'être humain. Je saisis maintenant pourquoi nos ancêtres lui ont voué un culte constant aussi loin que l'on remonte dans l'histoire de l'humanité !

A la radio, l'espoir renaît. Avec mes 20 watts, Criquet m'a reçu... pendant une minute ! Et il est à 3 000 kilomètres ! Victor a poussé un hurrah ! de victoire.

Les tribulations du DC6 continuent : il a dû faire demi-tour à cause d'un « fort vent contraire », mais ils tenteront de voler de nouveau demain. Ah ! demain... ! Nous serons vers midi à Fisher Nunatak où nous attendent des vivres... Ce secteur d'Ellsworth me paraît magique car enfin, ENFIN ! c'en est vraiment terminé de la péninsule Antarctique !

29 octobre 1989
– 28° C

C'est l'été. Pas la moindre bribe de vent, le soleil est torride ! Nous arborons tout l'arsenal estival : casquettes, lunettes solaires et... T-shirts ! C'est dire à quel point nos corps ont désormais une capacité d'adaptation au froid forgée par les épreuves précédentes, car il fait près de – 30° C ! Les fourrures des chiens en profitent aussi, elles sont de toute beauté, on dirait que le soleil les fait « fleurir » !

Entouré de montagnes sublimes, le dépôt de vivres est bien là au pied de Fisher Nunatak, ce petit « Cervin » isolé de la chaîne d'Ellsworth. Seul le fanion dépasse de la neige. Cela veut dire que le dépôt se trouve à 3 mètres dessous... Après deux heures de pelletage, nous nous offrons le meilleur lunch de l'expédition, puisque nous le prenons torse nu ! (Ce ne sera jamais plus possible.) Le soir, des nuages envahissent le ciel, de gros flocons se mettent à tomber serré, mais cela nous laisse indifférents, tant la chaleur du jour est encore vivante en nos corps. Fixer les tentes en plantant les piquets se révèle exclu tant la glace est dure. Nous devons trouver un autre système d'arrimage. Nous les encerclons avec des objets de poids : quelques sacs, la nourriture des chiens... Une installation de fortune. Reste à espérer que le vent ne se lève pas pendant la nuit, sinon c'est la panique !

Encore un hurrah ! de Victor : à la radio, Criquet non seulement est audible mais me reçoit, faiblement certes... mais il me reçoit ! Je l'entends d'ailleurs me poser une question sidérante : « Pourquoi n'avancez-vous pas plus vite ? » A l'écoute d'une telle ineptie, je ne peux m'enpêcher de pousser un grognement de mécontentement hargneux — qui contraste singulièrement avec l'interjection enthousiaste de notre Russe. Mais d'évidence Criquet n'a pas compris de quoi il s'agissait. Je suis dans un état d'énervement indescriptible, et cette réflexion « d'homme de bureau » me rappelle désagréablement les mots sans pitié de Michel Franco au pôle Nord. Ça ne m'étonnerait pas d'ailleurs que ce soit lui qui ait soufflé cette pertinente question à Criquet. « Mais, les mecs ! Venez donc essayer de traverser la Péninsule ! Et après vous aurez le droit d'ouvrir la bouche et de juger de notre rythme !... »

31 octobre 1989
– 33° C

Hier, le temps était couvert, mais la surface assez bonne. Nous avons parcouru 25 milles, nous plaçant à l'arrivée à la latitude symétrique de Vostok par rapport au pôle Sud. Au soir, l'ineffable DC6 se trouvait toujours à Punta Arenas, Adventure Network arguant d'un temps exécrable, mais les rumeurs radio faisaient plutôt état d'une panne de l'électronique...

Aujourd'hui, hélas, le temps exécrable est là : des nuages pour commencer, l'*ice fog*, pour continuer, et pour finir un vent glacial en pleine gueule ! J'écris vulgairement, soudain... c'est le choc en retour de cette agressivité antarctique. J'éprouve le besoin, aussi naturel qu'impérieux, de me défouler ! Je repense alors à cette poignée d'emmerdeurs qui veulent interdire l'usage des chiens de traîneaux ! Voilà bien du parisianisme animalier ! Affirmer détenir le concept du bonheur chez l'animal... et puis quoi encore ! Avec comme référence absolue les toutous urbanisés, victimes d'insuffisance rénale et de cécité précoce, dues à une suralimentation... ! Quelles fadaises !

Ce soir, nous nous trouvons à la latitude du mont Vinson, mais nous ne le voyons pas, la visibilité est en pleine décadence. J'espère que demain nous pourrons apercevoir ce point culminant des montagnes de l'Antarctique qui me fascine et m'attire depuis tant d'années... Après l'Everest en 1983, je prévoyais même de venir l'escalader... Mais les hasards de ma vie d'aventures m'ont conduit sur d'autres sommets.

9

Superstéger !

1er novembre 1989
– 27° C

Extraordinaire ! L'épaisse brume du matin, de très mauvais augure pourtant, s'est écartée comme un rideau de scène et, sur un fond de ciel bleuté, le sphinx de l'Antarctique a jailli, avec ses 4 897 mètres d'intense majesté. Il y avait quelque chose de solennel dans cette apparition, mais également d'écrasant et d'énigmatique... La vision d'une très haute montagne a toujours eu pour moi un aspect bouleversant, car toute l'échelle des perceptions humaines en est soudain comme broyée. Entraîné par une spirale gigantesque, j'ai souvent comme l'impression d'être aspiré, de passer dans un autre monde. Mais cette fois, au moment où cette transe empreinte de merveilleux s'empare de moi, le rideau des brumes se referme sur le sphinx de pierre et, frustré, je retombe au niveau de la glace, lançant un cri de départ pour les chiens : O.K., UP !

Nous descendons de 2 600 mètres d'altitude à 1 600 mètres, dévalant rapidement des pentes glacées. Trop vite même, car vers 13 heures le traîneau de Keizo effectue un tonneau spectaculaire. Bilan : un patin cassé. Je m'attends à découvrir en miettes celui que nous avons réparé avec force cordelettes.

Mais rien, c'est l'autre qui s'est brisé. Après une heure de réparation acharnée, nous repartons, en espérant que notre « Uemura » tiendra le coup jusqu'à Patriot Hills. Uemura, c'est le nom de notre traîneau, baptisé ainsi en mémoire du célèbre alpiniste japonais Uemura Naomi disparu en montagne, qui avait vaincu seul le pôle Nord avec ses chiens en 1978.

Dans ma tête, lorsque le contrôle des glissades risquées ne m'accapare pas trop, je passe du temps dans les Cévennes, au-dessus de Saint-Etienne Vallée française, dans le nid d'aigle où, avec Valérie-Catherine Richez et Eric Dumont, nous avons écrit *Le Marcheur du pôle*. J'ai besoin d'évoquer le calme et la verdure, les animaux et la chaleur du soleil derrière les volets clos à l'heure de la sieste, tandis que chantent les cigales. C'est simple, mais essentiel, pour tenir...

A Punta Arenas, Criquet est de plus en plus sceptique sur le vol du DC6. Le pilote, qui s'est déjà posé quatorze fois avec un DC4 en Antarctique, est digne de confiance, mais ses deux copilotes attendent, eux, des conditions météo optimales, non seulement pour décoller de là-bas, mais aussi un ciel dégagé sur les bases de Patriot Hills, et même de March — la base chilienne de notre entrée en Antarctique, sur l'île du Roi-George — au cas où ils devraient s'y poser lors du retour ! Vu les caprices immodérés du temps sous ces latitudes, cela paraît complètement utopique ! La pression monte !

2 novembre 1989
– 26° C

Spina est entre la vie et la mort. Déjà, depuis Siple, il ne marchait plus... Geoff l'avait installé sur son traîneau dans une boîte recouverte d'une parka. Ses pattes sont décharnées, des morceaux nécrosés font surface depuis quelques jours. Il soigne ses gelures profondes en les léchant. Il ressemble à un poulain qui vient de naître et n'arrive pas à se tenir debout sur ses pattes. C'est une image très cruelle à voir... Nous prions tous pour qu'il tienne le coup jusqu'à Patriot Hills. La hantise de la mort possible de nos chiens, apparue après celle de Tim, nous inflige une recrudescence d'angoisses. Cependant, toutes les autres bêtes paraissent en pleine forme, leurs blessures se sont cicatrisées et leurs pelages sont superbes.

Malgré un vent de face du sud charriant des masses nuageuses cachant le ciel, nous totalisons 24 milles d'avance au compteur à l'arrivée. Nous avons longé des barrières de glace sur la droite pour atteindre un passage assez étroit, devinant malgré la faible luminosité quelques paysages splendides, d'une sauvagerie à couper le souffle ! Ce soir, à l'est, sur notre gauche, le massif du mont Vinson est éclairé par une résurrection inattendue du soleil, mais plusieurs bandes de nuages découpent en tranches successives notre sphinx, réduit à un puzzle d'ombres et de lumières, trop faibles pour nous éblouir. Dommage, car demain nous ne le verrons plus !

Et ce satané DC6 ! L'apercevrons-nous un jour ? J'apprends par radio qu'il a voleté quelques heures à peine, pour se reposer aussi sec !

Avant de sombrer dans un sommeil réparateur, je songe à ce que je ferai après cette expédition. Me lancerai-je dans des études afin d'acquérir une culture économique et politique ? Cet engagement, qui occupe souvent mes pensées, passerait forcément par un tel travail, un minimum de connaissances étant indispensable dans cette activité. Je réfléchis aussi à la signification sociologique de ce mouvement qui s'oppose à l'utilisation des chiens... A l'époque où la France vivait avant tout de son agriculture, la domestication animale était naturelle. Puis la mécanisation est apparue et il s'ensuivit un glissement progressif vers la domestication urbaine de l'animal, artificielle. L'objectif n'était plus alors que l'homme et l'animal s'entraident mais se tiennent compagnie. Une question se pose alors : Qui, de Chinook ou de Kuka, ces chiens de l'Antarctique qui courent sur la glace, ou de Mirza, né dans un élevage à Pontoise, et qui attend toute la journée son maître au sixième étage dans un appartement parisien du XVe, est le plus heureux ?

3 novembre 1989
– 29° C

Spina est faible ce matin, mais bien vivant. Un brouillard pénétrant exacerbe l'effet du froid. C'est l'horreur ! Tout le monde s'en plaint. Il est poisseux, d'une humidité odieuse qui s'insinue jusque dans nos chairs... on a beau faire et refaire des mouvements sportifs, pas moyen de nous réchauffer ! C'est la première fois que je souffre autant du froid aux doigts. Par chance, je n'ai jamais froid aux pieds, même aujourd'hui. Peut-être est-ce dû au port des « sacs en plastique » dans lesquels je les « emballe » tous les matins en guise de chaussettes... Celui qui endure le plus de nous tous dans ce brouillard, c'est Victor. Car cette purée de pois élimine toutes références géographiques, son travail d'éclaireur est d'une dureté inimaginable. A la fin de telles journées, il est épuisé, sur les genoux et affamé comme un ogre. Le soir, il lui faut une très grosse ration ! Et pas du style « liquide », hein ! mais du super-costaud. Peu importe le goût, du moment que ça tient au corps, il engloutit et engloutit encore et toujours !

Nous avons un sérieux problème, mais dû cette

fois à une erreur de notre part : nous allons manquer de *white gaz*, l'essence pour nos réchauds ! A Fisher Nunatak, nous n'en avons pas pris car il faisait si beau ce jour-là que tout paraissait facile. Et puis nous étions persuadés que l'équipe cinéma allait très vite nous rejoindre et nous en apporter... Il ne faut jamais croire à l'embellie en Antarctique ! Etre toujours prêt au pire, voilà l'axiome de base. Nous nous sommes fait piéger comme des débutants. Maintenant, nous n'avons plus que deux jours d'essence devant nous ! Et nous nous trouvons à quatre journées de marche de Patriot Hills... A condition évidemment que nous ne nous retrouvions pas bloqués sous les tentes !

Cet après-midi, Spina a fait quelques pas autour de sa boîte lors d'un arrêt et cela m'a réconforté.

Les communications avec Criquet restent quasi unilatérales. Je l'entends et, par instants, il reçoit mes « Roger ! Roger ! » (ce qui signifie O.K. en langage radio), mais impossible de faire mieux. A en juger au son de sa voix, il semble très énervé. Il se bat tout seul là-bas pour que ce fichu DC6 parvienne à destination — et ce n'est pas une mince affaire ! Mais il y arrivera, ce diable d'homme. J'ai une absolue confiance en lui.

4 novembre 1989
– 29° C

Le terrain est plat à l'infini, hormis à gauche où quelques montagnes se profilent. Le temps est couvert à l'infini, hormis quelques apparitions du soleil au loin. Lassitude... lassitude... Le froid sur le visage... le froid sur les mains... la petite brise du sud de routine, mais permanente... lassitude... lassitude... Mais qu'est-ce donc qu'un Polaire ? Quand on a oublié le froid, que tout est éternellement blanc, qu'il n'y a pas un son, pas une odeur, et que malgré tout ça on se sent en harmonie avec cet univers profondément hostile, alors je crois qu'on est devenu un Polaire... Dès lors, le suis-je ? Il m'est arrivé quelquefois de sentir les pulsions de mon corps battre à l'unisson avec cet environnement, mais cela demande du temps et un grand relâchement de la pensée.

Hier, j'avais raison à propos de Criquet. Il a mené une super-enquête et détient ce soir les preuves que le DC6 n'était pas en état de marche. Adventure Network va devoir arrêter de prétexter de tout et de rien pour ne pas décoller et s'y mettre cette fois ! Ça urge ! La presse va bientôt arriver à Punta Arenas, Laurent Chevallier et l'équipe cinéma seront eux aussi du voyage jusqu'à Patriot Hills. Dieu ! que de questions vont nous tomber dessus ! J'ai appris qu'un journaliste écolo américain nous en prépare une bien bonne : « Que faites-vous de vos selles ? » Je répondrai avec ironie que nous envisageons la solution de les rapporter à Paris dans un congélateur ! « Mais... qu'en ferez-vous alors ? » Eh bien, mon cher, nous les ferons décongeler et puis nous mobiliserons une équipe pour tirer la chasse pendant une semaine !... Bon, et puis non, j'aime mieux qu'elles restent ici, et deviennent les « témoins de l'Histoire » ! Les premières réapparaîtront à la côte dans 100 000 ans, et celles que nous poserons au pôle Sud dans 250 000 ans ! A cette époque future, les savants se pencheront avec embarras sur ces excréments incongrus, inclassifiables, et auront à résoudre une énigme de « taille » : que pouvaient bien faire des *homo sapiens* sur ce continent à cette période glaciaire... ?

5 novembre 1989
– 26° C

Nous longeons un massif de montagnes qui sont là, très près, sur notre gauche, mais nous ne les voyons pas. Le terrain est dangereux, très accidenté. Ce soir, ou peut-être demain, nous devons trouver le col qui doit nous conduire sur l'autre versant de la chaîne, où se trouve Patriot Hills. Dans ce brouillard opaque, sans visibilité, la progression se fait à la boussole, mais non sans mal, et nous échouons dans un cul-de-sac. A force de trop piquer sur la montagne, nous nous sommes retrouvés perchés en haut d'une pente glacée dont le bas, absolument invisible, se perd dans une sinistre brume... Après avoir fait demi-tour et contourné une montagne par l'ouest, deux heures de marche plus loin, une crevasse de trente mètres de large, un gouffre noirâtre, sans fond, nous a cloués sur place. C'était bien trop dangereux d'essayer de passer sans savoir où nous allions, et nous nous sommes arrêtés. Nous campons à quelques mètres de l'abîme...

Je m'arrête d'écrire car nous sommes à court de *white gaz* et veiller est un luxe impossible ! Alors, bonsoir et à demain.

6 novembre 1989
– 31° C

Vent glacial, d'ouest, mais soleil et ciel bleu. La visibilité est excellente. Ouf ! Heureusement qu'hier soir nous avons pris la sage décision de nous arrêter immédiatement. Nous avons campé au milieu d'un labyrinthe de crevasses.

Les conditions sont quasi idéales pour passer le col. L'ascension se fait très progressivement. Une fois en haut, une émotion prodigieuse nous saisit. Nous apercevons très loin, tout à fait au fond d'une vallée en contrebas, Patriot Hills ! Au pied d'une montagne, émergeant comme une île au milieu d'un océan glacé, est niché ce lieu qui focalise toutes nos aspirations depuis tant de jours... Désormais, il n'y a plus qu'à trouver une voie pour y accéder...

Et c'est là que commencent les vrais problèmes ! Très vite, nous sommes contraints de nous arrêter, car il n'y a aucun espoir d'issue de ce côté... Nous nous trouvons face à une chute de séracs de glace bleue satanique qui descend à la verticale... 200 mètres plus bas ! Un piège mortel, que nous contournons donc dans l'espoir de tomber sur un passage... Mais rien, toujours rien. D'énormes crevasses nous stoppent même. Quel dédale ! La rage au cœur, nous remontons afin d'éviter cette zone périlleuse. Mais en haut, nous ne découvrons rien...

Nous décidons, Victor et moi, de partir à skis en quête d'un couloir, tandis que les chiens et les traîneaux restent là. Assez loin, nous finissons par trouver un passage, invisible du sommet, mais qui paraît extrêmement à pic. Je l'explore quand même... C'est vraiment raide, bien trop raide ! A mes compagnons, qui attendent ma décision pour nous rejoindre, je fais un signe négatif en croisant mes bâtons de ski bien haut au-dessus de ma tête. Quelle erreur ! Ils sont si loin qu'ils croient à un signal de victoire...

Et, tandis que je leur tourne déjà le dos, en quête d'un autre passage, ils se dirigent à mon insu vers le piège !

Longtemps après, bredouille, suant sang et eau, je décide de les rejoindre. Je suis dans un état de colère épouvantable car, faute d'issue, il va nous falloir contourner cette chaîne de montagnes. Cela signifie tout simplement trois jours de marche de plus pour gagner Patriot Hills !

Transpirant comme un fou, car je fonce et il fait

« chaud », j'aperçois les traîneaux. Tiens, me dis-je, ils ont bougé... Ils se trouvent près de la fameuse pente piégée, bonne à se rompre le cou ! Machinalement, je compte les attelages : Un, deux... mais, nom de nom ! Il en manque un ! Arrivé près de Geoff, je lui crie :

— Où est Will ?

— Il vient de partir dans la pente ! me répond-il.

Mon sang se glace. Nous nous précipitons afin d'apercevoir l'Américain, deux cents mètres plus bas, qui vient de réussir l'incroyable exploit d'arriver indemne en bas de cette descente infernale !

Sous le choc, j'éprouve une émotion insensée. Je hurle :

— C'est vraiment un supermec ! Comment a-t-il fait ?

— Oh, me répond Geoff, très flegmatique, il a enroulé deux harnais autour de ses patins de traîneau afin de le freiner ! D'ailleurs, c'est ce que je vais faire également...

Victor, Keizo et moi poussons alors le traîneau de Geoff afin de l'aider à atteindre le point de départ de la pente, puis, à notre tour, nous nous en approchons... Les chiens s'arquent en voyant s'ouvrir devant eux cet énorme gouffre. Ils ne sont pas très, très courageux. Nous poussons, poussons, poussons, notre attelage et... d'un seul coup, brrrrrrr, tout est parti ! Garder le traîneau le plus possible dans l'axe... empêcher les chiens de s'emballer... sinon, c'est la catastrophe ! Le stress est terrifiant... Mais en fait, nous n'avons guère le temps de réaliser quoi que ce soit... Nous sommes déjà en bas !...

Instantanément, je me précipite vers Will. Je lui saute dans les bras en criant :

— Fantastique ! C'est formidable ce que tu viens de faire !...

C'est un grand moment dans nos relations. L'estime et l'admiration que je lui ai données à cet instant ont transfiguré nos rapports...

Et nous en avions bien besoin. Car, un peu plus tard, il m'avoue :

— Lorsque je t'ai aperçu là-haut skiant comme un dingue de crête en crête, j'ai pensé que tu avais perdu la tête ! Et, après la descente, quand tu t'es rué vers moi, j'ai cru que c'était pour me frapper ou quelque chose comme ça !...

Il me croyait fou furieux contre lui à cause des risques qu'il avait pris, alors que je n'étais qu'ébloui par son courage.

Hurrah ! Nous serons demain à Patriot Hills. Il n'y a plus que 30 milles à franchir. Grâce à la maîtrise de Will, nous avons évité un laborieux détour, 72 heures de marche en plus, cela aurait été insupportable !

A 19 h 30, lorsque nous montons le camp, on sent une certaine plénitude et de la joie dans tous les cœurs. A la radio, seule fausse note de cette fabuleuse journée si riche en aventures, j'apprends que malheureusement le DC6 n'a pas encore pu décoller — une fois de plus ! Dommage, car ici le beau temps était rêvé pour atterrir. Et, plus grave, ça risque de tourner vraiment mal, nous n'avons pratiquement plus de nourriture pour nous et pour les chiens... Cependant, d'après Criquet, l'équipage a encore l'espoir de réparer juste à temps pour prendre l'air cette nuit...

Les émotions de la pente extrême ont fait converger nos énergies, et comme toujours les épreuves catalysent l'amitié, gommant en un clin d'œil nos différends, nos tensions.

D'ici, en Antarctique, sur cette autre planète, on réalise bien que l'avenir du monde passe forcément par un rapprochement des nations, ces « régions de la Terre ». Il faudrait pour cela que les ambitions des Etats se regroupent sur des projets mondiaux, fédérateurs. La recherche d'un environnement planétaire meilleur, dont l'urgence touche tous les pays, en est un. « Les Terriens à la découverte de l'univers » en est un autre tout aussi fort, comme l'a été la conquête de la lune en son temps. Il ne s'agit pas de ce que nous appelons l'espace, où l'on envoie les astronautes et les satellites pour les besoins des nations, bien trop proche banlieue de la Terre, 300 kilomètres, Paris-Lille !... mais du voyage qui conduirait les hommes sur Mars par exemple. Il est urgent que les pays riches fassent converger leurs énergies sur des projets galactiques afin de décrisper leur volonté de pouvoir sur la Terre.

Quel rôle la France peut-elle occuper dans ce concert planétaire ? Pourquoi pas « demi de mêlée » du monde, l'initiateur qui introduit « la balle » dans la puissante mêlée des nations, un rôle où il faut être mobile, inspiré, jouer à découvert. Un poste-charnière où l'on distribue le jeu... et qui requiert impérativement le sens d'une mondialité généreuse.

Sur notre planète, des liens entre les hommes, que tant de langues séparent, doivent s'établir au plus vite, le plus possible, et ce n'est pas si compliqué. Exemple prosaïque mais révélateur : ce matin, en voyant Victor s'acharner sur la corde pour fixer le matériel sur le traîneau, je lui ai dit avant qu'il ne soit... trop tard :

— Tu sais, Victor, « le mieux est l'ennemi du bien ».

Il m'a immédiatement répondu en riant... trop tard bien sûr, car il venait de casser la corde :

— Nous disons ça aussi chez nous.

Et Keizo, qui avait assisté à la scène, a discrètement ajouté :

— Nous avons la même expression au Japon !...

Riches et multiples sont les points communs, même potentiels, entre les hommes, depuis la réalité du langage jusqu'aux rêves cosmiques.

A la radio, nous suivons avec Victor l'évolution des pays de l'Est... Mais il y a un côté définitivement surréaliste dans nos conversations politiques à bâtons rompus, sous ce morceau de toile minuscule, perdus que nous sommes dans le néant glacé du dernier des continents...

7 novembre 1989
– 26° C

Heureusement, le beau temps continue, car il va falloir trouver Patriot Hills. Nous sommes entourés de montagnes et de barrières de glace géantes. Devant nous, par chance, la route est largement ouverte. A l'arrière de ce somptueux décor, un étroit couloir vertical coincé entre deux énormes cascades de séracs suspendues dans le vide. C'est par là que nous sommes descendus ! Vu d'ici, on réalise mieux la précarité de la situation dans laquelle nous étions hier après-midi... et il n'y avait vraiment pas d'autre choix, car tous les autres couloirs se terminent par un balcon ouvert sur l'abîme.

Il fait beau, il y a du bonheur à être là. Sur la droite, nous longeons les derniers sommets de la chaîne d'Ellsworth. Vers 16 heures, nous sommes en vue de Patriot Hills où Adventure Network a dû installer son camp. C'est un bon emplacement à mi-chemin entre l'île du Roi-George et le pôle Sud, et surtout c'est un des rares coins où il y a en permanence de la glace bleue, véritable piste d'atterrissage naturelle pour avion sur roues. Partout ailleurs en Antarctique, seuls les avions sur skis, Hercule C130 et Twin Otter, peuvent se poser.

Le regard braqué au loin, nous scrutons l'immensité à la recherche d'un quelconque indice révélateur de présence humaine... Mais vide est l'espace... Toute notre attention se résume à fixer et fixer encore la blancheur aveuglante pour tenter d'y discerner enfin une tache de couleur ou l'incongruité d'un trait plus sombre, qui signifierait l'étape tant espérée...

Au fil de notre progression, nous apercevons bien quelques points çà et là, mais la visibilité est si confuse que ce peuvent être aussi bien des monticules distants d'à peine cent mètres, que la base... Après plusieurs faux espoirs, hurrah ! les petits points de couleur au loin sont bien les tentes du camp de Hills ! Pourtant, il nous faut encore 5 kilomètres de marche pour les atteindre, mais d'un pas plus facile, allégé par la vue de notre but, presque enthousiaste. Au fur et à mesure, nous devinons les installations et le Twin Otter fantôme qui ne répondait plus quand Tim agonisait.

Quatre hommes accourent à notre rencontre, les hommes d'Adventure Network. Nous nous congratulons chaleureusement. Ils nous font visiter, outre les quelques tentes, une grotte creusée dans la glace où la nourriture est stockée... Ils ont déjà balisé la piste d'atterrissage pour le DC6 qu'ils attendent — oh ! merveilleuse surprise ! — pour ce soir ! On nous propose même, rêve des rêves, de prendre une douche — très attentionnés, ces hommes décidément ! — grâce à un petit tuyau installé sous une tente... Pour ma part, je refuse poliment.

Par contre, c'est avec une joie non feinte que j'accepte et déguste un *vrai repas*, avec du *vrai* poulet, cuit au four... Un luxe inouï ! Un très grand moment gourmand. Comme je le dis à Daho : « Ça au moins ce n'est pas de la poudre de gallinacé comme d'habitude ! » C'est notre premier mets digne de ce nom ingéré depuis quatre mois ! Nos papilles gustatives en sont tout étourdies ! Elles n'en reviennent pas !

Le soir venu, nous nous retrouvons tous autour de la radio, à l'écoute de l'avion mythique éternellement attendu. Mais brusquement, vers 1 h 40 du matin, alors que le fantasmagorique vieux coucou est tout proche, plus aucune réponse à nos appels répétés ! Vingt lourdes minutes d'un silence total, dans une tension d'inquiétude à couper au couteau... et puis...

un vrombissement sourd... Le DC6 émerge des nuages ! Il s'était perdu dans le brouillard ! L'atterrissage nous donne le frisson car, sur cette glace bleue dure comme du béton, il n'y a aucun moyen de freiner. Le quadrimoteur est gros, pataud, il dérape, part de travers dans un bruit impressionnant... C'est une arrivée spectaculaire tout à fait digne de sa légende. Heureusement, il a toute la place requise, et même plus, pour que ses embardées ne prêtent pas à conséquence ! Il finit par s'immobiliser.

Le premier homme à en descendre est le célèbre Reinhold Messner, l'alpiniste qui a gravi tous les sommets de plus de 8 000 mètres du globe. Star absolue, on le prétend d'un caractère fermé, réservé, voire renfrogné, mais aujourd'hui il est souriant. Son copain Fuchs le suit. Puis viennent l'équipe cinéma, une kyrielle de journalistes représentant les télévisions du monde entier, et des photographes... quelle cohue ! Enfin, par une longue échelle assez étroite, nos onze « vacanciers » de la gent canine. Les retrouvailles sont émouvantes, tant d'ailleurs qu'aucun d'entre nous ne s'aperçoit que Kuka en profite pour... s'échapper discrètement et filer vers notre camp...

Là-bas, Geoff, resté pour veiller sur nos bêtes, a le dos tourné, accaparé qu'il est à essayer de faire cesser d'urgence une bagarre entre chiens. Lorsqu'il se retourne, il n'en croit pas ses yeux ! Kuka est en train de couvrir la reine Thulé ! Il se précipite pour mettre fin à cette scène... Est-il intervenu trop tard ? Seul l'avenir le dira ! Nom de nom, le pauvre Keizo va en prendre pour son grade, Kuka est l'une de ses bêtes. Geoff est furieux.

Avec l'arrivée de tout ce monde, j'éprouve une sensation pénible de cassure dans nos habitudes. Notre rythme polaire est rompu. C'est un autre monde, aussi corrosif que l'hiver infini du dehors, mais sous des allures bonhomme dont on ne se méfie pas tout d'abord, et qui creuse en profondeur dans nos psychismes devenus depuis quelque temps d'un calme plat... Nous passons sous les objectifs successifs des télévisions allemande, australienne, américaine, française, puis sous ceux des photographes de presse. A chaque fois, ils installent une mise en scène différente, chaque opérateur veut faire ses plans à son idée... Cela prend un temps fou ! C'est lassant et semble si dérisoire tout à coup...

Comme la nuit ne tombe jamais, nous nous couchons très tard, mais au moins nous avons le plaisir de dialoguer avec tout ce monde. Et c'est quand même un exercice grisant ! Plaisir inattendu, je sympathise avec Messner... pourtant, il est nerveux et semble tendu. C'est un homme qui ne se laisse pas facilement approcher. Par exemple, pour accepter d'être interviewé ou photographié, il exige et impose des conditions et des accords draconiens.

De plus, il compte déjà trois semaines de retard sur le planning de son expédition — lui-même victime des tribulations homériques du DC6. Il tente une traversée du continent antarctique perpendiculaire à la nôtre, beaucoup plus courte, celle que Shackleton projetait de faire en 1914. Son ami Fuchs, un Allemand qui a fait le pôle Nord avec Robert Swann, l'accompagne. C'est un joli voyage qui les attend : 2 300 kilomètres en tirant eux-mêmes leurs traîneaux, comme je l'avais fait en Arctique. Grâce aux « espions » que j'ai placés un peu partout, je sais qu'à Punta Arenas Messner ne décolérait pas, qu'il était dans une fureur noire contre Adventure Network, et avait même dans la foulée étendu sa vindicte à notre expédition, car pendant ce temps nous marchions tandis que lui était condamné à piaffer d'impatience dans sa chambre d'hôtel !

Mais à présent le voilà à pied d'œuvre. Le contact direct avec l'Antarctique semble lui avoir instantanément fait oublier tous ces mauvais moments.

Pourtant, les problèmes ne manquent pas ici ! Il a payé d'avance 400 000 dollars pour être certain de trouver en arrivant à Patriot Hills un Twin Otter et les fûts d'essence nécessaires à son ravitaillement. Il y a effectivement un Twin sur la base, mais... c'est le « nôtre » ! Il y a aussi des fûts, mais... ça ne représente que la moitié de la quantité que nous avions commandée pour « notre » expé ! La situation se présente mal ! C'est même dramatique ! A Punta Arenas, Messner, déjà au courant de cette carence de fuel, avait mené des discussions corsées avec Criquet au sujet de l'appartenance réelle de ces précieux fûts... et chacun d'affirmer : « Ils sont à nous puisque nous les avons payés ! »

Ici, le problème ne s'est pas éclairci... nous refaisons avec Messner l'inventaire. Puis quelques calculs... infernaux ! C'est la quadrature du cercle ! Il n'y a même pas assez de carburant pour aller le déposer à son point de départ et assurer notre premier ravitaillement ! Il faut absolument, et au plus vite, que le DC6 reparte pour le Chili et revienne avec du fuel ! Mais, catastrophe ! Nous apprendrons que, sur le chemin du retour, notre folklorique zinc n'est même pas parvenu à atteindre sa destination ! Il a dû se poser à March, sur l'île du Roi-George. Là, à l'atterrissage, il a éclaté un pneu et cassé un frein... Désolation... Autant dire qu'ils en ont pour dix jours avant de pouvoir reprendre l'air !

Certes, nous sommes prêts à aider Messner autant que possible, mais des impératifs de sécurité pèsent lourdement sur cette éventualité ; il est hors de question de lui donner notre kérosène car le Twin Otter doit pouvoir à tout moment décoller au cas où nous aurions des pépins. Nous avons garanti aux autorités américaines que nous serions une expédition exemplaire, assumant notre autonomie en cas de secours. Pas question également que le gouvernement français soit obligé d'intervenir et leur demande : « Nous avons un de nos ressortissants en danger quelque part en Antarctique actuellement ! Pouvez-vous aller le chercher ? » Les Américains, bien sûr, seraient tenus de dire oui, d'envoyer un Hercule C130 pour nous récupérer. Mais cela coûterait une fortune ! Non, nous devons absolument garder pour une telle extrémité notre kérosène de survie !

Le 10 novembre au matin, nous avons une dernière réunion avec Messner, juste avant notre départ. Oh, ironie, elle est précédée d'une apologie inconditionnelle des expéditions non mécanisées, mais les discussions suivantes ne tournent qu'autour... de l'essence et de sa pénurie ! Avec nous, à Patriot Hills, se trouvent également les deux scientifiques saoudiens, Ibrahim et Mustapha, qui effectuent des recherches océanographiques à bord de notre bateau *UAP Antarctica*. En dernier recours, je les apostrophe : « Hé ! Dites donc, vous qui possédez les plus grosses réserves de pétrole du monde, vous ne pourriez pas faire quelque chose pour nous ! » L'éclat de rire est général !

Finalement, Messner, à défaut d'être sauvé par l'or noir des émirs du Golfe, pourra profiter d'un de nos vols, en jumelant sa dépose avec la récupération de notre équipe cinéma. Un astucieux coup double qui économisera assez d'essence... Cette décision prise, nous nous séparons en excellents termes. Lui souhaitant bonne chance, ainsi qu'à son coéquipier Fuchs, j'ajoute :

— Reinhold, tu sais, sur ces immenses platitudes, je me suis rendu compte, au fil des jours sans fin, que le plus lourd à porter c'est encore son ego...

Il me sourit et nous nous serrons la main. Je suis content de voir qu'un alpiniste de cette trempe s'engage sur ce type de voyage.

10

Sastrugis à l'infini

13 novembre 1989
– 28° C

Aujourd'hui, après trois jours de tournage, l'équipe cinéma va nous quitter. Laurent Chevallier et sa bande s'en vont avec le Twin qui est allé placer Messner à la case départ. Spina sera du voyage. Il n'est pas assez enthousiaste pour continuer. Pour lui, l'expédition est finie, il ira rejoindre le bateau pour se refaire une santé. Je suis certain qu'Hélène Rio qui officie aux fourneaux s'occupera de lui comme d'un hôte de marque et que tout l'équipage saura le fêter.

C'est le dernier courrier avant d'arriver au pôle Sud.

Ma chère Sylvie,

Je ne vis maintenant que sur les souvenirs du monde. Tu m'accompagnes et il n'est pas de jour sans que je pense à toi. J'ai de toi la perception immatérielle d'une chose irréelle accrochée au plus profond de moi, qui m'aide à respirer, que j'interroge pour le bonheur, une lumière au bord du chemin. Même si elle est longue, je ne cesse de nourrir ton absence de nos souvenirs, et comme un prisonnier, je regarde souvent une photo de toi.

Ces derniers jours m'ont fatigué, vraiment. Toutes les escales sur la route rétrécissent l'espace et l'esprit de liberté que nous nous créons jour après jour. Elles nous vident aussi de nos secrets et de notre intimité. C'est un peu comme une « profanation » de l'aventure que nous vivons et un viol de ce dernier des continents que cette approche de nos visiteurs venus par air, et non pas entrés comme nous, pas à pas, lentement jusqu'au cœur de ces neiges éternelles, apprivoisant progressivement la férocité implacable du lieu. A Patriot Hills, la cadence diabolique des interviews m'a laissé quelque peu exsangue. Les mises en place requises par Laurent pour certains plans du film nous ont freinés et nous n'avons qu'une envie, c'est de foncer pour rattraper notre retard...

Dès demain, nous repartons à notre propre rythme, et ce soir notre équipe de six est de nouveau unie pour un mois de solitude somptueuse jusqu'au pôle. Nous savourons un fond de bouteille d'alcool laissée ici par les cinéastes. Il y a du bonheur sous la tente. Chacun fume une cigarette. Presque aucune parole n'est prononcée, mais nous vibrons à l'unisson. On vit si peu souvent de tels moments dans la vie, des périodes où l'on s'engage aussi loin dans l'effort, l'isolement et le risque. On les goûte réellement alors, sachant qu'ils vont vous marquer pour la vie. Avant d'aller dormir, je sors me promener un peu. Une petite brise souffle du sud et la lune est là, mais le soleil lui fait de l'« ombre ». On devine à peine son contour dans le ciel. C'est d'une étrangeté fascinante.

14 novembre 1989
– 20° C

Et c'est le mauvais temps qui revient, classique, sans surprise et surtout sans visibilité. Les sastrugis surgissent à tous moments de la brume pour nous barrer la route, ou nous la compliquer sournoisement par leurs embûches. Elles ont d'étranges silhouettes, torturées par le vent. Bernard Prud'homme les compare à des sortes de monstres marins naissant indéfiniment de l'écume de neige battue par le blizzard au ras du sol. Elles nous empoisonnent la vie.

L'avion qui a récupéré l'équipe cinéma nous a ramené sept chiens. Nos attelages sont au complet, notre vitesse excellente. Aujourd'hui, nous avons parcouru 24 milles. C'est la moyenne à tenir pour atteindre le pôle Sud le 12 décembre.

En lisant les fax envoyés par Cathy de notre bureau des Etats-Unis, je suis extrêmement surpris de l'intérêt persistant que suscitent nos selles outre-Atlantique... En 1986, lors de mon voyage au pôle Nord, personne ne semblait s'y intéresser, sinon quelques curieux qui se demandaient comment on opère dans de telles conditions climatiques. Mais ici le problème paraît avoir pris de l'envergure... Six selles tous les 33 kilomètres en moyenne, il n'y a pas de quoi alerter la planète ! Ainsi il va falloir préparer des réponses à toutes sortes de questions saugrenues, des plus futiles aux plus philosophiques. Je ne crois pas toutes les détenir. L'inévitable question sur l'utilité de l'expédition finira bien par être posée aussi. Je vois déjà le journaliste, son micro ou son stylo à la main, me demander avec un air très sérieux : « Docteur Etienne, à quoi ça sert tout ça ?... » Et moi, sans vergogne : « A rien, mon vieux ! » Mais je ne peux pas me permettre d'être si lapidaire ni de m'en tirer par une boutade. Il est bien évident que nous ne réalisons pas quelque chose d'utile au premier degré, que nous n'avons pas fabriqué un ouvre-boîtes ou une machine à laver... Il est sûr aussi que nous n'avons pas besoin d'un quelconque alibi scientifique pour justifier notre expédition. Cette aventure exceptionnelle doit éveiller des résonances plus subtiles, comme le font les œuvres d'art, un tableau ou une symphonie, des choses pas quantifiables ni forcément visibles, qui se répercutent longtemps et profondément dans le silence des cœurs et donnent un autre goût à la vie, qui rendent les êtres meilleurs au bout du compte en leur proposant une autre échelle de valeurs, une certaine grandeur...

Hauteur culinaire aussi : depuis Patriot Hills, nos menus sont simples mais gastronomiques pour quelques jours encore : saumon fumé, foie gras, pain Poilâne. L'âme et l'estomac en paix...

18 novembre 1989
– 18° C

Depuis trois jours il fait un temps gris, maussade, on sent comme un couvercle bas posé sur nos têtes. La lumière diffuse gomme tous les contrastes et nous cantonne dans un monde feutré, sans ombres, qui distille dans l'esprit une insidieuse torpeur. Nous sommes tous tristes et sans énergie dans cette ambiance inerte. A chaque arrêt, nous nous asseyons sans ressort sur les traîneaux. Will se couche carrément sur la neige en attendant que la caravane reparte. Ce temps est vraiment rongeant, il entretient l'ennui et rend tout monotone. Nous n'arrêtons pas de bâiller, même les chiens ! Nous traversons des champs de sastrugis genre labours de géants. Elles sont énormes, placées dans le sens de notre route, en direction des vents dominants. Plantées comme des lames étroites et tranchantes, on ne les discerne qu'au tout dernier moment alors que le traîneau commence à les chevaucher, et bien souvent alors qu'il est déjà en train de chavirer... Au cours de ces mouvements saccadés et violents, j'ai peur que l'un d'entre nous ne se coince et ne se casse une cheville entre le patin et la glace, ce qui pourrait vite arriver dans ces conditions.

Les chiens marchent bien sur ce terrain difficile, et Victor à l'avant fait un travail magnifique dans ce *white out* qui complique sa tâche. Sans visibilité, il trébuche sur les sastrugis et n'arrête pas de tomber. Il se relève aussitôt, pour ne pas ralentir notre progression et reprend la direction à la boussole. Il nous guide admirablement.

Aujourd'hui, nous avons quand même parcouru 20 milles sur ce « chantier », ce qui n'est pas déshonorant. L'équipe est soudée, on sent de la cohésion entre nous, de la complicité.

Il y a maintenant dix jours que les journalistes sont bloqués à Patriot Hills en attente de l'invisible DC6 qui n'a pas encore pu revenir les chercher... Le mur de Berlin est tombé ! Voilà enfin un rayon de soleil qui réchauffe le cœur dans cet univers de grisaille éternelle !

20 novembre 1989
– 22° C

Pas éternelle ! Les rayons d'un soleil bien réel nous inondent depuis hier. Le ciel nous laisse enfin respirer. La lumière revenue indique généreusement les contrastes, et le décor a retrouvé son relief et la magie subtile de ses dégradés blanc et bleu. Avec eux, nous mesurons aussi l'énormité des sastrugis ! Leur taille est impressionnante ! Il ne fait pas chaud cependant car une sévère brise souffle du sud, de face, et ne nous épargne pas.

Hier soir, une « party » s'est déroulée joyeusement dans la tente de Geoff, en l'honneur des trente-trois ans de Keizo, que nous avons fêtés dignement ! Victor a bien évidemment déclamé l'incontournable poème de circonstance et offert à notre ami japonais une montre russe dont les aiguilles parcourent un cadran de 24 heures. Je lui ai fait cadeau d'une petite bouteille de Fernet-Branca. Nous commençons tous à apprécier cette boisson de lampe à souder. De toute façon, nous n'avons pas le choix.

La surface est assez bonne et petit à petit nous rattrapons le temps perdu sur la Péninsule. J'ai l'impression que mon horloge intérieure est à l'heure, celle qui donne cette calme endurance qui fait de nous de véritables Polaires.

21 novembre 1989
– 20° C

Ce matin, le brouillard était dense et, avec une visibilité minimale, nous avons dû contourner une méchante cascade de séracs qui nous barrait la route, pour tomber ensuite, ou plutôt chavirer, sur une série de cruelles sastrugis et nous retrouver finalement sur un plateau, cernés de toutes parts par d'innombrables crevasses... Les passe-temps ont le mérite d'être variés ! Colin-maillard, saute-mouton, labyrinthe... sans parler des glissades, du patinage et de la voltige...

Après le lunch, heureusement, tout s'est amélioré et nous avons fait nos 23 milles dans un fauteuil. Arrow est à présent notre chien leader. C'est le frère de Panda, qui est également en tête chez Will. Tous deux sont des fils de Zap, le chien mascotte de Steger, celui qu'il a amené dans une boîte à sucre à sa cabane, lors de ses débuts d'éleveur.

Pas de nouvelles de Messner... Laurent, Francis, Mustapha, Ibrahim et compagnie sont toujours coincés à Patriot Hills. Je les reçois bien par radio et les « conversations » quotidiennes sont agréables. Quant à Criquet, depuis Punta Arenas, il arrive à émettre jusqu'ici avec ses pauvres 400 watts. Je le capte parfaitement. Mystère des ondes...

Mes pensées vagabondent dans un printemps idyllique, autour du calme, du vert, des champs, des arbres, des oiseaux... Comme ça me manque ! Je ferme les yeux et suis transporté au cœur d'une campagne où règne une paix souveraine. L'air est empli de pollens vagabonds qui musardent dans une légère brise, pleine des senteurs enivrantes et des chants des oiseaux... Une grenouille saute ! Un chat roux se faufile silencieusement entre les hautes herbes, un coucou au loin répond à mon appel, les longues branches d'un saule m'effleurent l'épaule, je me penche pour boire dans mes mains l'eau transparente du ruisseau qui bondit entre les pierres moussues... J'ai douze ans et je rêve des grands voyages que plus tard je ferai...

Mon Dieu ! On ne réalise jamais le bonheur que l'on a d'être auprès des arbres, des prairies et des animaux ! Et réalise-t-on jamais le bonheur présent ? Me voilà vivant mes rêves d'enfance les plus fous : poussière d'homme infime perdue sur le plus grand désert du globe, tenant dans son esprit fermement ancrée la profonde conviction qu'on ne change pas, que l'enfant du ruisseau et l'adulte présent ici ne sont qu'un. Une seule énergie accomplit son parcours... où parfois se télescopent les plans.

24 novembre 1989
– 24° C

Je rêve encore et j'imagine tout au long du chemin que nous allons réussir de bout en bout cette grande traversée. Je projette notre arrivée victorieuse à

Mirny, et je pleure. C'est comme ça, à fleur de peau, une façon d'exorciser les craintes présentes, de s'adjuger par avance une joie qui peut-être ne viendra pas. A tous les jaloux qui ont essayé de nous discréditer, à tous les pessimistes qui croient que nous allons échouer, je dis : « Tout paraît toujours impossible à ceux qui ne tentent jamais rien. »

Hier, le temps était magnifique et nous avons battu un record : 44 kilomètres ! Rebelote aujourd'hui : 45 kilomètres ! Le sol est bon, sans trop d'aspérités, les traîneaux légers et les chiens tirent sans problèmes. Le soleil nous chauffe le dos, mais de face le vent n'en veut rien savoir et redouble de violence, c'est un fluide glacial qui descend du pôle. Plus loin, dans l'Ouest, Messner a connu hier 40 nœuds... il n'a pas bougé.

Depuis qu'elle a été en chaleur, Thulé, la « fille » de Geoff, dort près de la tente du maître... Elle s'y est bien habituée, semble-t-il. Mais ses oreilles ne paraissent pas se faire aux concerts quotidiens d'harmonica qui y sont donnés, exercices stridents dont les harmonies approximatives déchirent l'air à heures régulières. La chienne a décrété qu'elle n'acquiescerait pas en bloc à toutes les lubies de son maître, et grogne comme une belle diablesse dès qu'il empoigne son instrument. Keizo est d'ailleurs entièrement acquis à sa cause. Il ne grogne pas encore mais esquisse des grimaces qui ne laissent aucun doute sur son appréciation des talents musicaux de l'harmoniciste, ses oreilles d'Oriental ne s'accoutumant pas non plus à ces accords « barbares ». Qui aura le dernier son ?... En tout cas, Thulé est beaucoup plus efficace et disciplinée depuis qu'elle dort près de Geoff. Elle s'est familiarisée à sa voix, sinon à sa musique, à sa façon de vivre, et semble en confiance à ses côtés — ce qui lui donne un bien meilleur comportement. Aussi, il a décidé de la garder toujours près de lui la nuit.

Sylvie me manque, et par moments j'ai la pénible sensation que nos retrouvailles sont encore si lointaines... dans un futur si éloigné, dans si longtemps, dans trop longtemps... J'appréhende déjà cette rencontre, comme si l'avenir ne pouvait être aussi beau et fort que notre passé commun. Elle-même doit également la craindre : nous investissons tellement dans les souvenirs heureux !

Ce soir, sur l'horizon émerge une petite montagne, loin devant. Geoff est content de sa navigation, nous sommes sur la route. Avoir un point de mire, ça excite les hommes et les chiens, ça rompt avec la monotonie abrasive du plat éternel.

25 novembre 1989
– 25° C

Le temps est au beau fixe, mais le vent glacial a encore fraîchi et souffle, cinglant de face. Il n'est pas étranger à la nouvelle et douloureuse gelure qui crispe mon visage. Nous avons quand même fait 26 milles sur une surface gelée, lisse, très éprouvante pour les chiens qui glissent sans cesse et se cramponnent ; leurs griffes en deviennent douloureuses. Devant nous se déploie la chaîne de Thiel Mountains. Une magnifique carte postale où, sur un fond de ciel à la transparence inouïe, sont déclinés tous les camaïeux de blanc et de bleu imaginables. Les sommets se découpent avec une rare précision dans cet air incroyablement pur. D'énormes et somptueux piliers granitiques donnent à l'ensemble une assise équilibrant l'envolée des cimes. On a l'impression de pouvoir presque toucher du doigt cette merveille tant la limpidité de l'atmosphère gomme les distances. Mais si les montagnes nous paraissent toutes proches, il nous semble que plus nous avançons plus elles s'éloignent. Nous n'en finissons pas d'arriver à leur pied...

Toute l'équipe est fatiguée, même si elle fait bonne figure. Geoff parle très discrètement de douleurs à la hanche droite, mais je vois bien qu'il peine. Daho est visiblement assez faible, il dort et souffre d'une diarrhée épuisante. Keizo et Victor endurent les mêmes bobos que tout le monde. Mais, par pudeur, par dureté ou par prudence, par crainte d'éveiller des doutes sur sa résistance, personne ne se plaint jamais et il faut aller à la chasse aux infos pour glaner quelques indications de santé et se faire une idée juste de l'état physique et moral des troupes. Je peux dire que nous constituons vraiment une solide formation ! Pour subir jour après jour ces épouvantables conditions climatiques, avaler quel que soit le temps nos 40 kilomètres quotidiens en ingurgitant l'invariable et morne nourriture qui n'excite même plus nos papilles, supporter cette monotonie, arriver à composer avec elle et ne craquer à aucun moment, il faut absolument des gens costauds. Nous tenons !

Je suis de nouveau obsédé à l'idée qu'on puisse nous demander au retour ce que nous avons fait de nos selles... C'est ridicule, mais dans ces situations où l'esprit tourne en rond, n'importe quoi peut faire l'affaire pour l'occuper. Nous sommes loin de notre société surinformée, qui nous bombarde continuellement de nouveaux messages submergeant l'esprit, risquant de conduire à la confusion, à l'agressivité, au détachement par forfait et à la solitude... Ici, dans cet univers où trône le vide, le mental est si peu alimenté que, livré à lui-même, il peut aussi générer ses propres poisons. Je surveille son manège. Pour l'instant, ça a l'air de rester relativement cohérent, mais, dans ces domaines psychiques, il est bien délicat de discerner le moment où la raison cesse d'être « raisonnable »... Allons, je ne dois pas me focaliser sur ces histoires de selles ! On ne va pas commencer à examiner au microscope électronique les perturbations minimes de l'environnement, alors que la prise de conscience de la pollution mondiale en est à l'âge du bulldozer ! C'est comme pour les amoureux des toutous qui s'alertent de notre relation de maître à esclaves avec nos chiens... Il faudrait prendre un peu de recul pour donner une réelle valeur aux questions posées. Les pays en guerre rêvent de paix, les affamés n'aspirent qu'à manger à leur faim — et ils sont deux milliards ! — et les nantis s'inquiètent du devenir crucial de leurs déchets... J'appartiens à cette dernière catégorie et je m'alarme du bouleversement des écosystèmes. J'applaudis quand on prend en considération la détérioration de notre environnement, mais j'ai peur que par ailleurs on plonge dans l'absurde, en se fixant maladivement sur des détails.

Les sérieux problèmes écologiques que pose l'avenir de la planète ont au moins un avantage, celui de faire converger les pays vers une préoccupation commune qu'ils ont à cœur de résoudre. A cet égard, l'Antarctique peut jouer un grand rôle en apprenant aux hommes de la Terre à se concerter. Patrimoine commun de l'humanité, toutes les décisions concernant ce continent sont prises par un collège de pays qui ont adhéré au traité de l'Antarctique. Malheureusement celui-ci, ratifié il y a trente ans, n'a pas pris en considération le développement des activités commerciales : le tourisme, mais surtout l'exploitation des richesses du sous-sol. Il n'y a pas aujourd'hui d'autre alternative raisonnable que d'interdire l'exploitation des minéraux ou des réserves de pétrole, si elles existent. On n'a pas, dans l'immédiat, besoin des richesses de l'Antarctique, et d'autre part l'humanité attend, et tout de suite, un geste de générosité de la part des Etats envers la planète. En refusant de signer la convention de Wellington pour l'exploitation de l'Antarctique, la France et l'Australie ont eu à ce sujet une attitude exemplaire qui, il faut l'espérer, sera suivie par tous les autres pays signataires du traité.

Si les hommes ne sont pas capables de se mettre d'accord sur le respect de la seule terre vierge du globe, sans aucun intérêt économique actuel, comment arriveront-ils à s'accorder sur les autres problèmes imminents : la gestion des ressources naturelles, la propreté des mers et de l'air ?...

Quant au tourisme, c'est aussi un dossier délicat. Tous les explorateurs de l'Antarctique en ont rapporté des documents et des histoires magnifiques, qui ont incité d'autres visiteurs à s'y rendre... et ainsi de suite. On ne peut pas dire d'un côté « C'est splendide ! » et de l'autre « Surtout n'y allez pas ! » Actuellement, il n'y a encore aucun abus dans ce sens, mais il faut se prémunir contre certains projets de gens peu scrupuleux, que l'idée de virginité antarctique n'effleure même pas. La menace vient davantage des promoteurs que des visiteurs. En effet, le désir d'approcher les régions polaires est une démarche positive, qui dénote un attrait particulier pour ces contrées, et il faut en aménager l'accès pour les passionnés. L'échec absolu serait le développement du snobisme des palaces polaires, et le déferlement massif des tours operators.

Pour les expéditions privées, comme celle que nous faisons, leur avenir passe par un minimum d'organisation commune. Tout le monde y gagnera, en moyens et en sécurité. Individuellement, les coûts en logistique sont faramineux, surtout pour les expéditions allant au cœur du continent qui font appel à de gros avions comme notre DC6. Les petites compagnies, si elles peuvent assurer les transports en Twin Otter, malgré leur courage et leur dévouement, n'ont pas la capacité d'assurer la maintenance sérieuse des gros avions. Les risques qu'elles font prendre à leurs clients sont parfois énormes, car l'Antarctique impitoyable est aussi dur pour les hommes que pour le matériel.

Il y a des comités himalayens qui regroupent tous les projets d'expédition, il pourrait exister des comités antarctiques qui concentreraient les demandes.

Allez, au lit ! Mettons le cerveau en vacances...

27 novembre 1989
– 22° C

Repos ! C'est la deuxième journée, après Siple, où nous faisons relâche de notre propre chef. Les autres étaient indépendantes de notre volonté, imposées par le mauvais temps. Aujourd'hui il fait beau, c'est dire que nous nous offrons un vrai luxe. Le vent, lui, ne chôme guère, et il est impossible de mettre le nez dehors sans se couvrir. Les chiens, malgré le soleil, sont restés lovés sur eux-mêmes, couverts de neige. Ils ne peuvent pas étendre les pattes et se coucher sur le dos comme ils aiment tant le faire dès qu'un rayon perce la brume.

Nous sommes à présent au cœur de Thiel Mountains, une zone intermédiaire où la chute du plateau accélère de façon impressionnante l'écoulement catabatique. Demain, nous arriverons sur le plateau. Là, les vents devraient progressivement disparaître jusqu'au pôle Sud... en principe... Hier, nous sommes passés au dernier dépôt mis en place avant le pôle, Thiel — que nous avons cette fois-ci trouvé sans jeu de piste —, ce qui veut dire qu'une longue route a déjà été accomplie.

11

Ici, tous les vents viennent du nord

28 novembre 1989
– 20° C.

Thiel Mountains était une pure splendeur aujourd'hui sous un ciel bleu intense. Nous sommes montés lentement vers le plateau et y avons pris pied après cette longue pente tout en glace, balayée par un vent violent qui dévalait vers nous, furieusement... Sublime ! Les éléments offerts dans toute leur sauvagerie et leur beauté primitive ! A chaque fois, nous sommes étonnés de pouvoir encore nous extasier malgré les épreuves physiques endurées, mais la nature renouvelle indéfiniment ses façons de s'exprimer et engendre toujours de nouvelles surprises.

Devant nous, à présent, il n'y a plus rien. C'est plat jusqu'à Mirny. Victor a intérêt à bien aligner ses pas sans se départir de son cap, si l'on ne veut pas manquer le pôle Sud et Vostok !

Nouvelles du front : je ne comprendrai décidément jamais rien à la propagation des ondes : je ne reçois pas Punta Arenas (à 4 000 kilomètres) qui ne me reçoit pas... Je ne reçois pas Patriot Hills (500 kilomètres, 400 watts) qui ne me reçoit pas... Je reçois 5 sur 5 Bellingshausen (1 200 watts) qui me reçoit 4 sur 5 avec mes malheureux 20 watts !!! Bellingshausen est la station soviétique sur l'île du Roi-George, notre lieu d'atterrissage en Antarctique, située à 2 500 kilomètres dans la direction de Punta Arenas.

Côté médecine, Daho nous fait une allergie — comme d'habitude la cause en est inconnue... Les chiens de Will sont dans une forme époustouflante... A quoi marchent-ils ? C'est presque impossible de les empêcher de courir...

29 novembre 1989
– 22° C

Le temps est toujours beau et Thiel Mountains est déjà loin dans notre dos. Mais à quel prix ! La montée a été harassante, interminable, aussi épuisante pour nous que pour les bêtes. Ce n'était qu'un immense champ de sastrugis dont certaines faisaient plus d'un mètre de haut ! Un parcours du combattant sophistiqué et traître, où chaque mètre gagné l'était chèrement — au prix ce soir de courbatures dans tous les membres, de multiples crampes et d'une pesante fatigue. Le vent du sud était incessant pour agrémenter le parcours, parfois léger mais toujours suffisant pour qu'il faille se couvrir impérativement le visage. Tout le monde souffre de gelures ou présente des séquelles de gelures sensibles à la face. Nous avons dû nous interrompre plusieurs fois en cours de route mais, avec Keizo, malgré l'éreintement, nous nous retournions pour admirer au loin les dernières montagnes qui disparaissaient peu à peu dans les brumes bleutées. L'émerveillement aussi peut vous couper le souffle. C'est toujours un voyage entre douleur et beauté.

Nous sommes à présent à 1 800 mètres d'altitude

et il nous faudra monter encore de 1 000 mètres avant d'atteindre le pôle.

Un scoop : depuis trois jours, Geoff a interrompu ses distractions musicales nocturnes. Fini l'harmonica ! Il fait une allergie à une crème protectrice et ses lèvres en pâtissent. Nous avons connu une période intermédiaire entre cet arrêt brutal et la cacophonie de ces dernières semaines : l'époque « concert en vase clos » où notre musicien faisait ses gammes carrément emprisonné dans son sac de couchage... De loin en loin, nous percevions quelques accords emplis de nostalgie s'exhaler douloureusement du duvet anglais. Sur cette scène sans limites au silence infini qu'est l'Antarctique, il en était réduit à cet enfermement par le despotisme de Thulé qui, les nerfs à fleur de peau, se mettait à hurler dès qu'il commençait ses exercices... Keizo lui en est très reconnaissant.

Victor, qui naviguait aujourd'hui à vue, nous a expédiés sur une zone hypercrevassée, et je n'ai pu contenir ma colère. Il traçait loin devant et Geoff, responsable de la navigation, comprenant qu'il allait se fourvoyer, a tenté plusieurs fois de lui faire signe de s'arrêter. Mais notre Viking, le regard braqué droit devant lui, n'a rien entendu ni vu. Apercevant une colline arrondie qu'il eût mieux valu contourner, Victor, lui, hop ! direct, est monté dessus ! De l'autre côté, c'était bourré de crevasses ! Ça l'a stoppé tout net. J'étais dans une fureur noire, et quand nous l'avons rattrapé il l'a senti passer : « C'est pas parce que tu as de gros muscles qu'il ne faut pas utiliser ton cerveau ! » lui ai-je lancé. Il semblait abasourdi, effectivement il avait foncé sans se poser de questions, nous entraînant dans un coin vraiment pourri. Sur ma lancée, j'ai ajouté : « Il ne s'agit pas de prendre la route la plus droite mais de prendre le temps de réfléchir ! » Il était vraiment interloqué et n'a pu que bégayer quelques vagues excuses. Nous avons poursuivi laborieusement notre chemin dans un climat assez tendu jusqu'au soir. J'étais mal à l'aise de lui avoir balancé ces phrases justes mais un peu excessives dans leur forme, aussi me suis-je senti soulagé quand il s'est approché de moi le soir sous la tente pour me demander si je lui en voulais encore. Je lui ai répondu : « Sitôt dit, sitôt fini ! » Comment tenir rigueur de quoi que ce soit plus d'une seconde à cet homme si chaleureux ? Le charme slave...

Bon, le cœur apaisé, je vais dormir, surtout que le DC6 improbable s'est enfin posé à Patriot Hills... Les choses les plus extravagantes finissent par arriver !

30 novembre 1989
– 22° C

Temps stable, au beau. Le ciel est uniforme et calme. Il n'y a que le sol qui soit en guerre, abîmé, torturé par le vent. Les démons des glaces se battant contre d'invisibles ennemis souterrains. Les sastrugis de plus d'un mètre, disséminées tout le long de la route, nous imposent des détours constants. Ces statues de sel aux formes surréalistes, groupées parfois en ligne, commencent vraiment à nous lasser. Comme disait Victor à midi : « Imaginez que vous vous trouviez là en hiver, en pleine nuit, par – 50° C avec un vent hurlant... » Beurk ! Horrible ! Nous ne tenons pas à l'imaginer !

Ce soir, c'est quand même un peu plus tranquille, même du côté radio où c'est carrément le black-out, rien ne passe, pas la moindre onde courte ou longue, à part Bellingshausen toujours aussi puissant. Avec la platitude de l'horizon s'installe une lourde monotonie. Même les chiens la ressentent, ils n'aiment pas ça. Heureusement, nous avons le pôle Sud en point de mire, à 500 kilomètres. Nous y serons en principe dans une dizaine de jours : ça maintient en éveil.

Avant de m'enfoncer dans le sac de couchage, je sors faire un petit tour. Un banc de nuages superbes couvre l'horizon, à l'ouest sur le Ross Iceshelf et à l'ouest sur le Ronne Iceshelf. Question beauté, la lassitude n'est jamais au rendez-vous.

1er décembre 1989
– 24° C

C'est le premier jour de l'été en Antarctique. Le ciel est immensément bleu et l'horizon ne forme qu'un grand cercle « horizontal ». On se croirait au cœur d'un océan de glace dont les eaux gelées baigneraient la totalité du monde. Voilà l'Antarctique tel qu'on l'imagine, tel qu'il est réellement, dans sa terrible vastitude et sa sauvage énormité.

Aujourd'hui, nous avons parcouru 26 milles sur une neige molle où les pattes des chiens et les patins des traîneaux s'enfonçaient, ralentissant la progression. Mais ne nous plaignons pas : dans ce genre de poudreuse aucune sastrugi ne saurait prendre corps ni demeurer. Le soleil tape très fort et il fait presque trop chaud pour les chiens, qui arborent à présent un superbe pelage. Comme notre traîneau est assez lent, Will nous a prêté Chuchi. Mais Keizo n'en semble pas précisément satisfait. « *Second class...* », m'a-t-il glissé, l'air méprisant.

Le calme est infini. Le vent ne souffle plus. Etrangeté de l'air... C'est une absence dont on a constamment conscience tant on avait appris à composer avec lui. Les rayons solaires réchauffent fortement l'intérieur de la tente, et nous allons bientôt devoir dormir en dehors des sacs de couchage, devenus saunas.

Toute la journée, j'ai réfléchi à la manière dont la presse percevait notre expédition. Pour certains journaux, nos activités s'apparentent à celles de baroudeurs endurcis et tiennent du scoutisme, voire du para. Ce sont des étiquettes hâtives, qui hélas nous collent fortement à la peau. Le muscle est-il considéré comme une valeur de droite et le cerveau comme une valeur de gauche ? Difficile à dire, mais beaucoup trop d'intellos n'ont-ils pas un « cerveau » à l'endroit du cœur ?

Sur ces réflexions anatomiques, allons poser notre musculature rompue sur le plus grand sommier de glace de la planète.

3 décembre 1989
– 22° C

Le beau temps semble bien installé. Il fait vraiment chaud sous la tente car le soleil, assez haut maintenant, ne se couche plus, et en fait le tour pendant toute la nuit. Avec Victor, nous commençons par nous coucher sur le sac de couchage, bien qu'il ne fasse que + 5° C. Cette tolérance au froid est le résultat de l'acclimatation que nous avons acquise au fil des jours, depuis quatre mois déjà que nous devons composer avec lui.

Sur cette étendue sans limites, nous tombons sur les traces du passage des hommes. Encore imprimées dans la glace, ce sont les empreintes des engins à chenilles d'une expédition au pôle Sud datant de l'année dernière... « Décidément, même s'il y a une chance sur un million de croiser une trace sur le désert, nous ne la manquons pas ! » me dit Will. Au pôle Nord déjà, Steger avait trouvé ma trace, l'avait suivie pendant quelques jours et nous avions fini par nous rencontrer... Notre flair est infaillible !

Aujourd'hui, je me suis régalé à imaginer la France comme un petit paradis où l'on se baignerait dans toutes les rivières. « En l'an 2 000, on nage dans tous les fleuves de France ! », n'est-ce pas un beau défi bien excitant ?

C'est un projet qui mobilise tout le monde sur un désir concret de voir un jour couler l'eau limpide sous les ponts. Les bords des rivières sont des lieux de convivialité bien plus romantiques que n'importe quelle piscine municipale. L'eau lave les mauvaises énergies, l'eau est sédative, l'eau est pureté. Je me souviens d'avoir passé mon enfance sur les bords de l'Agout à Vielmur, de m'y être baigné, d'y avoir fait du canot. C'est là que ma mère lavait le linge, que mon père pêchait le poisson que l'on mangeait ! Nostalgiques de ce temps heureux, ça vaut encore le coup de se mobiliser pour offrir cette joie à nos enfants. Dieu que la verdure, l'eau et les animaux me manquent par moments !... Aussi de temps en temps, pour me soigner, j'écoute quelques cassettes de chants d'oiseaux, de cascades, de grillons, de cigales...

Encore des sastrugis ! Ces monstres de glace ne nous laisseront donc jamais en paix ! Il m'arrive de les détester. Comme au pôle Nord, je ressens cette décourageante impression que jamais ça ne s'arrêtera... car au plus loin que l'on voie, le sol est définitivement labouré par le vent. Ces ondulations nous mènent la vie dure, et les journées sont longues, fatigantes. Vers 17 heures en général, les articulations et les muscles nous rappellent douloureusement que cela fait 35 à 40 kilomètres que nous sommes partis. La dernière heure paraît toujours interminable, et à 18 heures l'arrivée à l'étape est un grand soulagement. Le plus incroyable, c'est que nos chiens ne souffrent pas du tout de la fatigue en fin de journée !

Le ciel s'est débarrassé de ses orages magnétiques et nous assistons ce soir à une surprenante convergence des ondes : Criquet à Punta Arenas, Brydon, le pilote du Twin qui s'est posé à Thiel Mountains pour escale technique, notre base de Patriot Hills et la base russe de Bellingshausen sont à l'écoute... A la grande surprise générale, la base américaine du pôle Sud entre dans le concert hertzien. Chris, le radio, à force de nous chercher, a fini par nous capter.

— Hello, ici Chris au pôle Sud, je vais être bref car il m'est interdit de vous parler. Sachez que tout le monde est impatient de vous voir, mais nous ne pourrons pas vous accueillir à la base. Les consignes sont formelles. Cependant, Victor Boyarsky, votre « diplomate russe », est attendu officiellement !

Sous la tente, avec Victor et Will, c'est le grand éclat de rire.

— Est-ce qu'au moins nous pourrons prendre une douche et un bon repas ?

— Désolé, c'est un ordre de la National Science Foundation (NSF) qui vient de Washington. Je ne peux pas continuer à vous parler, désolé, je risque mon job. Je serai à l'écoute tous les soirs, même heure même fréquence. Bonsoir, terminé.

Will se sent honteux devant nous tous, mais le plus surpris est quand même Victor, qui ne comprend pas cette inhospitalité des Américains à l'égard de notre expédition.

— Rassurez-vous, même en tant que diplomate, je n'ai rien à faire à la base si vous n'y êtes pas admis, nous dit-il.

Victor comme Daho sont ici en mission officielle, envoyés par leurs administrations, alors que *Transantarctica* est une expédition non gouvernementale. Voilà pourquoi nous ne pouvons pas être reçus. Ça ne change rien à nos plans car nous sommes entièrement autonomes, mais nous aurions eu du plaisir à rencontrer d'autres personnes, à éclater pour deux jours notre groupe qui vit très replié sur lui-même. C'est un peu dur, mais la NSF applique le traité à la lettre... pourtant on ne peut pas dire qu'ils soient assaillis par la visite des expéditions privées. Il en est venu deux en trente ans, deux expé britanniques,

Transglobe en 1982 et Robert Swann en 1985. Avant eux, il faut remonter à l'été austral 1911-1912, l'année de la conquête du pôle Sud par Amundsen, suivi de Scott à un mois, mais à cette époque il n'y avait pas encore de base.

Si on fait le compte, tous les grands projets polaires, tant au pôle Nord qu'au pôle Sud, ont été conduits par des expéditions privées. Ce sont les seules qui s'accordent le droit de prendre des risques.

La perspective de l'arrivée au pôle Sud dans ces conditions ne détend pas l'atmosphère, hautement chargée d'électricité ! Car Steger a décidé de n'en faire qu'à sa tête et nous avons quelques « mots », une sévère conversation tous les deux à ce sujet. Au lieu d'y aller directement, Will souhaite dormir la veille à quelques milles de la base afin d'y arriver le lendemain frais comme une rose et prêt à répondre illico aux multiples questions des journalistes qui nous attendent... Pour notre équipe, il serait alors 11 heures du matin, mais pour les Américains de la base, qui fonctionnent sur un autre fuseau horaire, seulement 2 heures... Ce n'est déjà pas très *fair play*, mais le problème n'est pas là. En fait, nous sommes tous excités à l'idée d'arriver enfin au pôle Sud et nous ne voulons pas ronger notre frein toute une nuit pendant que Will prépare son « entrée en scène ». Je lui rappelle vertement qu'il ne faudrait pas faire la même erreur que la NASA qui avait prévu pour les astronautes six heures de sommeil dans le *Lem* après l'alunissage... Comment se reposer dans de telles conditions ? Ils ont évidemment demandé à sortir tout de suite, brûlant d'impatience de piétiner le sol lunaire pour la première fois de l'histoire de l'humanité. Will devient tout rouge et semble à la torture...

— Vous n'êtes qu'une bande de gamins ! me lance-t-il, furieux.

— Tant mieux ! Mais nous ne nous gâcherons pas

notre joie avec ce genre de calculs. Nous pouvons être heureux et fatigués à la fois ! Non ?

— Je ne tiens pas à être épuisé à notre arrivée au pôle car je vais devoir affronter une foule d'obligations, conclut-il... (Lesquelles ? Je me le demande...) Je dois dormir avant !

Steger se repose en effet très mal, il est nerveux, et la moindre broutille lui porte vite sur le système.

— Mais, Will, rends-toi compte, cette aventure ne se reproduira jamais dans notre vie ! C'est quelque chose de rare ! Des millions de gens aimeraient connaître une telle excitation...

— Jean-Louis, je n'en démordrai pas, même si ma décision est impopulaire !

— Et moi, Will, sous aucun prétexte je n'accepterai de minimiser cet événement ! Tout le monde est d'accord avec moi. Nous arriverons au pôle quand nous arriverons ! Pas question d'aller hiberner à quelques milles de là pour que tu te refasses une santé, alors que des amis nous attendent !

L'Américain ne semble pas apprécier mon intervention, il se sent désavoué par l'ensemble de l'équipe et arbore une tête de grand martyr frappé par un destin inique. Entre lui et moi, c'est toujours un peu chien et chat. Nous entretenons des rapports assez ambigus où alternent séduction et rivalité. De grands débordements affectifs et, de temps en temps, grrrr... un zeste de haine ! Will peut passer aussi par des phases d'agressivité importantes, et là mieux vaut ne pas se trouver sur son passage. Cela provient de son problème relationnel. Il en est conscient et en souffre, car cet homme qui vit intensément enfermé sur lui-même, ce solitaire qui a du mal à composer avec autrui, reste très lucide quant à ses propres conflits. Il n'a pas d'amis et semble toujours plein d'admiration quand il constate combien les miens sont nombreux. S'il a un truc en tête et s'il veut l'imposer au groupe, on le sent malade à l'avance d'avoir à argumenter. Comme maintenant.

Le malaise dure toute la journée. N'y tenant plus, le soir je vais vers lui et le prends dans mes bras.

— Will, excuse-moi, je ne voulais pas te faire de peine. Mais cette décision est vraiment trop impopulaire. C'est impossible !

— C'est bon, Jean-Louis. Tu as raison. Mon obstination de vouloir arriver le lendemain est ridicule.

— Allez, Will, arrête de te faire constamment du souci. Laisse-toi aller !

— O.K. ! Nous arriverons quand vous voudrez ! Je suis trop centré sur mes histoires de sommeil, tu as raison. Excuse-moi.

Voilà, c'est tout Will Steger : des côtés durs qui sont vraiment pénibles à supporter, et puis tout à coup, sans prévenir, un charme enfantin, désarmant, qui vous fait fondre.

Le pôle Sud se profile donc. Sûrement le 11 au soir. C'est pour bientôt.

Sylvie, où es-tu ?

7 décembre 1989
– 27° C

Nouvelles des sastrugis : elles s'aplanissent un peu plus tous les jours. C'est la preuve que les vents sont moins violents près du pôle. Mais en revanche la neige est bien plus souple et profonde, une autre forme de tourments... Mais qu'importe, aujourd'hui nos yeux fixent le ciel ! Le DC6 vole ! vers Patriot Hills et, ce qui n'est pas sans m'inquiéter, j'apprends qu'aucun journaliste n'a pris le risque de monter à bord ! Le Twin Otter — voilà qui est plus sûr — est au pôle pour préparer notre arrivée... Un ballet aérien, rien que pour nous, « misérables » nomades des glaces.

Tout ça génère beaucoup d'agitation sur les ondes et, dès que j'ai tourné le bouton de mon poste Thomson, nous retrouvons le calme de l'Antarctique et l'intimité de notre tente. Victor est intrigué, il se demande vraiment ce qui l'attend au pôle Sud ; il a déjà eu une mauvaise expérience de l'accueil dans les bases américaines. L'année dernière, pendant la traversée du Groenland, nous avons fait étape au cœur de l'Inlandsis à l'une des bases secrètes de la DEW line (Distress Emergency Warning), ce chapelet de bases radar installées du Groenland à l'Alaska pour contrôler les missiles que les Soviétiques pourraient lancer sur l'Amérique !

Notre accueil y a été plutôt folklorique. Quand le chef de la base a repéré le drapeau russe sur la poitrine de Victor, il a manqué carrément de tomber en arrière : la syncope. Imaginez ce militaire qui a fait le Viêt-nam et bouffé du Russe pendant des années... Voilà qu'il en trouve un frappant à la porte de son radar ! C'est le premier qu'il voit de sa vie. Il ne sait pas quoi faire... Médusé, il nous demande de ne pas bouger et d'attendre dehors car il doit informer Washington de notre arrivée. Un peu plus tard, il ressort, la mine déconfite.

— Désolé, mais je n'ai pas le droit de recevoir Victor Boyarsky. Pour les autres, il n'y a pas de problème.

L'équipe, solidaire, est bien sûr restée dehors dans l'ambiance blizzard-neige habituelle, à la grande tristesse des occupants de la base qui nous ont quand même arrangé une petite soirée sympathique dans un coin du garage, entre deux bulldozers...

L'année dernière, dans l'Arctique, Victor était le méchant espion ; ici, cette année, c'est un diplomate que l'on reçoit ! En un an, les choses se sont bien arrangées entre l'Est et l'Ouest ! C'est déjà la preuve formelle que l'Antarctique est une terre de paix et de coopération.

Que se passera-t-il là-bas ? Nous n'en savons rien. Mais après tout, peu importe, le plus excitant est que le pôle Sud est là, à quelques jours de marche.

Je m'enferme dans le sac de couchage et savoure bien en paix ce moment important de mon existence. Emu, je me demande ce qui a pu guider mes pas jusqu'ici. Jacques-Yves Cousteau, Haroun Tazieff et Paul-Emile Victor sont des personnages dont les expériences magnifiques ont, j'en suis persuadé, inconsciemment orienté ma vie. Deux autres personnes m'ont marqué également : le père Jaouen à bord du *Bel Espoir* où j'étais médecin pour les toxicomanes en réhabilitation, et Eric Tabarly pendant la Course autour du monde sur *Pen Duick 6*. Deux hommes vrais, ce qui n'implique pas que les « trois mousquetaires » ne le soient pas ! S'ils ont résisté aux raz de marée, aux éruptions volcaniques et à la dérive des glaces, c'est que leurs fondations sont solides. On ne fait pas illusion toute une vie. Ces hommes se sont inventé une belle existence, et je voudrais pour la mienne mettre tout en œuvre afin de la guider au plus près de la pente de mes désirs.

9 décembre 1989
– 26° C

Aujourd'hui, j'ai quarante-trois ans ! Tout le village de Vielmur m'envoie ses encouragements et me souhaite un bon anniversaire. Voilà qui fait du bien ! Quant au ciel, il m'offre, grand seigneur, un extraordinaire et inhabituel parélie, d'une rare composition. Que rêver de meilleur comme signe auspicieux...

J'ai passé l'après-midi avec Will. Depuis notre altercation au sujet de notre arrivée au pôle, celle où je lui ai secoué les puces, lui disant qu'il fallait être heureux, profiter de ces moments exceptionnels et arrêter de toujours se faire du souci, il n'est plus le même... détendu, réellement agréable. Un plaisir dont je jouis pleinement, sachant sa précarité.

Ce soir, oh surprise ! j'entends Michel Franco à la radio. Notre dialogue est court, presque inaudible, car la communication est mauvaise... et pourtant il me parle fort ! Flash-back ! C'est un retour direct au pôle Nord ! Sa voix a les mêmes intonations que là-bas et génère en moi une drôle d'impression : celle de me retrouver ici, sur ce continent glacé si puissant, et simultanément sur la banquise arctique, seul, avec comme unique cordon ombilical me reliant au reste du monde ce fragile lien hertzien véhiculant les mots de Michel, souvent si rudes, qui m'obligeaient à aller, et aller toujours de l'avant.

Le pôle Nord, c'était il y a quatre ans déjà ; cette année je fêterai mes quarante-trois ans au pôle Sud.

10 décembre 1989
– 25° C

Nous ne sommes plus qu'à un jour de marche de l'axe de rotation de la Terre ! Ciel couvert ce matin, brumes grises... Dix centimètres de neige profonde. Pauvres pattes des chiens qui s'y enfoncent et peinent. Dans cette couche molle et engloutissante, nous avançons quand même comme des métronomes : 24 milles ! Le pôle nous aimante !

Soudain, sous nos pas, le sol s'affaisse ! Un grondement sourd se propage très vite à distance avec l'intensité du tonnerre... C'est assez angoissant, cet effet de tremblement de terre que nous provoquons sur notre passage depuis quelque temps ! Ça se produit plusieurs fois par jour, et certains chiens, comme Arrow, Rey et Monty, se figent sur place, terrorisés, paralysés de frayeur, et refusent d'avancer pendant un bon moment. Un curieux phénomène, très localisé, même s'il donne l'impression de venir de très loin, mais qui déstabilise l'attelage et engendre à chaque fois un climat d'appréhension, car nous ne comprenons pas de quoi il s'agit. Ça doit s'apparenter à ce qu'on appelle dans les Alpes les « plaques à vent », des zones de neige soufflée qui n'adhèrent pas en profondeur. Si l'on appuie dessus et que l'une d'elles s'effondre, la propagation du son est sourde, brutale, impressionnante.

Demain, le pôle Sud ! Un événement mémorable dans une vie ! Si peu de gens en ont fait l'ascension ! Michel Franco, voulant réitérer la formidable émotion de mon arrivée au pôle Nord, m'a demandé de laisser en marche demain la balise Argos, afin de nous suivre à la trace et tenter de vivre ensemble ce fabuleux moment.

11 décembre 1989
– 27° C

Il fait clair ce matin et la visibilité est sans limites jusqu'à l'horizon. Même si l'on a l'impression d'une immensité devant soi, nous sommes quand même trop petits sur nos jambes pour voir au-delà de 3 ou 4 kilomètres. D'après les calculs de Geoff, compte tenu de la hauteur des bâtiments de la base Amundsen-Scott, nous devrions l'apercevoir à partir de 25 kilomètres, pas avant.

A tous ceux qui suivent ce moment avec nous, j'adresse avec le magique psion relié à la balise Argos un message de 34 lettres toutes les 4 heures. Message de 6 heures : BEAU TEMPS. BONNE VISI. HAPPY. WE GO. A 9 heures, quand nous démarrons, le temps s'est à nouveau couvert, et l'on ne voit rien ; pourvu que ça s'arrange ! Vers 11 heures, le vent rentre, assez fort du sud, et chasse toute la grisaille qui ne devait pas être bien épaisse. Soudain, un petit point noir apparaît sur l'horizon ! Victor, à l'avant, lève les bras au ciel... il hurle... « Le pôle ! Le pôle ! » Le pôle Sud est là, devant nous, à cinq heures de marche. Le Russe n'a qu'à viser ce petit point, qui va grossir lentement. Message de 11 heures : PÔLE SUD EN VUE. FABULEUX. HURRAH.

Nous l'atteignons le 11 décembre 1989, à 16 heures de notre fuseau horaire. Nous sommes accueillis par l'équipe cinéma, déjà à pied d'œuvre, ce cher Criquet, grand spécialiste chamoniard des pôles, Mustapha et Ibrahim, un photographe du *National Geographic*, et un cameraman d'*ABC*. Sur place depuis la veille, ils ont été invités par l'administration de la base à éviter tout contact avec ses habitants. Ils sont parqués loin des habitations, de l'autre côté de la piste d'atterrissage... Laurent nous explique la situation : « Personne n'a le droit d'aller à la base mais, grâce à votre « diplomate soviétique », annoncé officiellement par les autorités de Washington, vous allez être accueillis avec les honneurs... puis il vous faudra revenir camper ici ! » De l'endroit où nous sommes, l'on devine très bien la couronne des drapeaux des pays signataires du traité. C'est à cet endroit que va avoir lieu la « réception »... En avant ! Victor en tête et nos trois traîneaux en file indienne, comme d'habitude ! Tous les scientifiques de la base sont là, ils poussent des grands cris de joie — des hiha ! comme savent le faire les Américains —, très contents de nous voir. Ils nous embrassent tous. Ils sont près de 80 dans leurs parkas rouges. C'est aussi la fête des chiens qui sautent sur tout le monde. Ils adorent les caresses. Leurs museaux sont déchaînés par tant d'odeurs nouvelles... Après la photo sous les drapeaux, la meute se déplace de 200 mètres, sur l'emplacement exact du pôle Sud géographique, qui marque l'axe de rotation de la Terre. Un drapeau américain souligne le lieu, je demande qu'on le déplace : « La Terre ne tourne quand même pas autour de la bannière étoilée ! Et le pôle Sud n'est pas l'Amérique !... » Ils éclatent tous de rire.

Ensuite, nous visitons les lieux. Sous le dôme, une charpente en aluminium faite de plaques hexagonales assemblées, se trouvent dispersés des bâtiments type Algéco orangés assez quelconques. C'est la base hivernale. A la bibliothèque où nous nous rendons, les murs sont décorés de photos des deux premières expéditions (privées !) qui ont atteint le pôle : Amundsen et Scott. De la bibliothèque, nous passons à la salle de gymnastique où se déroule une réunion improvisée avec le personnel de la base. On nous pose de nombreuses questions, et j'expose mon point de vue quant aux menaces qui pèsent sur ce continent. Je sais parfaitement que le gouvernement américain, en octobre dernier à Paris, a signé la convention de Wellington pour l'exploitation de l'Antarctique. Il y a dans l'assistance une majorité de scientifiques qui s'opposent à cette convention, mais personne n'ose en parler. Dans la « foule » (nous n'avons pas vu autant d'êtres humains rassemblés depuis si longtemps, que cela nous semble grandiose), cachée, une femme suit de très près tout ce qui se dit et semble surveiller le moindre de nos faits et gestes... Elle n'en perd pas une. Renseignements pris, c'est une envoyée « spéciale » de la National Science Foundation à Washington qui vient constater *de visu* que l'accueil réservé à cette expédition privée reste hyper-succinct et qu'aucun tournage de film indiscret n'est en cours... La présence de ce « dragon » n'aide pas énormément au réchauffement de l'ambiance. Je suis choqué qu'on envoie au bout du monde, au sein d'une communauté de jeunes scientifiques isolés qui vivent dans des conditions assez draconiennes, une personne chargée de faire appliquer le règlement *au nom du traité et de sa clause de non-assistance aux expéditions non gouvernementales.* Ce n'est pas d'assistance que nous avons besoin, mais d'un minimum d'hospitalité. Je vois carrément rouge quand, traversant à grande vitesse les cuisines en direction de la sortie, je constate que non seulement aucun plateau chargé de verres n'est prévu au programme, mais qu'en plus on nous empêche même de boire au passage ! Trop c'est trop, Mrs. Robert ! — c'est le nom du dragon. Elle a le mauvais rôle, et je ne me gêne pas pour le lui dire ! Celle-ci verse quelques larmes. Pauvrette ! Mais vous savez, les aventuriers sont cruels...

Quand l'avion de ravitaillement de la base décolle, elle est dedans ! Ouf ! Impossible de vous narrer par le menu ce qui suivit... top secret... Mais durant ces trois jours, nous n'avons pas beaucoup dormi, entre les séances de photos, le cinéma, les réceptions à la base — qui vit à l'envers de notre horaire habituel — et les bavardages sans fin... J'ai passé des heures avec Criquet à parler du bateau, de nos prochaines expéditions et des soucis d'organisation de la logistique qu'il a dû résoudre. Il force mon admiration ! Heureusement que nous avions cet homme au camp de base à Punta Arenas !

Demain enfin nous partirons, quittant avec plaisir toute cette agitation totalement inharmonieuse avec le lieu. Cette nuit — si l'on peut dire, car à cette date de l'année le soleil ne se couche jamais —, j'ai marché tranquillement jusqu'au pieu planté dans la neige, qui marque le pôle Sud géographique, autour duquel tourne la Terre. Ce point unique où tous les vents viennent du nord... J'y ai rendu un hommage ému au courage de nos prédécesseurs, Amundsen et Scott. Et puis, pour me détendre un peu, j'ai fait le tour du monde en deux secondes, comme il y a quatre ans au pôle Nord...

Il est curieux de constater, d'après leurs écrits, le vide émotionnel que nos prédécesseurs ont ressenti à l'arrivée au pôle Sud : « *Adieu, mon cher pôle, je crois qu'on ne se reverra plus...* » Amundsen — « *Ciel ! que c'est un lieu horrible !* » Scott — « *On y est, et c'est tout ce qu'il y a à dire sur ce coin.* » Byrd...

La larme à l'œil d'émotion et de colère, je me suis éloigné de ce point magique, regrettant l'indécence des hommes qui ont eu l'audace et le sans-gêne de planter leur base à cet endroit privilégié, sur ce point symbolique de la Terre, où les méridiens de tous les pays se rejoignent... Salut à tous ! Le pôle Sud n'est qu'une étape sur la route. Il nous reste encore 2 500 kilomètres à franchir jusqu'à l'océan Indien.

12

Noël sur l'« aire inaccessible »...

15 décembre 1989
– 26° C

Ce soir, après cette alternance d'ignominie et de gentillesse humaines, nous sommes de nouveau loin du monde. Nous allons reprendre notre rythme pour trente-cinq jours, jusqu'à Vostok — la base soviétique. Nous avons interverti les partenaires de campement. A partir de cette nuit, je suis dans la même tente que Daho le Chinois. Je reste en équipe avec Keizo pour la progression diurne. La grande descente du pôle commence. A présent, chaque pas nous rapproche de la maison.

17 décembre 1989
– 26° C

Une petite brise souffle sur nos joues gauches. Hier, elle venait de l'est, aujourd'hui, puisqu'on va vers le nord, elle vient de l'ouest. La neige est très profonde sous les pas des chiens. De plus en plus souvent, elle s'affaisse par plaques, faisant un bruit terrible qui épouvante Rey, Bjorn et l'apeuré Arrow — les autres chiens finiront par s'y faire, mais lui restera sensible à ces effondrements jusqu'au bout. Hier, la fatigue était lourde et j'ai même dormi un bon moment accroché au traîneau... Heureusement que nous devons construire un cairn destiné à l'avion toutes les quarante minutes, ces arrêts m'ont réveillé. Ma tête a sonné toute la journée comme une boîte vide, et Daho m'a dit que le soir j'avais mis à peu près dix secondes à m'endormir.

Mon nouveau compagnon de chambrée se révèle très agréable. Il est aussi bavard que moi et nous avons déjà commencé à discuter fort. Il m'informe, par exemple, que le gouvernement chinois n'a pas apprécié, on s'en doute ! le choix du dalaï-lama comme Prix Nobel de la paix. Daho, lui, trouve cette décision quand même un peu « politique », tout comme les précédentes nominations de Lech Walesa et d'Andreï Sakharov. Il prétend par ailleurs que la Chine est un si immense et si vieux pays qu'elle ne connaît même pas avec certitude ses frontières : le Tibet ou la Mongolie pourraient bien lui appartenir... Inutile de lancer la controverse. Si par mégarde je jette un truc du genre : « Ça, c'est un son de cloche qui provient de ton éducation... », Daho répond par un éclat de rire à la chinoise, à la fois fort et enjoué — son arme diplomatique préférée — et alors on a vite compris qu'il est inutile de continuer à argumenter.

Pour l'heure, la reine Victoria est dans le collimateur de Daho, dont le riche grand-père a subi de catastrophiques revers de fortune à cause des Anglais, qui poussèrent inconsidérément les Chinois à cultiver l'opium. L'aïeul s'est ruiné, et Sa Sérénissime Altesse, en encourageant le marché de cette stupéfiante substance, devint sans le savoir le premier gros dealer d'héro de l'histoire... Bon, il me semble que nous n'allons pas nous ennuyer sous notre tente, nous avons des perspectives de dialogues sur mille et un sujets !

Ici, sur la planète Antarctica, la neige s'effondre par plaques sous nos pas et l'on commence à sentir par moments les effets de l'altitude : 2 800 mètres. Sylvie, je me languis de toi ! Il y a de la place dans mon cœur.

20 décembre 1989
– 27° C

Trois jours de très beau temps stable. Les milles défilent sous la roue de Daho, sans changement. Neige facile couverte d'une mince couche d'aiguilles de glace parsemée de vieilles sastrugis aplaties (qu'elles le restent !), disséminées en tous sens. Il y a toujours des effondrements bruyants qui effraient quelques chiens, mais le reste du temps ils peinent si peu qu'ils jouent entre eux en marchant. Les polémistes de tout poil, qui jugent ridicule d'utiliser des bêtes alors que tant de machines sont aujourd'hui à notre disposition, devraient venir ici se rendre compte par eux-mêmes. On en revient toujours à la conjugaison harmonieuse des valeurs traditionnelles et de la modernité. L'homme a tout intérêt à cultiver ses traditions, sinon il va s'exclure de la marche du monde. Le professeur Blamont, grand-père d'Ariane, conseiller du général de Gaulle pour l'espace, notre von Braun de la fusée, savant futuriste s'il en est, me disait : « Faites des bâtiments pleins d'ordinateurs, et envoyez les humains en vacances ! » Il est bien évident que dans d'innombrables domaines la présence humaine est en sursis, mais si l'homme abandonne tout à la modernité il va y perdre son âme. C'est un délicat équilibre à trouver.

Va-et-vient de pensées heureuses sur cette monotonie blanche. Les longues journées dépouillées développent une forme de réflexion se rapprochant de « l'intelligence intuitive » qui sait s'adapter parfaitement aux situations, sans passion, en dehors des manipulations sociales, loin du modelage intellectuel et des modes de vie dont on est inconsciemment toujours plus ou moins victime. C'est un bain de jouvence pour l'esprit.

Mes narines se régalent du fumet délicieux de la cuisine chinoise. Daho a pris la situation en main pour le repas du soir. Ses préparations varient peu : il fait frire des morceaux de viande, y ajoute de l'eau, quelques épices, un vinaigre spécial qu'il nomme *black vinegar*, du soja et quelques poudres mystérieuses... Le goût est toujours un peu le même, mais c'est succulent ! Quant au riz, préparé à l'étouffée, à la vapeur, il baigne juste dans deux doigts d'eau et il n'est pas question de surveiller du moindre coin de l'œil sa cuisson. L'interdiction de soulever le couvercle de la casserole pendant qu'il mijote est TOTALE. Ça m'est arrivé une ou deux fois, et je me suis fait frotter les oreilles.

Il est marrant, ce Daho, plein de petites manières, de tics, il a des espèces de mini-intonations comme en ont les vieux : hum, hum, hum... tout doit être fait méticuleusement, il lave et relave les plats continuellement. Derrière ses lunettes, c'est le vieillot de l'équipe avec une rigidité qu'évidemment il attribue à sa taille excessive : 1,85 mètre, c'est très grand pour un Chinois ! Mais il est assez facile à vivre si l'on satisfait à ses maniaqueries, finalement pas très contraignantes.

21 décembre 1989
– 28° C

3 100 mètres d'altitude... ça se sent ! Dès qu'on fait un effort, courir après le traîneau ou tasser la neige

pour construire nos cairns, le souffle devient court, oppressant. Aspirer un air glacial à grandes goulées vous brûle vite les poumons. Les bêtes par contre ne paraissent pas en souffrir. Quelle race surprenante !

Le terrain est sérieusement miné par ici et les tirs d'artillerie lourde n'ont pas cessé de la journée. C'est très impressionnant, au point de pétrifier sur place deux chiens qui ne s'habituent pas à ces terribles grondements souterrains, semblant émaner des entrailles mêmes de la glace lointaine. Ce sont Arrow, qui y a toujours été sensible, et Rey, une bête de Will, le frère de Thulé, qui vient juste d'arriver dans notre attelage, depuis le pôle. Ça n'arrange pas l'insertion de ce brave chien parmi les petites frappes du fond, où nous l'avons placé ! Car Monty, Herbie, Quinta et Faz (qui a pris un peu trop d'assurance ces derniers temps !), les balèzes de la meute, ne font aucun cadeau à ce nouveau venu. Quand la terreur le paralyse, ils lui sautent tous sauvagement dessus et il faut tout de suite intervenir ! Rey est un bel animal aux allures de loup avec un regard merveilleux, très tendre et émotif. Aussi, j'en prends particulièrement soin en ce moment, et il sait qu'en cas de bagarre il peut compter sur moi. D'ailleurs, si une menace plane, si les armoires à glace commencent à grogner dans sa direction, il se retourne et m'interroge des yeux. Je fais quelques pas fermes à ses côtés et le voilà rassuré.

Carnet rose catastrophe : Thulé, sa sœur, aux dernières nouvelles, serait peut-être enceinte...

22 décembre 1989
– 27° C

Toujours en altitude. Et maintenant, nous allons y demeurer, car la couche de glace est d'une épaisseur équivalente, entre 3000 et 3500 mètres, jusqu'à Mirny — le fond reposant sur des terres pratiquement au niveau de la mer. Paysages sans changement. Il serait stupéfiant qu'il y en ait. Ici, les seules surprises viennent de la météorologie et des quelques velléités d'originalité de la surface gelée où nous progressons.

Aujourd'hui, corvée de température... des chiens. Mission délicate et passablement périlleuse. Ils ne sont pas habitués ni enclins à ce genre d'attouchements et se débattent avec vigueur contre l'introduction d'un corps étranger dans le leur ! Dur labeur, surtout qu'en médecin consciencieux j'effectue cette éprouvante tâche matin et soir ! Résultats : après une nuit à – 27° C, sans vent, avec au ciel la présence d'un soleil permanent au maximum de sa force (il reste à la même hauteur tout le long du jour), la température rectale de Kika et de Tommy était pour le premier de 29° C et pour le second de 29,5° C. Ça me paraît bien bas ! Ce soir, tout de suite après notre arrivée au camp, avec des conditions climatiques similaires, elle n'a monté que de 2° C pour chacun... Prochain raid médical, sur d'autres chiens et après une nuit (qui n'en a que le nom) ventée...

Au pays de France, d'autres réjouissances. C'est bientôt Noël. Vu d'ici, ça semble incroyable qu'il existe au monde des endroits où l'on fabrique et vende de la neige artificielle, alors que nous, nous en avons à revendre, et même à donner, des millions et des millions de tonnes... Rien n'est parfait. Plus étrange encore, penser que là-bas il fait sombre à minuit... Sous notre éternel luminaire, nous avons oublié ce qu'est la vraie nuit, tellement indissociable de cette fête du solstice d'hiver, avec son mystère et ses bougies, perpétuant l'idée sublime qu'au cœur du noir le plus opaque rien n'est jamais tout à fait perdu.

Là-bas, les enfants sont en vacances et guettent le jour fatidique, en surveillant la confection des truffes au chocolat et en léchant les vitrines des grands magasins. C'est drôle, mais j'ai toujours l'impression d'avoir encore cet âge d'or. C'est plutôt agréable, mais à présent je me sens moins libre qu'auparavant de tenir les propos spontanés qui montent à mes lèvres tout naturellement. Depuis que j'évolue dans un milieu médiatisé, on écoute et décrypte dans tous les sens mes paroles, et je trouve cela pesant... Dois-je me cacher pour dire des bêtises ?

23 décembre 1989
– 28° C

Pour ce secteur, nos prévisions étaient pessimistes. Nous nous attendions à trouver une surface impossible, quasiment impraticable... Les Soviétiques de la seule et unique expédition venue ici en 1960 en avaient rapporté et divulgué l'information suivante : *Un mètre de neige profonde*... et depuis... silence... personne n'y avait remis les skis. Finalement, malgré quelques sastrugis inattendues dans ce type de sol, la neige porte bien. On ne devrait pas se baser sur des renseignements ponctuels recueillis loin dans le passé, que, de bouche à oreille, l'habitude et la facilité ont établis arbitrairement en principes de connaissance fondamentaux. C'est une constatation qui est valable pour toutes les disciplines. Dans un tout autre domaine, j'ai constaté avec surprise que certaines hypothèses que j'avais émises et publiées — concernant l'adaptation à l'altitude — se sont magiquement transmuées en indiscutables vérités signées de mon nom, sans qu'aucun autre médecin ne les ait vérifiées !

L'escale du pôle Sud m'a un peu cassé le rythme « cérébral ». Depuis plusieurs jours, je trouve les journées interminables et j'attends le moment de l'arrivée à l'étape comme un écolier guette la récréation, sans réussir à profiter du bonheur d'être en train de réaliser ce à quoi justement rêvait si fort l'écolier. Je me répète souvent : Plus que tant de jours à tant de kilomètres par jour... si l'on enlève les heures des repas, plus les heures perdues dans la brume, moins les heures passées sous la tente pour cause de tempête, plus les vacations radio où personne ne comprend personne... en retranchant de tout ça les changements de cap dus aux erreurs de navigation, le couvercle de la marmite de Daho dont l'ouverture est un crime, la tente individuelle de Will qui nous a sans le savoir peut-être fait gagner deux jours... et en admettant que le fait d'être allé en solitaire au pôle Nord me fasse sauter deux tours... j'ai quand même bien droit à une petite faveur l'avant-veille de Noël... Hélas, en calculant les choses sous tous les angles possibles, j'arrive toujours aux mêmes chiffres, preuve que mon esprit tient toujours bon : encore deux mois à 40 kilomètres par jour !

Ce soir, à la vacation radio, Victor réussit enfin à parler avec son compatriote Sacha, chef de la base de Vostok où nous passerons dans environ deux semaines. Notre Soviétique est dans un état ! Jamais nous ne l'avons entendu débiter tant de mots à la seconde... Quelle logorrhée ! Personne ne pourrait l'arrêter ! Il est tout rouge et transpire à grosses gouttes. L'excitation de pouvoir de nouveau s'exprimer dans sa langue natale le survolte et il n'en finit plus d'improviser télex et télégrammes, en vers bien sûr, pour toute sa famille, et spécialement pour sa mère, dont c'est aujourd'hui l'anniversaire, et qui bénéficie de la spécialité maison : un poème versifié de vingt lignes ! C'est réjouissant de le voir si heureux. Il rit à gorge déployée, blague comme un potache tout en ne cessant de s'excuser de mobiliser à lui tout seul l'antenne. Allez, Victor ! avant d'avoir complètement perdu ton souffle, envoie-nous un autre sonnet, pour Natacha celui-là !

24 décembre 1989
– 29° C

Cerveau chaotique toute la journée ! Mes pensées se sont succédé sans rime ni raison... râleries pour des broutilles, énervements sur des détails insignifiants, blocages débiles... J'ai perdu le grand calme intérieur qui me soutenait avant d'arriver au pôle. Mais la fin du voyage est encore loin... Il est temps de retrouver le rythme tranquille qui convient à ce continent. Il me faut à tout prix relâcher ces tensions, donner de l'espace à la pensée afin de redevenir polaire.

Malgré la présence constante du soleil, nous avons eu froid aujourd'hui. A présent, le ciel est lourdement chargé de nuées gris sombre glissant rapidement sur le halo lumineux, comme dans un film accéléré. Je trouve toujours cette vision impressionnante, une folle course des nuages tentant d'avaler l'astre. C'est une image qui doit réveiller en nous des terreurs profondément ancrées, de celles qui faisaient craindre le pire à nos ancêtres : le soleil disparaissant à tout jamais, ou le ciel s'écroulant... peut-être ressent-on mieux ici ces émotions car la voûte céleste est notre seul interlocuteur et, si nous lui parlons souvent, nous lui faisons aussi dire beaucoup de choses...

Le vent risque de souffler très fort cette nuit. Les parois de la tente claquent déjà violemment. Un air glacial se faufile partout, produisant une infinie variété de sifflements, des plus aigus aux plus étouffés. Ça hurle dehors et gémit au ras du sol, ça corne vers les traîneaux et soupire derrière la toile, ça vibre partout, crisse dans les piquets et craque sur le toit... Il y a longtemps qu'un tel tapage n'a déferlé dans nos oreilles ! Il doit sans doute s'agir d'un concert exceptionnel donné en l'honneur de la veillée de Noël...

Il est 19 h 45, nous avons fini d'installer le campement et mis la neige à fondre pour les besoins ménagers. Voilà la pause tant attendue, le moment délicieux où nous pouvons nous relaxer un peu — dans les épaisses volutes des buées, bercés par les grincements divers... En France, il est minuit moins le quart, bientôt l'heure de la fête ! Côté réveillon, notre programme se présente ainsi : le menu comporte riz et bœuf à la « chinoise », préparés par notre grand chef Daho, spécialités que nous dégusterons en tête à tête, avant d'accueillir un peu plus avant dans la soirée le camarade Victor qui nous rendra une visite de bon voisinage et de correspondant radio. Tous les soirs, il entre en communication avec son copain Sacha à Vostok. Il en profitera, entre deux reparties enjouées, jetées de sa voix de baryton aux rauques roulements de r, pour fumer sa cigarette quotidienne.

Le coin-salon du camp se trouve dans notre tente. On vient y chercher des informations ou prendre des nouvelles du monde. Pour l'instant, la Roumanie est notre grand sujet de discussion — comme partout sur la planète, je suppose ! Ceaucescu vient de tomber ! Merci, père Noël !

25 décembre 1989
– 25° C

Aujourd'hui c'est apparemment un jour comme un autre, pas de Rois mages à l'horizon, et pourtant c'est Noël ! La pensée seule le rend différent des jours précédents. Depuis hier, et en marchant toute la journée, je me suis fait mon petit cinéma, une projection spéciale rien que pour moi. Tout y est passé, la panoplie complète : réveillon familial, dinde aux marrons, sapin illuminé, distribution des jouets, yeux émerveillés des enfants... En atterrissant ce soir, j'avais l'impression d'avoir réellement vécu cette fête auprès des miens, tout en évitant ce qui me déplaît habituellement dans ces festivités. C'est-à-dire Noël lui-même. Car seul me fait rêver le caractère féerique de cette période magique, le temps de l'Avent. Dès le jour même, c'est déjà trop tard... tout se détraque et se délite dans une morose routine ordinaire.

Enfant, je n'aimais pas ces rites, car je savais que mes parents, avec leurs faibles moyens, prévoyaient de se « fendre » pour m'acheter des jouets, qui déjà ne me plaisaient pas, avant même d'avoir été choisis. Alors, pour prévenir ce gâchis, je commandais des outils. Avec eux au moins j'allais pouvoir bricoler et m'amuser pendant des mois...

Cette année, si j'avais été à la maison, ma mère m'aurait sûrement dit comme d'habitude : « Je ne sais jamais quoi t'acheter !... » Je la comprends : je n'ai besoin de rien et j'achète avec joie les quelques objets que je désire. Moi non plus, je n'ai aucune imagination pour faire des cadeaux... Le plus beau présent que j'aie pu offrir à papa et maman, c'est un tour du monde. Leur bonheur et leur émotion étaient si touchants à voir, si attendrissants, que j'en ai récolté des « royalties » au passage ! Depuis leur retour, nous avons régulièrement droit à son compte rendu détaillé, mille fois revu et corrigé, intarissable, amélioré à chaque fois, récits épiques dont on bénéficie encore et encore... Un cadeau qui fait du profit !

Sur le plus grand glacier de la planète, j'ai semé aujourd'hui quelques boules scintillantes. Au cœur des bleus turquoise des glaces éternelles traînent encore des guirlandes argentées. Entre le bleu de Prusse intense de l'horizon et l'indigo des ombres, des cheveux d'ange plein les épaules, j'ai passé cette année un Noël merveilleux...

27 décembre 1989
– 25° C

Ça vente sec, dehors ! Peu importe, on fait relâche aujourd'hui. Journée de repos sous la tente. Il y a cinq mois tout juste que nous sommes partis pour cette « retraite ». C'est bien le mot ! Claquemurés dans nos vêtements, nos sacs de couchage, nos solitudes... nos têtes parfois si versatiles, aucun moine au monde ne pourrait nous dénier cet exercice ardu où l'on n'est confronté qu'aux confins de soi-même. Si pauvres, parfois, tellement irritants, sans surprise...

Le Twin Otter en attente au pôle Sud est venu nous ravitailler. Il nous a trouvés sans problème en suivant les cairns que nous construisons toutes les quarante minutes de marche. Nous le ferons jusqu'à Vostok. Chacun a reçu religieusement sa boîte de chocolats enrubannée. Je les savoure avec délectation, bien à l'humide dans mon duvet. Rien à faire de plus, sinon donner de nouveau libre cours aux pensées...

Cette semaine nous avons atteint le pôle Sud, et tous les messages de félicitations que les ondes capricieuses ont daigné nous transmettre m'indiquent clairement que c'est là, à cet endroit porteur de rêves, que le public guettait notre victoire. La traversée du continent reste, semble-t-il, une affaire de spécialistes. Dès mon retour sur la Terre des hommes, je devrai correspondre à l'attente de gens nourris depuis des mois à haute dose de superlatifs...

Face à une telle demande d'exploits et de records, que vais-je répondre ? Simplement dire que les pôles représentaient deux points que je devais atteindre afin de vivre en accord avec moi-même, deux objectifs apparus spontanément dans une existence qui m'a été inspirée et à laquelle je me suis consacré avec un total dévouement. Sur cette trajectoire, me suis-je alors seulement appliqué à réaliser les actions m'apportant du bonheur ? Oui, dans une certaine mesure. Mais n'est-ce pas la finalité de la vie que de la conduire vers ses aspirations profondes. L'intelligence instinctive ne trompe pas et doit toujours demeurer le critère exclusif des choix. C'est une voie difficile, périlleuse, où l'on marche seul, en marge de la logique du père et de la conformité sociale. Mais si aujourd'hui j'ai acquis la force donnée par la reconnaissance de la société, mon unique ambition reste de poursuivre plus loin encore la même existence.

Vive les vacances ! Daho a profité de ses heures de farniente pour creuser la glace et passer la journée au frais... dans un trou de deux mètres cinquante ! Il y a stoïquement plongé revêtu de sa tenue *ad hoc*, couleur de neige et stérile, et s'est déchaîné comme un maniaque sur ses prélèvements de glaciologue. Comme aides-terrassiers, il avait mobilisé les vaillants Victor et Geoff, qui ne renâclent jamais devant les plus gros travaux, mais en sont revenus frigorifiés des pieds à la tête. Quant à notre savant chinois qui ne craint pas de mettre la main à la « neige », il semble mal en point en fin de journée. Il a pris froid très sérieusement.

Ça ne nous empêche pas d'organiser une petite fête ce soir, armés des victuailles dont l'avion nous a comblés. L'ambiance est gaie et l'air... à couper au couteau : Will a fait une distribution générale de cigares cubains... Fumée parfumée aux lourds effluves tropicaux sur buée de cuisine polaire chinoise... un cocktail certainement inédit ! Là, nous innovons !

Les créatures des neiges enfouies sous la tente dans la glace ne doivent pas en croire leurs odorats !

Belle soirée, chaude fraternité humaine... Un moment tranquille... Serein. Le silence ne pèse pas, il recèle même une sorte de plénitude enfin présente entre nous. Ce n'est pas une absence de mots, mais une communication au-delà des mots, infiniment plus puissante qu'eux...

31 décembre 1989
– 24° C

Très beau temps pour ce dernier jour de l'année. Soleil radieux éclairant un sol qui l'est beaucoup moins ! D'innombrables sastrugis ont tenu à mettre le nez dehors pour finir l'an en notre rarissime compagnie. On les comprend, il y a si peu de touristes ! Ça nous touche beaucoup, surtout aux jarrets ! Sans leur présence amicale, peut-être serions-nous déjà mortellement contaminés par ce terrible et dévastateur virus des glaces qu'est l'ennui ? Nos cerveaux, impuissants à lutter contre ce mal sournois, nous auraient tous lâchés... Nous tournerions inlassablement les uns derrière les autres, dessinant des cercles de plus en plus étroits sur le sol gelé... avant de nous perdre définitivement dans l'immobile... Chères sastrugis bénies, continuez à surgir sous nos pieds, à nous tenir en éveil !

Par chance, Daho, déjà rétabli, n'a pas été touché par ce genre d'affection-là. Il n'a été malade qu'une journée, durant laquelle il s'est lamentablement traîné accroché à son attelage... triste tableau ! C'est curieux, mais après chaque passage de l'avion, l'un d'entre nous présente les symptômes d'une maladie inconnue ici... Ce Twin laisse derrière lui un sillage bactérien de première ! que nos organismes, habitués maintenant à vivre dans un milieu aseptisé, récupèrent vite fait ! Notre résistance aux attaques microbiennes paraît extrêmement affaiblie, nous sommes hyper-réceptifs aux invasions de grippes, rhumes et toussotements... Pourvu que le bimoteur ne transporte pas de grands malades ! et surtout pas de gens atteints de fractures aux membres inférieurs ! A tous les coups, on en attrape !

Aujourd'hui, à l'heure du déjeuner, nous discutons tous ensemble de la fin de l'expédition. Les Soviétiques de la base de Mirny nous demandent d'y arriver le 1er mars dernier délai, car l'hiver arrive vite en Antarctique. Ça risque d'être court ! Il va falloir faire *fissa* ! Will ne montre aucun enthousiasme pour acquiescer à cette requête... il nous refait le coup de l'arrivée au pôle, et ça repart pour un tour... « Mais tout ça, c'est du baratin, mon vieux ! Et, fatigués ou pas, pressés ou non, nous devons nous remuer les fesses pour sortir au plus vite de cette glacière ! » Après un léger flottement, magnanime, il accepte la date, imposée d'ailleurs. Pas facile à vivre, l'animal !

Après ce lunch-conférence, les chiens nous épatent : ils ont dès le départ adopté un rythme très rapide, et ne s'en départent pas, courant parfois comme s'ils avaient compris que la fin approchait... Ce sont à présent de vrais « citoyens de l'Antarctique » qui se contentent de faire leur promenade quotidienne sur leur territoire, sans états d'âme. Ils ont complètement oublié Ely, ses sentiers caillouteux, ses ruisseaux, ses arbres verts, et jusqu'à l'existence d'un autre monde. C'est une joie constamment renouvelée de vivre à leurs côtés, d'observer leurs jeux comme de jouer avec eux, de les aimer simplement. Eux, ils n'ont plus qu'un univers : l'Antarctique.

Cette année 1989 s'achève. Elle a apporté énormément de changements dans ma vie. J'ai eu quarante-trois ans — mais ce n'est qu'un petit bond en avant. Je suis amoureux de Sylvie. J'ai atteint le pôle Sud et suis en route vers l'océan Pacifique, où m'attendra bientôt le bateau dont j'ai si longtemps rêvé, à bord duquel je compte mener de nombreuses aventures. Merci 1989 ! pour toutes ces « révolutions » en une seule année d'existence !

1er janvier 1990
– 24° C

Sastrugis ! Sastrugis ! Elles vont nous rendre fous ! Hier, je les encensais, mais c'était pour rire ! Il y en a marre ! Aujourd'hui, elles se chevauchent en tous sens, elles s'étagent, elles se croisent, elles font surface très haut pour vite replonger très bas ! Il y en a de toutes les tailles... Désespérant. Sans arrêt des à-coups dans le bras gauche qui tient le bâton ! Les skis qui se croisent, qui heurtent violemment la glace vive ! Des chocs dans les jambes ! Les épaules démises ! L'injure aux lèvres ! Et c'est la même chanson depuis dix jours ! Mais elles ne nous ont pourtant pas empêchés de parcourir nos 25 milles ! Va falloir s'y faire, mesdames, même si nous souffrons le martyre, nous continuerons imperturbablement notre route ! Vous n'arriverez pas à nous happer dans vos mâchoires glaciales !

Ce soir, Daho rentre tard. Il n'est pas allé faire un tour en ville, mais est sorti pour creuser son trou quotidien. Il semble fatigué mais heureux. Il adore son métier de glaciologue et le pratique avec sérieux quel que soit le temps. « J'aime cette vie professionnelle qui me permet de voyager, de voir le monde, de me partager entre symposiums et expéditions. Mais je trouve notre *Transantarctica* quand même un peu longue et inconfortable ! Si l'on me demande de repartir, je réponds O.K., mais plus jamais avec un traîneau à chiens !... »

Notre glaciologue a pris de mauvaises habitudes quand il a travaillé sur ce continent glacé bien au chaud dans les véhicules tous terrains, très luxueux, des expéditions polaires australiennes. Il peut comparer leur confort avec celui qu'offre notre ancestrale technique de déplacement... Le résultat n'est apparemment pas à notre avantage !

Depuis cinq jours, nous ignorons complètement notre position. Aucune nouvelle de Patriot Hills, pas de communication radio avec Punta Arenas, nul signe de vie du bateau... black-out ou vacances ? C'est l'incertitude sur la longitude qui nous préoccupe le plus ! Mais, comme nous nous dirigeons vers Vostok, sa patrie, Victor s'applique à l'avant ! Sa boussole doit fonctionner à fond. Il en fait un max ! et ne risque pas de rater la base soviétique où l'attendent avec force vodka ses fiers compatriotes, prêts à nous accueillir tous dans la plus pure tradition russe. Pas de problème, je crois qu'il y arriverait les yeux fermés. Question direction, on peut dormir tranquilles !

3 janvier 1990
– 26° C

Evitons la question « sastrugis » ! Elles n'auront pas la vedette dans mon journal ce soir ! Mais, malgré ce sujet tabou, nous sommes tellement rodés à présent que tout terrain nous semble facile... Les journées en deviennent monotones. Mes pensées se mordent la queue... Je n'ai rien d'extraordinaire à raconter... Quant à Will, il dit perdre un peu la tête... Bon, tant qu'il garde ses jambes !

C'est vraiment le pays où le vent ne cesse jamais ! Il souffle maintenant du sud-ouest, nous poussant légèrement. Comme nous sommes toujours à l'heure chilienne de Punta Arenas, nous marchons la « nuit ».

Il est minuit à 14 heures et l'on commence déjà à percevoir sensiblement la descente du soleil : les ombres s'allongent, la lumière se fait plus hivernale, plus pâle, plus froide. A l'heure du déjeuner, le thermomètre est au plus bas de la journée.

Voilà pour aujourd'hui... Mes idées sont confuses. Impossible d'y mettre un semblant d'ordre... Je laisserais bien mon cerveau sur le traîneau, mais il n'en fait qu'à sa tête et invente mille et une choses saugrenues, incongrues, désolantes... ça saute et tressaute dans tous les coins ! C'est du genre bric-à-brac, les trucs les plus hétéroclites, un bazar affligeant... jusqu'à l'arrivée de la seule réflexion qui remette les montres à l'heure : « Je suis en Antarctique ! »... et tout s'apaise...

Il est temps de rentrer. C'est long.

4 janvier 1990
– 26° C

Réception sous notre tente. Nous fêtons les quarante-trois ans de Daho. Les potins vont bon train car nous avons appris une nouvelle d'importance : cette fois-ci c'est sûr, Thulé est enceinte ! Et la mise bas est pour bientôt... Elle continue comme si de rien n'était à mener l'attelage anglais, mais il va falloir l'évacuer par le prochain et dernier avion de ravitaillement. Son maître est fou furieux de n'avoir pas pu contrôler le « malheureux » événement. Ce n'était pas prévu dans son programme et ses notes n'en faisaient pas mention... Et puis, il aurait tant aimé que Thulé, la seule femelle de l'équipage, cette merveilleuse chienne de tête, arrive la première, victorieuse, à Mirny (ce n'est peut-être pas encore totalement exclu)... Mais surtout, Geoff n'apprécie pas du tout le père présumé ! Kuka, un chien d'attelage de Keizo.

Mou, inexpressif, sans caractère, peu expansif, très renfermé sur lui-même, l'animal n'a jamais une attention pour quiconque, homme ou bête, ni une colère d'ailleurs... C'est vraiment le chien que personne n'aimerait « avoir pour père » ! Toute la journée, il tracte et tire obstinément, avec une opiniâtreté indéfectible, les yeux clos, la tête rentrée dans les épaules. On a la désagréable impression qu'il n'a pas de regard... A l'étape, il s'écroule lourdement et dort comme une souche jusqu'au matin... Un cas ! Sûrement pas une affaire ! Qu'il ait séduit Thulé semble incroyable... Décidément, les mystères de la nature canine sont vertigineux !

L'acte délictueux a donc eu lieu à Patriot Hills... Les chiens que nous ramenait l'avion en descendaient par une longue échelle... A un moment, Kuka a échappé discrètement à notre surveillance. Il s'est éloigné en trottant tranquillement vers le camp et, tout à coup, Geoff, qui s'activait dans le coin, s'est retourné... Qu'a-t-il vu, de ses yeux, vu ? *Shocking!* Horreur des horreurs : une forme gris et blanc couvrant sans ambiguïté sa fille en chaleur ! Un accouplement cauchemardesque !

Comme la chienne prenait la pilule, Geoff a cru l'affaire tassée, et pardonné à la coupable. Il imaginait alors que rien de concret ne viendrait matérialiser cette accablante vision... Hélas, trois fois hélas... la vie ne fait pas de cadeau ! Ce soir, la une de l'actualité en témoigne. Nous espérons tous, avec compassion et générosité, qu'un autre chien, plus rapide, ait devancé Kuka auprès de la belle et soit responsable de cette « faute »...

Cet après-midi, le temps s'est gâté tout d'un coup. D'énormes nuages gris et noirs comme montés du sol bouchaient tout l'horizon, masquant de leurs sinistres volumes le moindre pouce de terrain... Nous avons continué à progresser dans le brouillard total pendant un temps interminable... Le terme de *visibi-*

lité nous était devenu absolument incompréhensible. Et puis, brutalement, les pans de lourdeurs anthracite se sont déchirés et, dans cette éclaircie miraculeuse, est apparu un fantastique parélie à plusieurs anneaux, filtré par le voile translucide des brumes. Saisissement de beauté grandiose, inexprimable... Mais pour admirer tant de splendeur, nous devons plonger si loin... dans l'obscur et l'infernal...

Ce retour d'un temps exécrable nous change un peu des nuances bleutées habituelles devenues monotones. Tout finit par lasser. Il nous rappelle aussi les jours sinistres passés sur la Péninsule... Ce mot signifie pour nous mauvais jours, tempêtes, souffrances, doutes, prison... Evitez de le prononcer en notre présence !

J'ai vécu un grand moment aujourd'hui sur les versants de l'Erebus, le volcan d'Antarctique, imaginant le système de treuil et de téléphérique nécessaire à la descente sur le lac de lave en fusion. Cet affrontement de la glace et du feu nous offre toutes les mutations de l'eau : buée, goutte, eau courante, pluie, vapeur, neige, glace... et tous les changements du feu : braise, étincelle, flamme, escarbille, lave... Les deux éléments peuvent se détruire mutuellement, ou plutôt se transformer, se sublimer... De bien belles images, de celles qui rendent un sens primordial à la vie.

6 janvier 1990
– 14° C !!!

Une douceur printanière aujourd'hui ! J'ai même dû enlever mon anorak... Pourvu que je ne meure pas de chaud en retrouvant les températures positives ! Depuis un certain temps déjà, je fais ma toilette à la méthode soviétique. Non ! Pas la *snow shower* barbare comme notre Viking des neiges ! Mais je passe sur mon visage, en guise de serviettes chaudes asiatiques, des sachets de thé ou de tisane après l'infusion, et je lave tous les soirs mes pieds à la neige. C'est très agréable.

Aujourd'hui, je n'ai pas vu le temps s'écouler. J'ai construit une *Maison de la Nature*. Une école destinée à l'éveil des sens, où le maître mot serait SILENCE... car nous n'avons pas besoin d'un savoir encyclopédique mais essentiellement d'une *connaissance affective* de la nature, celle que l'on acquiert soi-même, sur le terrain, celle qui nous donne des *repères* : un son, une image, une odeur... sensations, impressions, émotions, qui nous enveloppent et que l'on garde profondément imprimées en soi comme les témoins éternels de cette rencontre.

9 janvier 1990
– 31° C

L'été touche à sa fin ! La température est redevenue « normale ». Depuis quelques jours, la neige ne glisse plus très bien, à certains endroits on dirait du sable et nous devons pousser sur les skis pour avancer. Ça n'empêche pas l'apparition de quelques sastrugis rebelles, mais la surface est bien plus tendre, fragile. Encore une des innombrables formes que peut prendre l'eau... Nous continuons nos constructions de cairns commencées au pôle Sud. La route vers Vostok est tracée, peut-être pour des années, il suffit de suivre ces monticules blancs chargés de notre histoire.

Deux jours au calendrier, mais un jour seulement d'expédition, car nous avons perdu 24 heures en changeant d'horaire ! Nous vivons maintenant à l'heure locale (105 °E), soit 7 heures après le temps universel. Comme l'avion, qui suivait le fuseau horaire chilien, est venu nous ravitailler pour la dernière fois hier, et que les Soviétiques organisent avec nous la suite du chemin jusqu'à Mirny, nous nous sommes alignés sur l'heure de Vostok. Le soleil commence à descendre nettement. La différence des températures diurnes et nocturnes atteint déjà 8 °C. Dorénavant, il fera plus chaud au cours de la journée, avec l'inconvénient d'avoir le soleil de face — ce qui nous astreint à l'utilisation de crèmes de protection, au port de masques faciaux et de lunettes solaires puissantes, car nous recevons non seulement 100 % du rayonnement direct, mais aussi 90 % du rayonnement réfléchi ! Après tant et tant d'ombre sur le visage, une surenchère de lumière !

Hier donc, nous avons dit adieu à l'avion qui nous a approvisionnés pendant cinq mois et demi, et conduits jusqu'au point de liaison 82 °S-105 °E. Nous avons tourné là une page importante de l'expédition. J'ai ressenti un fort pincement au cœur, comme toujours quand le Twin nous quitte, mais décuplé... Il ne reviendra pas ! Salut !

Les chiens sont loin de se douter du prix de leurs denrées ! Les six boîtes apportées hier nous ont coûté une fortune ! Le menu le plus cher du monde ! Leur ration est partie dans un premier temps des USA pour Le Havre sur un bateau polonais, elles ont parcouru Le Havre-Mirny à bord du navire soviétique *Academic Fedorov*, puis fait le trajet Mirny-Vostok par le train de camions à chenilles russe, et enfin Vostok-ici avec le Twin... Pourquoi faire simple... Le trajet invraisemblable de cette caisse anodine symbolise bien la complexité de la logistique de notre expédition et justifie les trois années de travail et de préparation.

Se sont envolés avec l'avion Junior, Sodapop et Kuka (le père présumé) qui ont besoin de reprendre des forces, accompagnés de Thulé qui va faire ses couches à Vostok. Là-bas, le docteur l'attend de pied ferme, prêt à l'accoucher. La « salle d'opération » est déjà à la température souhaitée (+ 10 °C). Nous n'avons aucune inquiétude à nous faire, tous nos animaux sont en bonnes mains ! Pour les gens de la base, cette naissance est un grand événement, qu'ils préparent avec sérieux et amour, et sera célébré comme il se doit. Dans dix jours, si tout va bien, nous les rejoindrons.

Il est presque minuit à notre nouvelle heure, mais bien entendu nous n'avons pas très sommeil. Dehors, Daho termine ses grandes manœuvres de glaciologue. Il s'active depuis quatre heures et a réquisitionné cette fois Geoff, Victor et Keizo (tiens ! Will y a échappé...).

Par la fente de la porte entrouverte passent quelques rayons de soleil. La lumière est pure et pâle comme en hiver. Là-bas, les couleurs de nos attelages sont vives et chaudes, elles tranchent sur les ombres bleutées de la neige ondulée. Le calme est infini... Il n'y a pas un souffle d'air... Mon corps tout entier s'imprègne de cette vie polaire que j'aime... Et, dans ces moments de sérénité, je voudrais que l'existence se pose. Je sens au fond de moi une communion réelle entre ces lieux magiques et notre vie dépouillée. J'aimerais que cela dure toujours, éternellement. Et voilà, je suis déjà nostalgique avant même que prenne fin notre épopée ! Il y a entre ce groupe d'hommes et cet univers des instants de sublime harmonie.

12 janvier 1990
– 38° C le matin, – 31° C l'après-midi

Complètement perturbés par notre changement d'horaire, nous avançons comme des automates...

Keizo a dormi tout l'après-midi accroché au traîneau ! En plus, ce qui n'arrange pas les affaires des zombies polaires, nous devons sérieusement nous protéger des rayons du soleil. Après 25 milles face à un rayonnement intense, comme prévu nos yeux piquent, brûlent et larmoient à qui mieux mieux.

Alors, on change d'atmosphère. Je ne sais déjà plus trop *qui* marche... Je le laisse continuer tranquillement sa route, et me réfugie dans la nature. Mes pensées sont pour les oiseaux, les taupes, les lapins, les libellules qui font l'amour à la surface des étangs et déposent leurs œufs sous l'eau, le long des tiges d'ajonc...

15 janvier 1990
– 33° C le matin, – 22° C le soir

Tout est couvert d'une légère brume d'été qui flotte et diffuse les rayons du soleil. Ambiance cotonneuse, incertaine. Il fait chaud !

Thulé a enfin mis au monde quatre chiots. Elle les a immédiatement dévorés... Quelle horreur ! Drôles de mœurs quand même ! Je ne comprends rien à ce comportement canin ! Le médecin russe de Vostok m'a consulté par radio au sujet de l'inévitable montée de lait de notre chienne... les petits disparus, qui tétera ? C'est un problème auquel le médecin de la base a rarement été confronté ! Il se sent un peu démuni. Il va falloir improviser...

A *Radio France International*, on annonce que Titouan Lamazou est en tête du *Globe Challenge* devant Loïc Peron ! Bravo ! Les architectes Olivier Petit et Luc Bouvet qui ont dessiné leurs deux bateaux — ainsi que notre *UAP Antarctica* — peuvent être heureux ! Nous avons passé un an sur *Pen Duick 6* avec mon ami Titouan qui devrait gagner cette course. Espérons que sa fougue coutumière ne l'entraînera pas jusqu'à tout casser... mais il a du métier à présent. Peut-on dire que c'est un « grand marin » ? Sûrement, il en a la technique. Il a également l'esprit de compétition, mais surtout il vit en belle intelligence instinctive avec la nature. Et ça, ça ne s'apprend pas. Allez, Titouan ! (Mais où est donc Jean-François Coste, notre Costo ?)

Avant-hier, j'ai passé l'après-midi à l'arrière, menant seul le traîneau de Will, qui souhaitait être à l'avant pour prendre des photos. Ce trajet superbe m'a donné fortement envie de faire plus tard une promenade de ce genre, en forêt. J'ai retrouvé là quelques belles sensations éprouvées lors de mes voyages solitaires. C'est sûr ! Je m'offrirai de nouveau un petit périple autonome ! Pas d'une taille polaire, ni en tirant un traîneau derrière moi, mais avec quelques chiens. Dans le nord de la Scandinavie... Pourquoi pas ? Les aventures en solitaire favorisent une bonne qualité de relation avec soi-même, et de ce fait avec les autres.

Il y a un mois que nous avons quitté le pôle, et aujourd'hui, nous croisons la latitude 80 °S... Dix degrés en un mois, voilà une belle performance compte tenu de l'altitude. Nous serons à Vostok sans doute le 18 dans la soirée.

16 janvier 1990
– 36° C le matin, – 27° C le soir

Chaud ce matin. Mais le vent s'est levé et le froid est revenu en force. Impossible de recevoir notre position. Il semble qu'il y ait un grand laisser-aller à nos camps de base. C'est désagréable, ce sentiment d'isolement, comme de penser que les autres, vos collaborateurs les plus proches, sont occupés ailleurs, ou indifférents à vos tribulations... Nous voudrions surtout connaître notre longitude. Pour la latitude, la roue nous apporte une assez bonne estimation. Si ce soir nous ne recevons pas notre position Argos, Geoff a décidé de sortir son sextant.

Enfin Steph, depuis Paris, s'est finalement décidé à nous faire transmettre un télex. Malheureusement la position date du... 13 janvier ! Merci, Steph, celle-là nous l'avions déjà ! En plus, elle indique 40' d'écart sur la longitude... Qui a raison ? Suspense. Et puis, que fait donc le « maillon » de communication entre les hommes isolés sur ce continent désertique et le reste du monde ? Je veux parler de notre bateau bien sûr, et de son équipage ! J'ai piqué une sacrée colère et nourri une rancune contre eux tous pendant deux jours — jusqu'à en avoir des brûlures d'estomac !

Comme mes messages, brefs et cassants, ont l'air de laisser le monde extérieur sans réaction, j'en ai lancé un du genre dynamite, qui devrait vraisemblablement les réveiller dare-dare... Avec ça, ils auront de quoi alimenter la presse, toujours avide de scoops : MAJOR GEOGRAPHICAL DISCOVERY. Une nouvelle de cette envergure devrait les chavirer... Surtout les journalistes américains, qui gobent assez facilement ce genre de plaisanteries, d'autant plus que je ne les ai pas habitués à leur faire de telles farces... Mais il y a quand même du vrai dans cette information... car ne venons-nous pas de découvrir que l'*Area of Inaccessibility* — l'Aire d'inaccessibilité, comme on l'appelle si pompeusement outre-Atlantique — n'est plus... inaccessible !

Thulé est en grande forme, paraît-il. Elle ne présente pas de montée de lait... C'est peut-être pour cette raison qu'elle a mangé ses petits... Elle semble attendre avec impatience, nous dit-on, l'arrivée imminente de la caravane, dont elle va fièrement reprendre la tête jusqu'à Mirny. Elle doit préférer l'aventure à la maternité.

13
Victor Vostok

17 janvier 1990
– 36° C le matin, – 27° C le soir

La neige est de plus en plus profonde. Par endroits, nos bâtons de ski s'enfoncent jusqu'aux poignées ! Mais les chiens n'en souffrent pas trop, leurs pattes ne s'enfouissent pas aussi loin !

C'est la dernière soirée et la dernière nuit que je passe avec Daho, après trente-deux jours côte à côte. Notre cohabitation a été facile, simple, avec des rapports délicats et agréables, sans problème. Nous avons appris à nous découvrir l'un l'autre dans une atmosphère de respect mutuel. Mon Chinois a fait connaissance avec la « cuisine française » (enfin, à travers les quelques préparations culinaires que j'ai réalisées — je ne dispose pas d'une variété infinie de produits ni d'ustensiles très sophistiqués...). Il a eu la révélation de la viande grillée, une rencontre primordiale ! Quant à moi, j'ai apprécié ses talents de cuistot à de nombreuses reprises.

A travers lui, j'ai mieux compris comment fonctionnait son pays, de l'intérieur. Combien cet immense territoire est difficile à administrer, sa pauvreté endémique, le courage de ses habitants, leur capacité de travail, leur endurance... Daho parle de sa patrie avec amour, il en connaît admirablement l'histoire, et m'a donné très envie d'en savoir davantage. J'ai aussi découvert grâce à ses réactions la susceptibilité chinoise, accentuée certainement par le sentiment de dénuement face à d'autres nations qui arborent leur richesse avec ostentation. Quand j'ai exprimé mon souhait sincère de visiter son pays un jour, il a semblé extrêmement flatté. Il prend ce voyage très à cœur et va s'occuper de me faire inviter officiellement.

Il a beaucoup souffert, notre Daho. S'il n'est pas tombé dix mille fois dans la neige, il n'est jamais tombé. Nous l'avons tous admiré pour sa constance — et son sourire timide après chaque chute est une véritable leçon de sagesse universelle. C'est avec la même patience qu'il compte toujours les heures qui nous séparent encore de l'arrivée à Mirny. Il lui tarde vraiment d'en finir et de retrouver les siens. Il n'était pas habitué à faire des expéditions aussi physiques, aussi dures. Mais pourtant, son plus mauvais souvenir reste quand même d'ordre psychologique : les soixante-dix jours passés en compagnie de Will ! Car celui-ci ne l'a jamais traité d'égal à égal et ne lui a jamais posé la moindre question sur son pays, son travail et sa famille... Sidérant Steger, par moments !

18 janvier 1990
– 26° C

Ce matin, direction Vostok !... D'accord, mais on y va par où ?... C'est la question cruciale que nous nous posons sur la ligne de départ... La dernière position que nous avons reçue hier nous indique que nous nous trouvons à 1° de longitude à l'est — soit 12 milles à cette latitude — de notre but... C'est énorme ! Rien de neuf à la dernière vacation radio... Victor va devoir faire marcher son instinct, mais surtout son cœur, car il rejoint ses amis, Vostok est *sa* « ville » en Antarctique. C'est son grand jour, il l'attend avec beaucoup d'émotion. Je suis certain qu'il nous conduira sans coup férir en plein dans le mille !

Surtout que tout est combiné pour nous aider à trouver notre route : à midi, un avion russe fait un tour de piste au-dessus de la base afin de nous indiquer la bonne direction... Ouf ! Heureusement, car nous partions comme un seul homme bien plus à l'est ! Ce n'est qu'un point dans le ciel, mais il ne nous a pas échappé. Changement de cap... Vers 13 heures, l'Antonov 28 (une copie du Twin à la soviétique) qui ravitaille la base russe nous a localisés. Il nous survole deux ou trois fois à basse altitude, bat des ailes pour nous saluer et puis repart vers Vostok... Super ! Ça, c'est de l'organisation ! Plus de doute, Victor peut abandonner son *feeling*, nos yeux prennent le relais ! Après le déjeuner, nous commençons à apercevoir deux points se dessiner clairement sur l'horizon. Hurrah ! Le Viking, ivre de joie, nous trace désormais carrément un chemin en zigzag. Hé, l'ami ! La ligne droite est toujours la voie la plus courte !

La « ville » grossit petit à petit. J'aime ces arrivées ! On y ressent toujours un mélange subtil de sentiments : à la fois le plaisir d'avoir derrière soi une portion du voyage terminée, le soulagement de savoir qu'un peu de chaleur humaine et de confort vont nous entourer d'un regain d'humanité, et puis une certaine nostalgie pour un passé si proche, presque encore palpable, et déjà inaccessible, que jamais on ne retrouvera... Mais faisons face au présent : un point vient à notre rencontre, cahin-caha sur la neige. C'est un de ces monstrueux camions à chenilles qui sont chargés de ravitailler la base, une sorte de gros insecte bruyant. Mais qu'importe ! Quel bonheur, nous serions prêts à pactiser avec le diable pour quelques poignées de main et quelques mots de bienvenue !

L'engin s'arrête à cent mètres de nous... Immobile, il est encore plus impressionnant. Victor, ému jusqu'aux larmes, s'avance... Il marche comme un automate tant son émotion est intense. Un Soviétique, Sacha, son grand ami, le chef de la station, vient à sa rencontre... Ils s'étreignent avec cette grande chaleur slave si spectaculaire, irrésistible... Une dizaine d'hommes sortent à présent du camion et nous rejoignent. C'est un superbe moment d'amitié, les chiens font le plein de caresses. Victor est aux anges, il retrouve là tous ses anciens camarades d'expédition. Depuis six mois, il ne rêvait que de ces retrouvailles et nous les avait décrites mille fois avec force rires.

Nous reprenons la route, précédés par la bête à chenilles. Deux heures pour atteindre Vostok, mais nous ne pensons plus qu'à la fête qui nous y attend. Nous ne serons pas déçus, l'accueil est à la hauteur des descriptions pantagruéliques et paradisiaques de Victor : photos de groupe, pain salé traditionnel, poulet, champagne, sauna... Une magnifique ambiance qui nous démontre que les caractéristiques de l'âme russe sont toujours bien vivantes et que notre Viking n'est pas le seul individu à en posséder l'indéfinissable charme... Nous craquons tous au contact de ces formidables personnages, hauts en couleur, à la convivialité si naturelle, au contact chaleureux si spontané malgré la barrière linguistique.

C'est une soirée inoubliable que je passe entre ces géants aux voix gutturales, dont la réputation de grands buveurs devant l'Eternel n'est pas surfaite, et chacun de nous six se sent ici chez lui, en terre amie sur ces steppes enneigées du bout du monde... La vodka coule sans retenue : il faut respecter la tradition d'accueil qui impose sa présence revigorante ! Elle agit vite sur nos organismes sportifs qui ne sont pas accoutumés à ce genre de traitement à réveiller les morts ! Je sens ma tête voler au-dessus de mes épaules très rapidement, mais ça va... je me trouve si bien en compagnie de ces Russes de toujours, échappés d'*Yvan le Terrible*... L'alcool blanc circule dans mes veines, mille regards de connivence humaine sont échangés entre nous, la peau de mes lèvres se fend à force de sourire, je vacille un peu sur mon siège... qu'importe, mes amis slaves me borderont si je tombe à terre parmi les débris des verres de vodka qui portent bonheur !

Quant à Will, il a depuis longtemps déclaré forfait et s'est écroulé la tête entre les bras dans son assiette. « Voilà un festin mémorable », me dis-je entre deux accolades viriles avec mes voisins, en espérant au plus intime de moi que pour une fois le temps s'arrête, ici et maintenant... Stop ! Laissez-nous un peu reprendre forme humaine ! remonter des profondeurs glaciaires où nous ne sommes que douleur, et respirer quelques heures, qui seraient des années, cette douce réalité du monde où tous les hommes sont frères !...

Vostok sera une étape de repos, sans journalistes. Seul le téléphone s'activera au maximum, car nous avons besoin de communiquer avec la base de Mirny afin de tout mettre au point pour notre grande arrivée terminale sur l'océan Indien.

Toute la journée, en avançant vers ce coin d'air russe, j'ai imaginé ce qu'allait être — si nous réussissons... la fin de *Transantarctica*, cette arrivée à Mirny... Je voyais déjà tous nos amis, les journalistes, les gens de la base... en train de nous guetter fiévreusement... puis criant soudain : « Les voilà ! Les voilà ! » A cet instant, j'aurai sûrement les larmes aux yeux... Ce sera la fin du mirage. Les voilà, les voilà ! J'entendais vraiment ces cris dans ma tête ! Ils m'ont subitement rappelé le temps où, avec mon grand-père et mon père, nous allions voir passer le

Tour de France. Nous arrivions vers midi, avec près de trois heures d'avance pour être certains d'avoir une bonne place sur la côte de La Fontasse (col de troisième catégorie). Nous attendions avec impatience dans la grosse chaleur de juillet le passage des héros. Nous pouvions juger de leur éloignement au nombre de voitures qui passaient. Quand elles commençaient à être nombreuses, l'émotion montait... Et soudain... deux ou trois virages plus bas... nous entendions les premiers cris : « Les voilà ! Les voilà ! » Les coureurs étaient encore à un bon kilomètre, mais les voix montaient plus vite qu'eux et cela nous donnait une plus longue excitation... nous les guettions fébrilement, les pressentions pédalant vers nous, l'oreille tendue... Et puis, ils arrivaient vraiment ! J'en avais la chair de poule ! Dieu, qu'ils passaient vite ! Je cherchais avidement des yeux le maillot jaune et quelques-unes de mes idoles : Anquetil, Darrigade, Stablinski, Geminiani... Quelle joie de les entrevoir dans le peloton... Et cette ambiance survoltée de kermesse ! Deux heures plus tard, nous repartions, les sacs pleins de fanions, casquettes et publicités en tous genres, très recherchées des amateurs... en nous promettant de revenir l'année prochaine...

En faisant route vers Vostok accompagné du camion russe comme « voiture balai », j'ai revu ces moments de mon enfance avec une émotion soigneusement dissimulée derrière mes larges lunettes de glacier...

21 janvier 1990
– 36° C le matin, – 26° C le soir

Deux jours passés autour du magicien Téléphone. Il est au centre de nos occupations, tout tourne autour de lui, et le ballet des conversations tous azimuts a recommencé de plus belle. Les relations avec le monde ont repris leur cours comme si de rien n'était... Tout a l'air d'être au point pour notre arrivée à Mirny, ainsi que pour le direct dans le Journal télévisé d'Antenne 2... Le tour du monde des capitales et des chefs d'Etat se concrétise de jour en jour, nous dit Steph depuis Paris, où il s'active comme un fou avec Cathy de Moll (la collaboratrice, le bras droit de Will). Tout paraît O.K. donc, excepté une inconnue... le bateau *UAP Antarctica* qui ne pourrait peut-être pas approcher Mirny à cause d'un trop important pack de glace... Désagréable incertitude... Nous allons sans doute prendre la mer en direction de la Nouvelle-Zélande sur un navire soviétique. Je vais télexer cette décision probable à l'équipage. Ils seront très certainement déçus, mais ça me semble bien plus réaliste que d'être jusqu'au dernier moment tributaires d'une mer imprévisible...

Hier soir, j'ai enfin pu parler à Sylvie, après cinq mois. Elle était tout émue... Elle se repose à la campagne. Les soucis divers et surtout l'interminable attente de l'explorateur des neiges l'ont fatiguée... Mon Dieu, il est plus que temps de rentrer ! Nous devons enfin nous retrouver !

Notre séjour à Vostok est extrêmement reposant. Tout y est simple, confortable, chaleureux, spontané... On ne comprend pas un mot de ce qui se dit autour de nous, mais aucune importance, on sent tout au quart de tour !

Demain, c'est le der des derniers départs vers la grande sortie finale ! Les camions qui nous transportent le ravitaillement sont partis en avance. Ils viennent de quitter la base. Les chiens s'ennuient et demandent bruyamment que l'on se remette vite à l'ouvrage ! Super ! Les traîneaux sont si légers que nous allons filer comme le vent !

22 janvier 1990
– 42° C le matin, – 35° C le soir

Quitter Vostok s'est révélé tout aussi naturel que d'y arriver : des adieux simples et chaleureux. Will est agréablement surpris par la spontanéité des Russes. « Et dire que l'on m'a appris à les détester !... » m'a-t-il confié...

Vostok est une base scientifique où tout est fait de bric et de broc, bricolé avec des fils de fer, des barres soudées de-ci, de-là, des planches de guingois... mais ça marche !... La chose la plus surprenante, à ne pas manquer, est la pièce de forage : tout y semble vraiment construit avec les moyens du bord... et pourtant, malgré l'apparente vétusté des appareillages, les Russes détiennent le record de profondeur ! Ils ont remonté une carotte de glace de 2 500 mètres !

Le laboratoire d'analyses ressemble à la cabane de Scott à l'époque de Pasteur... Au milieu de ses pipettes et microscopes gelés, le scientifique à la barbe de « savant », Vladimir Lipenkov, est emmitouflé de la tête aux pieds, car il fait – 11° C dans son frigo, pardon... son labo... Les murs sont en bois patiné, passés au brou de noix. Sur une étagère dans un coin, on peut admirer sa collection de glaces précieuses : des échantillons de tous les millénaires avant Jésus-Christ collectés à différentes profondeurs, jusqu'à 2 500 mètres...

Le baraquement voisin est du même style mais, différence de taille, chauffé ! C'est le coin des géophysiciens responsables du carottage. Actuellement, leur tête de forage est coincée à 2 450 mètres de profondeur... Elle est certainement perdue, et il va leur falloir bientôt envisager de percer un nouveau trou... La machine à forer, qui commande le câble et les manœuvres de la tête de forage, a l'allure d'un vieux tracteur squelettique des années cinquante, avec un très long axe terminé par un volant. Le géophysicien-chef parle un petit peu le français! Surprise... agréable! il a appris avec l'équipe de glaciologie de Grenoble qui a fait un nombre important d'analyses sous la haute direction du professeur Lorius, président actuel du SCAR (Scientific Committee for Antarctic Research).

Ici, je vérifie l'assertion selon laquelle la qualité des résultats scientifiques ne se mesure pas à la beauté des locaux et à la richesse du matériel utilisé. Comme dit Jean-Claude Weil, maître de recherches en immunologie chez Hoffman-Laroche à Bâle: « C'est à la paillasse que l'on fait les plus grandes découvertes, à condition d'être là tout le temps. » Vostok en est l'illustration.

Ce soir, les tracteurs qui nous ouvrent la route sont en vue. A la radio, Sacha nous dit que la station est bien vide depuis notre départ. Nous, nous savons avec une absolue certitude que nous avons à nos côtés une équipe russe qui, la main sur le cœur, est prête à tous moments à nous aider si nécessaire. C'est réconfortant de se sentir entouré sur cette ultime portion de route...

Nous avons fait 45 kilomètres aujourd'hui! Ça démarre très fort!

23 janvier 1990

– 45° C le matin, – 32° C le soir

Finis les soucis de position! il n'y a qu'à suivre la trace. 31,2 milles, presque 50 kilomètres! Nous fonçons comme des fusées car les « chars soviétiques » qui nous précèdent transportent une partie de nos charges, et les larges patins des énormes traîneaux qu'ils tractent font une piste parfaite, exactement de la largeur des nôtres. Nous n'avons qu'à nous y engouffrer ! Les chiens sont deux par deux, en tandem, tout heureux d'avoir enfin à suivre quelque chose qui ressemble à un sentier. Ça leur rappelle Ely et les excite. Une nouveauté imprévue. Peut-être que leur mémoire animale associe cette nouvelle configuration du terrain à des arbres et à des odeurs de sous-bois... Je l'espère, car la nature « verte » leur manque peut-être aussi cruellement qu'à nous... Les chars nous devancent de cinq à dix kilomètres. On devine deux points noirs à l'horizon et, par moments, un lourd panache de fumée sombre. Tous les soirs, Victor les contacte par radio et peut, à l'occasion, leur « commander » une denrée quelconque, qu'ils déposent sur la piste. Nous la récupérons le lendemain.

Geoff, rebelle à toute avancée mécanisée, même la plus normale, n'a pas encore voulu utiliser la « route » tracée par les camions russes. Mais, à mon avis, cela ne saurait tarder... La différence est trop importante, tant au point de vue de l'effort que du temps gagné. Aujourd'hui, on lui a mis 30 minutes dans la vue... C'est bien la première fois ! A cette vitesse, c'est absolument impossible de suivre à ski, même Victor est semé. Il faut donc se résoudre au « remorquage » et s'accrocher en bout de corde derrière les traîneaux, ce qui permet de ne pas se faire distancer quand les chiens accélèrent. Mais nous continuons quand même de marcher une grande partie du temps.

Ce matin, trois avions nous ont survolés à 30 minutes d'intervalle, à l'aller et au retour : ils ravitaillent Vostok depuis Mirny. Comme nous, ils ne font aucune navigation. Par beau temps, ils se contentent de suivre la voie tracée par les tracteurs dont la trace persiste d'une année sur l'autre.

Heureusement qu'aujourd'hui la progression a été facile, car j'ai été mal fichu tout le temps... avec une migraine indélogeable. Durant ce jour record,

50 kilomètres ! je n'ai rien ingurgité de solide ni de liquide... Dans l'après-midi, je me suis blotti dans les bras de Sylvie. Ils m'ont fait oublier la douleur, mais ne m'ont pas guéri. Ce soir, je suis fatigué... Est-ce dû à l'altitude, à l'un de « ces orages neurovégétatifs » dont je suis épisodiquement victime... ou simplement au manque d'alimentation ?...

25 janvier 1990
– 44° C le matin, – 32° C le soir

L'hiver se fait sentir, il arrive, lentement... mais il fait toujours beau. Sur la « ligne » Vostok-Mirny, la routine s'est installée. Nous verrons défiler un paysage identique jusqu'à la gare d'arrivée : les jambes dans les traces des mégaptères à chenilles russes... le survol régulier des avions qui battent des ailes... nos trois traîneaux en parfaite file indienne... Quoi qu'il en soit, nous parcourons nos 45 kilomètres quotidiens et arrivons crevés à l'étape, surtout que cette nouvelle technique de déplacement fait travailler d'autres muscles ; ceux de mon dos se plaignent douloureusement ce soir... A cette vitesse, on court vers la sortie ! Nous campons à la borne 63 de la « voie » — elles sont espacées de 3 kilomètres... En quatre jours, nous avons fait 189 kilomètres, soit une moyenne de 47 kilomètres quotidiens ! C'est considérable. Nous avons même du mal à suivre les chiens tant ils filent comme l'éclair avec ces traîneaux à peine chargés... Ce sont eux qui nous fatiguent ! Will a placé devant Panda et Henk, deux bêtes qui se connaissent bien et depuis longtemps. Panda est le leader incontesté. Cette énorme boule poilue noir et blanc doit bien peser 50 kilos, au moins ; le chien le plus impressionnant de tous, mais l'un des plus affectueux également. C'est un excellent meneur, par tous les temps, à condition qu'il y ait une trace à suivre, car il n'obéit pas aux commandements donnés à la voix. Ici, il est tout à son aise. Geoff a retrouvé Thulé, qui fait en tête son travail de coureuse de fond sans anicroche. Et Keizo est toujours confronté au même problème : n'avoir pas encore trouvé de meneur indiscutable. Il en change trop souvent, me semble-t-il, en essaie beaucoup trop et, à la première faute, au premier découragement du chien, il l'écarte...

Sur cette piste étroite, les bêtes sont très proches les unes des autres. A l'avant, ça se bagarre souvent pour le pouvoir... Tous veulent être chef et s'agressent régulièrement avec de furieux grognements et des ruades violentes qui nous font sortir de la route... Ça prouve qu'ils ont le loisir de s'occuper à guerroyer, sur un terrain aussi facile...

J'ai passé la journée en queue de train. En me retournant, j'étais seul avec l'immensité, le grand vide blanc de l'Antarctique. Et, en regardant s'éloigner nos traces sur la glace, j'ai eu le vertige en pensant que peut-être personne ne repasserait plus là pendant des centaines d'années !...

26 janvier 1990
– 46° C le matin, – 37° C le soir

L'hiver arrive à grands pas. Le soleil brille encore, mais un petit vent piquant rafraîchit sérieusement son rayonnement... Nous continuons imperturbablement à regarder défiler les bornes trikilométriques. Aujourd'hui, nous avons réglé leur affaire à seize d'entre elles, elles sont derrière nous ! Ça nous fait du 48 kilomètres par jour ! C'est dur pour la colonne vertébrale, car nous devons sans arrêt pousser fort sur les bâtons de ski. Cet après-midi, un vrai calvaire ! Le vent avait soufflé de la neige sur les traces des camions... et nous avons dû « ramer » !

Depuis Vostok, nous avons changé de partenaire. Geoff et Victor sont ensemble, je suis avec Will, et Keizo partage la tente avec Daho. C'est la tente « jaune » où vivent nos deux Orientaux. Quand j'ai demandé à notre benjamin comment se passait cette cohabitation, il m'a répondu : « C'est comme de vivre avec un vieux ! Tout doit être lavé et remis à sa place ! Je le trouve très délicat pour la nourriture. Mais le comble, c'est quand il lave son dentier dans le plat !... » Pauvre Daho. Il est arrivé aux Etats-Unis l'année dernière avec les dents bien mal en point. Il a fallu lui en arracher seize d'un coup afin d'éviter toute possibilité d'infection au cours de notre traversée... Maintenant, il arbore un superbe sourire cent pour cent *made in USA*, mais il doit brosser son ustensile masticatoire deux fois par jour. C'est vrai que c'est toujours surprenant de le voir sortir de sa bouche un paquet de dents montées sur un morceau de plastique rose... moins cependant que lorsqu'il parle et rit sans appareil ! Et puis, plus nous avançons, plus Daho ressemble à un petit vieux, toujours en train de marmonner quelque chose d'évidemment incompréhensible, marchant à petits pas cassés le soir quand il « rentre du travail » et rejoint sa tente, tout défait, le dos voûté. Je le plains. Son corps a trop souffert et son moral aussi. Lorsqu'on lui a proposé de partir pour cette grande traversée, alors qu'il était chef de la base antarctique de « La Grande Muraille », il a immédiatement répondu oui. Mais hélas, juste avant le départ, sa femme a eu un grave accident de bicyclette avec fracture du bassin et du fémur — et c'est très inquiet qu'il a dû prendre le départ. Elle lui manque beaucoup ainsi que son fils de seize ans. L'attachement des Orientaux à la famille est l'un des fondements de leur esprit, une valeur sans doute plus puissante que chez nous,

Européens. Daho fonctionne en tout cas sur des systèmes de pensée vraiment différents des nôtres... Il est largement temps pour lui que ce martyre prenne fin ! D'ailleurs, plus que jamais, il décompte les kilomètres qu'il nous reste à parcourir. C'est son activité essentielle ! On peut lui poser la question n'importe quand, sa réponse est instantanée !

Je partage ma tente avec Will Steger... Pour l'heure, on tient le coup... Tous les soirs il travaille aux plans de sa future maison et se couche très tôt. Sa construction de pierre sera une véritable forteresse de cinq étages destinée au « business » ! Il voit grand, c'est le moins qu'on puisse dire...

Ici, dans notre maison de toile, fragile à faire peur, le côté exposé au soleil est sec, mais celui à l'ombre (le mien) est couvert de glace... Les fastidieuses séances de brossage vont recommencer. Ciel ! Décampons au plus vite !

27 janvier 1990

– 44° C le matin, – 36° C le soir

Il y a une demi-année aujourd'hui que nous nous trouvons sur ce continent extraordinaire, six mois que nous avons quitté le monde des hommes, six mois que nous souffrons volontairement de froid et de solitude extrêmes. Quelle folie !

Pourtant, pas un regret. Peut-on dire exactement ce qui a été gagné, ce qui a été perdu... sans doute pas. Je suis simplement certain que je devais faire ce cruel voyage, autant pour la victoire sur des éléments ne relevant pas des habituelles échelles humaines que pour celle sur soi-même, qui n'est certainement pas la moindre.

Nous voici à un mois de l'arrivée à Mirny. Malgré l'expérience, l'entraînement à l'effort et au froid, ça continue à être dur, dur, dur. La journée a été interminable, longue pour les hommes et les chiens. Un vilain vent du sud-est, soulevant de la glace et limitant la visibilité à 500 mètres, a soufflé tout le temps. Kuka semble épuisé. Nous l'avons mis sur le traîneau. Buffy n'a pas le moral non plus, il va rentrer en camion également. Quant à Daho, il compte les jours tout haut... Je l'entends à travers les murs de toile de nos tentes qui sont très proches ce soir... C'est pathétique.

29 janvier 1990
– 49° C le matin, – 37° C le soir

Pointe spectaculaire du froid au thermomètre, mais en réalité ça se supporte très bien... Il a fait beau toute la journée, avec une petite brise sur la joue gauche, et je n'ai même pas mis mon Gore Tex... J'aime bien porter seulement mon blouson en fourrure synthétique, quand c'est possible. Ça me donne une inhabituelle sensation de liberté car on est toujours tellement couvert ici.

Après dix jours occupés à nous suivre sans jamais nous voir, nous passons la première soirée en compagnie de l'escorte soviétique. A l'intérieur de ce « char », la chaleur est suffocante — il nous faudra une réadaptation progressive aux températures « normales »... Encore du poulet ! Le festin est copieux et nous nous ruons sur les plats, mais pas pour longtemps, car nous sommes vite repus. Nos estomacs se sont tellement habitués aux aliments solubles que les muscles de leur paroi gastrique ne répondent plus et refusent de travailler... Il nous faudra aussi les réadapter graduellement à la nourriture gastronomique.

Agréable soirée ! Ces Russes sont décidément des

gens formidables ! Simples, enthousiastes, généreux. Will est toujours éberlué par cette spontanéité. « Les Américains sont plus tordus, plus personnels... », me dit-il.

Nous faisons 45 kilomètres par jour. Cela nous donne un sérieux avantage dans la course que nous menons contre l'hiver ! Dans deux semaines, ici, il fera entre – 50° C et – 60° C !... Autant vous dire que personne n'a envie de traîner. A minuit, le soleil est déjà assez bas sur l'horizon, et l'air se refroidit incroyablement vite la nuit. Mais les chiens continuent de se réveiller en pleine forme. Dans la journée, le rayonnement solaire est intense et leur fourrure capte bien le soleil, elle est toute chaude.

Journée libellule, grenouille et coquelicot. Je n'ai pas intégré les baleines à ce petit monde, elles sont quand même un peu disproportionnées, mais je ne les oublie pas. A propos de mer, je n'ai aucune nouvelle du « maillon » (manquant) et de ses passagers depuis un temps fou... Je reste malgré tout à l'écoute de leur hypothétique fréquence (ce qui me sort du sac de couchage à 6 h 30 du matin) avec l'espoir d'enfin les entendre un jour prochain... Ils doivent sans doute bouder depuis mon télex de Vostok, où je leur confirmais ma décision de sortir de Mirny à bord du bateau soviétique *Professeur Zoubov*... Cet après-midi, nous avons eu la merveilleuse surprise de sentir l'horizon pencher légèrement vers l'océan Indien... Cela nous a donné un regain de courage pour les deux dernières heures, qui sont toujours les plus difficiles. Après 40 kilomètres, ça commence quand même à tirer un peu dans les jambes et les épaules... Mais attention, ce n'est qu'une petite amorce de descente, imperceptible à d'autres yeux que les nôtres. Ils sont tellement rompus à l'immensément plat que rien d'incliné ne peut leur échapper ! Les chiens non plus ne s'y sont pas trompés ! Ils ont même carrément accéléré l'allure !

30 janvier 1990
– 46° C le matin, – 36° C le soir

Froid, froid... Le vent qui coule à la surface de la glace est gelé. Nous avons repris notre train-train sur les traces des chars... Mais ce n'est quand même pas tout rose, car le vent les recouvre très vite, et elles deviennent alors impraticables. L'effort physique reste important, et ce soir j'ai un mal de dos épouvantable dû aux à-coups de traction du traîneau. Je suis courbatu. Le reste du corps n'est pas au beau fixe non plus : une migraine tenace, lancinante, occupe le haut de ma tête.

C'est peut-être le tribut à payer pour les mets hypergras que nous ingurgitons dans cette tente aux habitudes gastronomiques de pays nantis... Steger s'est mis aux fourneaux ! Ça sent la viande frite dans le beurre... Un vrai test hépatique ! C'est la recette *forty below*. A ne rater sous aucun prétexte. Will opère un peu selon la même technique que le père Jaouen : cuisinage à vue, avec addition d'un nombre incalculable d'épices et des denrées les plus diverses. A l'heure qu'il est, la sauce est d'un vert peu avenant... Vais-je survivre ?

31 janvier 1990
– 44° C le matin, – 34° C le soir

Le dernier jour d'un mois interminable... Mais que de chemin parcouru ! Si je me retourne, j'ai l'impression qu'il y a un an que nous avons fêté l'année nouvelle... Nous avons foncé comme jamais nous n'aurions osé le rêver !

Finalement, qu'est-ce qui m'aura le plus manqué durant cette expédition ? Je peux répondre, sans trop me creuser la cervelle : « *Tout*, excepté le temps ! » C'est cet espace même qui donne de la grandeur à notre traversée car, dans l'agitation brownienne de la vie parisienne, c'est bien le temps qui nous fait le plus défaut... Sur ce dernier des continents, nous avons pour miroir le ciel entier et un horizon si vaste que nos yeux ne peuvent l'englober d'un seul regard. Nous sommes face au vide du sol et seuls avec nos pensées, que rien d'extérieur ne vient stimuler. La vacuité sans limites de l'espace et du temps nous allège l'esprit, elle donne du discernement à nos jugements qui, dans la fièvre citadine, sont le plus souvent empressés, prisonniers du monolithisme intellectuel des « sociétés savantes ». C'est une grande liberté que ce vide méditatif dans lequel nous pouvons nous noyer avec la certitude d'être toujours présents.

En revenant au monde « civilisé », que vais-je retrouver avec joie ? La tendresse et la nature. Des valeurs universelles, dont l'évocation sur cet océan de neige me fait souvent monter les larmes aux yeux.

14

Le « train » de l'Antarctique

1er février 1990
– 46° C le matin, – 37° C le soir

Un nouveau mois commence ! Ô, que ce soit le dernier de cette interminable épopée ! Qu'on en finisse enfin ! Daho, le « compteur chinois », toujours aussi pointu sur le calcul des moyennes, des distances parcourues et du nombre de jours restants avant... l'accouchement final, subodore que nous arriverons fin février... Pourvu qu'il ne se trompe pas !

Le vent souffle du sud-ouest à 5-6 m/s. C'est supportable en route car nous effectuons sans cesse des efforts en skiant et en dirigeant les traîneaux, mais ça devient pénible et glacial dès que nous marquons la moindre pause. Le moment du lunch, qui devrait être une récréation, est misérable. Attraper gauchement des noisettes décortiquées avec des moufles... se casser les dents sur du pemmican gelé... s'abriter des rafales... Il y a des mois que ça dure, mais je ne parviendrai décidément jamais à m'y faire ! Par chance exceptionnelle, aujourd'hui, nous n'avons pas droit à la neige glacée soufflée qui vous entre dans la bouche avec les aliments, qui s'insinue dans le cou, qui vous griffe les yeux, dont les larmes gèlent sur une bouchée dure comme de la pierre... Mais ça ne tardera sans doute pas : dès que nous redescendrons sur Mirny, il faut s'attendre à des « desserts de neige » carabinés, car les vents seront violents.

Je songe à Sylvie si fréquemment ! Je m'attache à imaginer nos retrouvailles. Je l'ai quittée le 9 juillet de l'année dernière, et cela faisait à peine six mois que nous nous connaissions... Notre vécu d'amour est frêle à l'échelle du temps passé ensemble — mais intense — et trop brève la gamme de souvenirs qui m'aident à l'évoquer. A mon retour, mille et une choses seront à construire et à vivre...

Will continue à passer la plus grande partie de ses soirées à dessiner sa future maison. Elle est impressionnante, énorme ! Il est très fier qu'elle soit tout en pierre, car c'est rarissime dans le Minnesota. Moi, pendant ce temps, je rêve de vivre dans une habitation qui ressemble à celle qu'il occupe actuellement à Ely, en bois, perchée au-dessus d'un lac.

Lorsque je me penche sur les étranges rapports que nous entretenons tous deux, je suis toujours surpris par leur ambiguïté. Nous sommes sans cesse prêts à nous détester et à nous aimer simultanément... Dans les moments difficiles, nous avons eu spontanément des étreintes émouvantes, tant était puissant le besoin de faire passer un fort courant d'énergie entre nous. C'est cela la beauté du lien qui nous unit, ce qui nous permet de supporter les pires moments de doute.

Victor est de nouveau survolté. Il est en communication radio mouvementée avec la base soviétique de Komsomolskaïa, où nous arriverons demain. Il tient à ce que tout soit fin prêt là-bas afin de nous faire une nouvelle fois la démonstration de l'hospitalité russe.

2 février 1990
– 45° C le matin, – 49° C le soir

Bravo, Victor ! La réception est digne de tous les éloges. A Komsomolskaïa, l'ambiance est heureuse, généreuse, sans la moindre fausse note. Six hommes vivent sur cette base. Ils habitent dans trois cabanes de bois posées sur la glace en 1957. Rien n'a changé depuis lors... pas même la peinture ! Nos Russes travaillent en ermites dans ce décor patiné par les ans. Le moins que l'on puisse dire, c'est qu'ils attendaient impatiemment notre visite. Le sauna à une place est déjà chaud, mais « s'il vous plaît, pas plus de deux bassines d'eau chaude pour vous laver !... » C'est la consigne de rigueur. Nous y passons quinze minutes chacun, à tour de rôle. Un vrai délice !

Puis vient l'heure du festin. Sur la table, des couches successives de toile cirée se sont incrustées au cours des trente-trois années de vie commune, mais un drap de lit blanc recouvre vite ce palimpseste étonnant, suivi d'une véritable forêt de bouteilles de vodka et d'alcools variés de « fabrication locale »...

Au moment de nous asseoir, Victor nous lance bien haut : « Dépêchez-vous ! Ils sont impatients de boire ! » Depuis 1985, Gorbatchev a interdit les boissons alcoolisées dans les bases, et seul le chef, qui détient la clef de la « cave », peut décider d'une entorse à la règle lors d'une occasion exceptionnelle. En voilà une ! D'ailleurs, tout a été prévu de longue date à l'intention de *Transantarctica*. Des bouteilles ont été même spécialement envoyées ici afin de célébrer joyeusement notre passage : du vin blanc de Géorgie (le cru préféré de Staline) et du cognac... arménien du « Mont Ararat » !

Sergeï, le chef de la base, se lance dans un discours d'ouverture qu'il a bien du mal à terminer, tant il est essoufflé par l'altitude et l'émotion. Victor traduit simultanément. C'est touchant de simplicité. Pour tenter de nous desserrer la gorge, nous nous jetons enfin sur nos verres, pleins à ras bord depuis une demi-heure !

Dans un coin de la cabine trône un portrait de Gorbatchev, tout jeune, bien joufflu, très antérieur à son accession aux plus hautes responsabilités. Il est encadré par une série d'étiquettes de toutes les vodkas qui pouvaient se dénicher en URSS avant qu'il n'y mette le holà !

Parmi ces six Soviétiques, seul le responsable des transmissions radio parle anglais. Victor n'arrête pas de faire l'interprète. Mais les regards échangés comptent au moins autant que les paroles. Surtout au fur et à mesure que nous est donnée la preuve indéniable qu'en langue russe « boire » veut bien dire « vider sans délai un verre qui ne cesse de se remplir de toutes les sortes d'alcools les plus raides » !

Au menu, saumon, saucisson, pommes de terre et viande en sauce... Un repas de « dilettante », nous glisse le chef... Ce qui, renseignements pris, signifie « concocté par un cuisinier amateur ». J'oppose illico un vif démenti. « Certes non ! chers camarades, nous avons affaire à un véritable "maître queux" de l'Antarctique ! » Question boisson, la cadence ne ralentit pas, Victor assure à fond. Keizo et Daho, qui avaient débuté très fort, sont en train d'abandonner, dépassés par le rythme infernal des cosaques ! Will a bu modérément. Soudain il pète assez bruyamment ! Les Russes, dignes, ne bronchent pas, pensant que c'est peut-être admis dans les mœurs aux Etats-Unis ! Steger ouvre des yeux ronds... toujours abasourdi par la candeur soviétique. Voilà donc ces « monstres rouges » que la fréquentation d'une école catholique lui avait tant appris à détester... ! Pour ma part, verre en main, vaillamment, je tiens le coup jusqu'à 23 heures. Ensuite, je laisse la joyeuse compagnie terminer sans moi tout ce qui reste sur la table... La plupart des bouteilles sont encore à moitié pleines, déjà à moitié vides ! Allez-y ! Victor, j'en suis sûr, saura faire face et nous représenter royalement... Nous comptons sur lui pour sauver l'honneur de notre expédition !

Sous la tente, il fait – 49° C ! Et malgré les effets particulièrement calorifiques de l'alcool, je mets un certain temps à me réchauffer dans le sac de couchage...

3 février 1990
– 49° C le matin, – 43° C le soir

Ce matin, la gueule de bois est généralisée, et pratiquement tout le monde passera la journée au lit. Vers 14 heures, les « survivants » ont droit à la projection d'un film sur la Seconde Guerre mondiale dans lequel s'opposent les troupes soviétiques et allemandes...

« *The following is very important...* » C'est ainsi que débute le télex envoyé à Paris et à Saint Paul, USA. Nous annonçons notre arrivée à Mirny pour le 24 février, et non le 3 mars comme le souhaite Paris pour des raisons de direct TV. L'hiver s'approche à vitesse grand V, et il est hors de question de s'attarder plus longtemps dans le secteur ! Les températures ne vont plus cesser de chuter à présent, sauf durant les derniers 100 kilomètres où nous perdrons 1 500 mètres d'altitude. Mais alors, il faudra affronter un vent du sud-est qui s'attaquera de plein fouet au... confort ! Une raison supplémentaire de nous presser nous est donnée par Messner : nous ne tenons pas à ce qu'il nous dérobe, en arrivant avant nous, le succès de la première traversée non mécanisée de l'Antarctique ! Bien que la sienne soit trois fois plus courte que la nôtre, pour les médias qui n'approfondissent pas toujours les dépêches des agences de presse, c'est au premier arrivé que vont les honneurs, quel que soit l'itinéraire emprunté... Nous y tenons quand même à cette première !

J'imagine que ce télex va faire l'effet d'une bombe dans l'organisation difficile de cette autre première, la retransmission TV en direct depuis l'Antarctique, avec un nombre considérable de pays concernés.

Le texte de ce télex part rédigé en morse jusqu'à Mirny, et de là continue en clair par satellite Immarsat. Dans cette petite pièce radio, où le matériel a des allures d'après-guerre, de l'époque juste postérieure à celle où l'on utilisait des postes à galène, tout l'équipement est à lampes. C'est lourd, énorme... Le transistor, c'est encore de la science-fiction à Komsomolskaïa ! La plupart des communications avec Vostok ou Mirny se déroulent en morse. C'est savoureux d'ailleurs... l'impression d'une autre période historique... Des échanges incompréhensibles, des bip bip bip... bip déclenchent subitement des éclats de rire prolongés, irrésistibles, chez nos hôtes. Il est presque impossible de ne pas leur faire chorus.

Les traîneaux allégés au maximum, nous quitterons la base demain matin, avec l'objectif de parcourir 48 kilomètres par jour. Si nous continuons à emprunter les traces des camions, nous serons à Mirny à la nouvelle date prévue. Mais Daho, qui fait et refait ses calculs, reste sceptique...

Etrange Komsomolskaïa... isolée au milieu du désert, paraissant comme abandonnée, avec ses trois baraques encerclées d'épaves de camions rouillés, de matériel en ruine, aussi divers qu'inutilisable. On peut même voir dans un coin un vieil avion échoué, la queue en l'air, que les glaces finiront bien par engloutir tout entier... Dans cette station de ravitaillement destinée aux zincs faisant la ligne Vostok-Mirny, c'est bientôt la fin de la saison. Tout le monde va partir sous peu. Aucun homme n'y passe l'hiver !

C'est la base la plus haute du continent : 3 840 mètres d'altitude, et sûrement la plus froide — quoique personne ne soit plus là pour mesurer les températures hivernales... Mais ce soir, il fait déjà presque – 50° C, alors on peut imaginer ce que ce sera dans deux mois...

4 février 1990
– 41° C le matin, – 35° C le soir

Aujourd'hui, Buffy et Bly, qui souffrent de plaies aux pattes, nous devancent... Ils vont très vite, installés sur le char russe qui nous ouvre la route. Ils reviendront tirer avec leurs congénères quand le processus de cicatrisation aura accompli son œuvre.

En quittant le petit monde de Komsomolskaïa, notre nostalgie est grande. Nous nous sommes rapidement attachés à nos hôtes, tant leur gentillesse est fabuleuse.

Un léger voile de brume de l'« été » a emprisonné un peu de chaleur solaire. Malgré les – 40° C, la journée va nous paraître bien chaude ! C'est toujours un enchantement que ces brouillards où les rayons du soleil passent comme à travers des filtres de différentes épaisseurs. Nous pouvons admirer toutes les gradations de blancs possibles, jusqu'au gris, jusqu'au jaune, jusqu'au bleu et même parfois jusqu'au rose... Ce serait paradisiaque s'ils ne s'accompagnaient le plus souvent d'un effet de serre « humide » qui met mal à l'aise, car suer dans les glaces n'est pas biologiquement prévu dans notre arsenal physiologique...

En début d'après-midi, *quelque chose* de titanesque et de fumant surgit à l'horizon ! C'est le « grand train de l'Antarctique est » qui fait Mirny-Vostok et retour : sept tracteurs géants à chenilles, sept wagons à la queue leu leu, des animaux préhistoriques... vraiment impressionnants ! Ils stoppent en nous croisant. Anatole, le conducteur en chef, nous aborde virilement. Surprenant cheminot des glaces, au physique inoubliable, avec une « gueule » magnifique à la Zorba le Grec, il en est à son quarante-cinquième voyage, mais semble toujours aussi passionné par la « ligne ».

Nous célébrons bien entendu notre rencontre à la « russe », en ouvrant sans plus tarder une bouteille de cognac d'Ararat, une autre de vodka, et plusieurs boîtes de poisson mariné. Après quelques toasts, chacun reprend son chemin, lui dans un vacarme de ferraille et de moteurs diesels, nous dans le crissement des patins de nos traîneaux sur la glace, des cris des hommes et des aboiements des chiens. Deux mondes si diamétralement opposés que je me demande après coup si je ne viens pas de rêver toute cette scène, si l'apparition puis l'évanouissement de ces géants de métal n'était pas une fantasmagorie, une variété de mirages propres à ce désert blanc !

Mais non ! Anatole a laissé derrière lui trop de traces tangibles ! Par endroits, un large sillon atteint près d'un mètre de profondeur. Hélas, cette voie est pratiquement inutilisable pour nos traîneaux, car le fond en est extrêmement abîmé, labouré. Même notre char des neiges ne s'y risque pas. Il nous fait à l'écart une belle route, indispensable pour soutenir l'allure prévue jusqu'à notre arrivée sur l'océan Indien.

Le soir, nous recevons un télégramme en morse : « Faites pour le mieux. C'est vous qui décidez. On s'arrangera pour que la logistique suive. Signé Cathy et Steph. » C'est Victor qui décrypte. Suit un autre télex de Cathy : « Go pour le 24. On fait ce qu'on peut de notre côté. » Deux réponses positives donc, à notre « bombe » d'hier ! Pourtant, ça n'a pas l'air simple, simple d'emmener tout le monde à Mirny. La piste principale de Molodechnaïa est impraticable actuellement pour un Iliouchine 76. Le bateau *Professeur Zoubov* est allé à l'île Maurice chercher quelques-uns de nos invités. Arriveront-ils à temps ?

Nous apprenons que Messner se trouve actuellement à 81 ° sud. Lui finira donc très bientôt... avant nous de toute façon...

Le gag du jour, c'est l'évasion de Sodapop ! Nous l'avions laissé pour un repos bien mérité à Komsomolskaïa. Le coquin a rongé sa corde et s'est enfui de la base en courant comme un forcené sur nos traces ! Nos amis russes ont dû filer à sa poursuite en camion à chenilles, afin de le récupérer deux kilomètres plus loin... Et dire que certains persistent à croire que nous forçons nos bêtes à tracter... Si c'était le cas, Sodapop n'aurait jamais fugué pour nous rejoindre.

5 février 1990
– 44° C le matin, – 34° C le soir

En Antarctique, il fait un peu moins froid quand on monte vers le nord. C'est une course à gagner contre l'inclinaison saisonnière de la Terre. Ça se joue sur quelques degrés. Il faut fuir le sud de manière à ce que le soleil passe le plus tard possible sous la ligne d'horizon. Actuellement, il est à minuit sur l'horizon à 10 ° — ce qui est assez bas, mais suffisant cependant pour que la température ne s'effondre pas à... – 60° C. Il fera moins froid quand nous perdrons de l'altitude : nous sommes encore à 3 450 mètres, et malheureusement notre lente descente vers l'océan Indien ne commencera qu'à 250 kilomètres de Mirny. Pourtant, ce serait un réel soulagement de retrouver une élévation moins pénible à supporter. Car ici la pression partielle d'oxygène est inférieure de 20 % à celle qui règne à une altitude similaire sous nos latitudes. Nous sommes donc en fait à une hauteur équivalant à 4 200 mètres ! Et ça se sent terriblement !

Surtout lorsqu'on se met en colère contre les chiens... Cet après-midi, Arrow, qui n'en fait qu'à sa tête au milieu des traces du « char des neiges », a fait par deux fois chavirer le traîneau. A la première, je me suis retenu sagement d'élever la voix contre lui. A la seconde, j'ai perdu mon *self-control*... Grand mal m'en a pris ! J'ai mis dix minutes avant de récupérer ! Sous le regard malicieux d'Arrow, dont les yeux pétillants semblaient me dire : « Je t'ai bien eu, hein ! »

Condamné à vitupérer intérieurement, je me venge alors sur l'équipe cinéma. Elle devait nous rejoindre à Vostok, mais que nenni ! Quel dommage que Laurent n'ait pas été présent et qu'aucune pellicule ne garde la mémoire de notre accueil si magnifique ! Comme de la visite de la station de forage, des agapes de Komsomolskaïa et de la fantastique rencontre du « train de l'Antarctique »... Cela aurait donné de superbes images, très révélatrices de l'univers et des méthodes soviétiques en usage dans le coin, dont Victor dit avec humour : « S'il n'y a pas la qualité, il y a... la quantité ! »

Mais je m'en veux toujours de m'énerver inutilement contre des gens ou des événements qui ne se déroulent pas comme je le souhaite. Ici, il ne faut pas oublier que l'Antarctique est souverain. C'est lui qui dicte ses lois à travers son immensité, sa rudesse et son épouvantable climat. Demain, je me promets d'être plus philosophe et de ne songer qu'à la *Maison de la nature*. En compagnie d'un coquelicot et d'un grillon, je peux tenir pendant des heures ! C'est infiniment mieux que de soliloquer interminablement pour n'aboutir qu'à des jérémiades !...

6 février 1990
– 48° C le matin, – 36° C le soir

Le dépouillement de cet univers frôle la perfection esthétique d'un chef-d'œuvre abstrait. En haut, du bleu à l'infini... en bas, du blanc à l'infini... devant, un horizon qui donne la perspective. C'est tout, et c'est sublime ! Il n'y a qu'une tache de mouche sur la toile : le char des neiges.

A son bord, Bly est toujours en convalescence. Quant à Buffy, il est guéri et nous accompagne aujourd'hui. Pop, dont les pattes sont douloureusement entaillées par la glace, l'a remplacé. Il est installé dans une boîte à côté de Bly sur le traîneau de quatorze tonnes d'acier tracté par le char.

Will est très heureusement surpris par la vigueur nouvelle de son Buffy, qu'il n'a jamais vu tirer si fort de sa vie. C'est qu'il se défoule, le diable ! Il n'a guère dû apprécier son immobilité forcée sur l'engin russe, abruti par le vacarme des 550 chevaux du moteur, sans parler des miasmes des gaz d'échappement ! D'ailleurs, après seulement quatre jours de cette cure, sa belle robe blanche est devenue grisâtre... Ça passera...

Le soir, nous rejoignons le char pour un nouveau ravitaillement, et un bon dîner. Hélas, Pop pousse des lamentations théâtrales dès qu'il nous voit arriver... Il ne cessera pas pendant tout le repas. Pas de doute, il n'apprécie pas du tout sa situation. Ses plaintes m'évoquent les cris venant de la ménagerie d'un cirque ambulant. Courage, Pop, d'après Geoff tu n'en as plus que pour quatre jours à être trimbalé par ce « Russian Circus » ! Ensuite, tu retrouveras la neige, tes copains et l'allégresse de la course... A notre prochaine visite au char, nous te récupérerons.

Un télex nous est transmis depuis Mirny. Mauvaise nouvelle : nous ne devons pas arriver là-bas avant le 3 mars ! Et il nous faudra attendre l'équipe cinéma à Pionierskaïa... « O.K., général Steph ! On a tellement l'habitude de se les cailler à présent, qu'un peu plus, un peu moins... »

7 février 1990
– 45° C le matin, – 35° C le soir

Ce matin, le « Russian Circus » part avant nous, dans une grande pétarade et un nuage noir de mazout. De la caisse de Pop ne dépasse que sa tête. Comme il a les yeux tristes, le pauvre ! Quant à Bly, aucun signe, il doit encore dormir...

Vers 10 heures, le vent se lève du sud-est et ça se rafraîchit d'un coup. En fin de matinée, il souffle à 8-10 m/s.

Nous longeons la voie ferrée laissée par le monstre d'Anatole, car les traces du char qui nous précède sont effacées par la neige qui ne cesse de tomber. La visibilité est faible, les nuages épais occultent le ciel... Brumes et pans de brouillard opaques... Plus le soir approche, plus l'ambiance péninsulaire — de sinistre mémoire — nous semble de retour !

Le camp dressé, les cordages des tentes et l'antenne radio se mettent à siffler. Pouah ! Il y avait bien longtemps que nous n'avions pas entendu ça. Serait-ce l'hiver... déjà là ? Imperturbable, Daho effectue ses prélèvements de glace, numérotant inlassablement ses séries infinies de petits flacons de plastique. Je trouve que sa ténacité indémontable de scientifique se double d'une passion un tantinet obsessionnelle de collectionneur. Depuis 194 jours consécutifs, il fait les mêmes gestes... c'est un manège ritualisé impressionnant !

Le ciel est si couvert qu'à 21 h 30 il fait déjà sombre sous la tente. D'ailleurs, la nuit dernière, je me suis réveillé à 2 heures, et le soleil affleurait à peine sur l'horizon. Ce sera bientôt le retour de la longue nuit...

8 février 1990
– 36° C le matin, – 24° C le soir

Au réveil, la tente est recouverte de glace à l'intérieur. Nous sortons le « chauffage d'appoint », un petit réchaud MSR. Ça nous change la vie d'un seul coup ! Mais tout est mouillé !

Cet après-midi, une légère couche de cirrus a emprisonné un peu d'air chaud, et la température est remontée assez vite. Nous ne sommes plus qu'à 600 kilomètres de l'océan Indien. Vers midi, le soleil est plutôt haut, cela nous aide. En contrepartie, il passera sous l'horizon pour la première fois de la saison à minuit... ce qui nous promet encore quelques nuits... frigorifiques !

Notre principal souci à présent est de soustraire nos chiens au froid et à l'altitude le plus rapidement possible. Hélas, nous voilà contraints de ralentir afin de faire coïncider notre arrivée avec l'émission de télévision en direct du 3 mars... Aujourd'hui, nous diminuons notre temps de marche d'une heure, mais Daho nous annonce quand même 25 milles au compteur. C'est un comble ! Nous allons trop vite désormais ! Plus nous descendrons, et plus les chiens vont accélérer tout naturellement. Dans un air empli enfin d'oxygène, nous aurons du mal à calmer leur enthousiasme !

J'apprends à la radio que l'équipe cinéma vient tout juste de quitter Paris. Malgré mes vitupérations ironiques d'avant-hier, j'ai hâte en fait de les voir débarquer. Cela nous fera une bonne compagnie. Ils vont nous approvisionner en nouvelles toutes fraîches, de quoi accélérer l'écoulement, par trop lassant, du temps jusqu'à la... sortie !

Grâce à la toute neuve antenne en cuivre confectionnée à Komsomolskaïa, je capte Radio France Internationale comme si j'étais à Perpignan ! Et les nouvelles du monde sont d'importance : la libération de Nelson Mandela est imminente... 150 000 personnes dans les rues de Moscou pour l'abrogation de l'article 6 de la Constitution, qui place le Parti au-dessus de tout et de tous ! Victor se contente de ricaner quand je lui annonce ce « scoop »... Je lui explique que ce n'est que le début des longues marches, des manifestations organisées dans les démocraties, qu'en France nous en comptons des kyrielles entre la Bastille et la République... Il a l'air bien sceptique.

Victor est pro-perestroïka, un progressiste. Comme il a eu la chance de beaucoup voyager au cours de ces dernières années, il vit très mal le fait que l'on enferme la majorité de son peuple derrière des frontières infranchissables. Il rejette un grand nombre de mauvais travers du communisme. Le simple fait de les évoquer peut même le mettre instantanément en colère. Mais il ne renie pas tout en bloc. Au fur et à mesure que nous suivons et apprenons par radio que les pays de l'Est se désolidarisent peu à peu de l'URSS, abolissant un par un les partis communistes, je le sens bouleversé. Nous en avons parlé plusieurs fois. En fait, c'est la suppression du mot même de « communisme » qui le blesse. Pourtant, il n'a jamais eu la carte du Parti, même pas celle des Jeunesses communistes, il se déclare complètement indépendant. Mais il aime et respecte toujours la lutte qui a eu lieu dans son pays au cours des années vingt. Son admiration pour la Révolution reste profonde, et ses idéaux demeurent les siens. Il me dira un jour : « Ah, Jean-Louis, c'est dommage, nous allons perdre cette image du communisme, celle de l'appel de 1917 à se retrousser tous ensemble les manches, quand des millions de cœurs et d'esprits étaient solidaires... quand les Russes étaient prêts à travailler, même les samedis et les dimanches, pour lutter contre l'oppression ! » En ce sens, Lénine lui plaît, qui incarne ce communisme des premiers jours. D'évidence, il est conscient que cet esprit-là n'existe plus depuis longtemps, mais c'est l'idée fondatrice et généreuse qui perdure en lui comme une haute valeur de conquête de la dignité humaine pour quoi tant d'hommes sont morts. C'est dans cette flamme du vrai communisme originel qu'il a été éduqué. Elle brûle encore dans son âme slave, nostalgique par essence. J'ai dit plus haut que Victor était un progressiste, mais c'est plutôt un « progressiste de tradition » ! Cela peut paraître un curieux concept, mais la psychologie des Russes est infiniment complexe. Il nous faut les accepter ainsi.

9 février 1990
– 36° C le matin, – 24° C le soir

Le temps aujourd'hui est doux et couvert. L'après-midi se passe sur une pente descendante assez inclinée. C'était prévu, impossible d'empêcher les chiens de filer comme une luge ! Nous, nous rêvons aux vagues de l'océan qui nous ouvrent leur flux au bout du désert. 29 milles au compteur ce soir. C'est beaucoup ! Mais tant pis, on freinera plus loin. Lorsque nous nous serons enfin évadés de cette atmosphère confinée, où le manque d'oxygène augmente autant les efforts des jambes que ceux des pattes !

Hier, Will m'a suggéré de lancer la « Grande Dérive » du bateau *UAP Antarctica* au pôle Nord tout de suite après la fin de notre expédition. Depuis, mon esprit y revient sans cesse. J'avoue que c'est une perspective qui m'enchante.

Il y a pratiquement un siècle que le Norvégien Nansen a inventé ce fabuleux voyage : atteindre le pôle Nord, jusqu'alors invaincu, en profitant de la grande dérive de l'océan Arctique. Parti à bord de son bateau, le *Fram*, en 1893, il se laissa prendre par les glaces 2 000 km à l'ouest du détroit de Béring, et le pack l'emporta. Il quitta le navire vers 84 °N et progressa avec un compagnon jusqu'au 86 °N. Là, l'état chaotique de la surface les obligea à rebrousser chemin. Ils ne retrouvèrent pas le *Fram*, qui continuait de son côté sa dérive vers la mer du Groenland. Ils survécurent incroyablement à deux hivers consécutifs sur la banquise... revinrent sur la terre de François-Joseph, où une expédition anglaise de passage les récupéra. Ramenés par bateau à Oslo, ils eurent vite des nouvelles du *Fram* et de son équipage : évadé lui aussi de sa prison de glace, il était intact et ses hommes tous vivants ! Après deux ans de tribulations polaires... Quelle saga !

J'aimerais refaire la tentative de Nansen. J'imagine avec intensité le moment où *Antarctica*, coincé par le pack, commencera à grincer, à se vriller... Nous en aurons certainement des sueurs froides... Mais c'est un navire qui a été conçu pour ça. Il tiendra. Nous dériverons alors et, arrivés tout près du pôle Nord, à la fin du premier hiver, je quitterai le bord, à la tombée des nuits, très peu chargé... Ah, revoir ce lieu magique, ce serait fantastique ! L'atteindre en autonomie complète, avec des chiens... revenir sur l'*Antarctica*. Et ainsi, venger Nansen de son échec !

Ah ! J'imagine le bateau à la fin de l'hiver suivant, avec le retour du soleil... quand la glace commencera à fondre... quand elle va vêler... délivrant notre voilier de son étreinte... Une superbe épopée !

Quand je songe à Nansen en train de chercher son *Fram*... Quelle folie ! Il ignorait la position du bateau, puisque aucune radio n'existait à l'époque ! Il n'avait pratiquement pas une seule chance de le retrouver ! Et à l'aller ! il était parti à la découverte totale de cet océan Arctique... que personne ne connaissait...

Aujourd'hui, les Soviétiques ont installé des bases dérivantes dans le coin. Ils savent globalement à quels endroits on peut se laisser prendre par les glaces pour que la dérive vous entraîne à coup sûr tout près du pôle Nord. Oui, je crois vraiment qu'il est temps de venger Nansen !

J'entends à la radio que mon complice de navigation avec Eric Tabarly, Titouan Lamazou, vient de virer le cap Horn en tête du *Globe Challenge*, la première course autour du monde sans escale et sans assistance. Hurrah ! peut-être arriverons-nous ensemble en France...

10 février 1990
– 35° C le matin, – 25° C le soir

Une brise glaciale souffle de l'est. C'est nuageux par moments, mais il fait assez beau... au sens antarctique du terme s'entend. Je passe des heures à peaufiner dans ma tête l'organisation de la dérive au pôle Nord. J'ai définitivement la sensation que je ferai des expéditions jusqu'à n'en plus pouvoir. Aussi loin que je puisse naviguer dans mes souvenirs, je retombe toujours sur cette envie incoercible d'aventures. Je me souviens des listes de matériel que je faisais pour aller hypothétiquement camper sur la neige hivernale des Pyrénées... J'avais même écrit une fois au maire de Gavarnie pour l'informer de mes projets ! Quand j'en ai parlé à mes parents, mon père, toujours aussi exigeant pour la politesse, a lui-même adressé à « Monsieur le Maire de Gavarnie » une lettre le priant d'excuser mon jeune âge...

J'avais treize ans, j'en ai aujourd'hui quarante-trois, et je crois que cette vie est en moi pour toujours.

Après la dérive au pôle Nord, il y aura sans doute les baleines... et puis... C'est curieux comme j'éprouve sans cesse au cours de mes expéditions le besoin de construire dans ma tête d'autres projets — pas dans le but de posséder des choses matérielles, mais plutôt pour bâtir autour d'une idée. Cela ancre mes pensées sur un axe fixe. De ce point de vue, le sentiment inspiré par la *Maison de la nature* me satisfait pleinement.

Dernières nouvelles du soir : un grand vent de liberté et d'ouverture souffle de l'Est : après trois heures de discussions à Moscou, Gorbatchev et Khol ont annoncé que la réunification de l'Allemagne sera pour la fin de l'année ! Et surtout, Nelson Mandela est enfin sorti de ses 27 années de réclusion ! BRAVO !

Plus tard, nous rejoignons nos chars soviétiques, pour un dîner gargantuesque qui salue le 200e jour de notre glaciale cavalcade.

12 février 1990
– 44° C le matin, – 38° C le soir

Hier, le moindre challenge d'arriver au plus vite ayant disparu, nous nous sommes traînés sans enthousiasme toute la journée à la cadence dite « Mirny la Paresse, objectif 3 mars »... Il ne s'agit pas de s'exciter, même un tant soit peu, sinon, le 20 février, nous risquerions d'y être largement arrivés, forcés de camper sur place et d'attendre, en tapant du pied, presse et télévision, ce qui ne serait pas du meilleur effet !

Mais toutes ces histoires de contingences médiatiques nous ont semblé bien dérisoires lorsque, à l'est, dans le ciel à la luminosité crépusculaire, est apparue la pleine lune... Sur un fond de camaïeux allant du bleu-gris au rose pourpre, une vision à s'agenouiller de beauté !

Aujourd'hui, nous avons vraiment entamé la longue descente vers l'océan Indien. La surface est bonne, plate à l'infini, hormis quelques légers vallonnements par endroits. Les sastrugis ont l'air d'avoir définitivement disparu... Mais n'en parlons pas, de peur de les réveiller ! Il nous reste 480 kilomètres à franchir... Incroyable ! Une brise coupante venant de l'est nous glace le corps, et psychologiquement la lancinante sensation de routine est au moins aussi réfrigérante. Alors, je m'évade dans les mots, cherchant un nom évocateur pour le voyage du pôle Nord. « La Grande Dérive », pourquoi pas ? Mais j'ai peur que ça ne fasse un peu penser à la « grande vadrouille » d'un mec qui a perdu le nord ! Je préfère « le pôle inaccessible », un hommage explicite aux difficultés rencontrées par Nansen. Il faut que cette aventure soit orientée sur le monde et regroupe tous les pays de l'Arctique, qu'y participent les Esquimaux du Canada, de Russie et du Groenland. Ce seront les *mushers* des attelages, renouant ainsi avec leurs valeurs traditionnelles si ébranlées par l'ingérence de notre civilisation. Celle-ci les a fait sombrer dans un monde tellement étranger à leurs racines qu'une grande partie d'entre eux a sombré dans l'alcool par imitation de nos comportements et désespoir. Mon idée est d'essayer de leur redonner le goût de la conquête, de mettre en relief aux yeux de tous leur existence, en les associant aux chiens qui depuis toujours les ont accompagnés lors de leurs chasses, et restent l'un de leurs symboles fondamentaux.

Et puis, pour rendre hommage à l'humanisme de Nansen — il fut Prix Nobel de la paix —, le bateau sera comme le sien un vaisseau cristallisé entre le ciel et l'eau, pour un voyage hors du temps, dans un espace sans repères et sans dimensions. Une féerie pour faire rêver les êtres...

13 février 1990

Nous sommes au pays de Blanche Neige, mais dans la version cruelle du conte... car l'hiver nous course sans s'essouffler, et par moments j'ai au bout des doigts l'épouvantable impression qu'il nous a rattrapés ! A 22 heures, le soleil est couché et il fait déjà – 45° C ! La bise est cinglante. Plus que quinze jours et nous serons à l'abri !

Je rêve d'une vie tranquille dans une cabane en bois, entourée d'eau, de bambous et d'oiseaux... Voilà la lune qui brille à l'est sur le ciel phosphorescent rose et bleu... La splendeur de ces images me fait vite retomber amoureux de cet incroyable Antarctique, le dernier des continents où souffrir, mais le premier pour éblouir.

15

La grande descente

14 février 1990
– 40° C

Le vent rugit violemment... Mais heureusement c'est une journée de repos ! Ce matin, il faut une fois de plus briser la glace du trou de respiration du sac de couchage. Toute la nuit je dois ainsi rouvrir régulièrement mon agloo*, comme un phoque venant respirer à la surface de la banquise. Dès que je manque d'air, je me réveille automatiquement mais, après une dizaine d'immersions de ce genre, le duvet est gelé à son tour, puis humide au contact de la chaleur humaine... un cercle vicieux ! C'est le bagne !

Afin de faire passer le temps, je fais l'épreuve de français du bac sur la question fondamentale : *L'Antarctique est-il une terre de passion* ?

L'Antarctique possède cette force d'attraction des choses inaccessibles qui appellent l'homme à s'engager avec passion. Mais la relation que l'on établit avec ce continent insolite dépend de la façon dont on l'approche.

A ceux qui arrivent par la mer, sur le bout du nez de la Péninsule, l'Antarctique offre sa plus belle parure, sa beauté fragile, et le visiteur émerveillé

* Agloo : trou dans la glace où vient respirer le phoque.

repart conquis, amoureux de cette « fiancée de la Terre » qu'il va jalousement garder sur son cœur. Plus rares sont les voyageurs qui osent prolonger leurs pas vers le pôle Sud, découvrant très vite au sein de cet infini désert blanc que le dernier des continents n'a rien d'autre à offrir que sa froide immensité. Des rapports moins émotionnels, plus complexes, nés de la rencontre avec soi-même, se tissent alors dans cet univers hostile et sans repères. L'Antarctique se fait détestable et inhumain, et c'est à soi qu'on en veut de s'être aventuré là où il n'accepte plus personne.

Dès lors, l'Antarctique a-t-il une âme ? Oui, car à l'épreuve du temps s'en fait l'apprentissage, et le soleil, le vent, les cristaux, la lune et les lumières célestes apparaissent avec bonheur comme les signes du Créateur. L'Antarctique devient alors ce temple puissant, austère et majestueux qui vous impose son silence. Et, face à lui, le « conquérant », après des mois de luttes, se rend compte humblement qu'il n'a rien conquis, sinon une part inconnue de ses propres démons...

Ce soir, la lune est toujours là, le soleil se pose à l'horizon, le blizzard fait circuler comme de l'écume les vapeurs de neige à la surface de la glace. C'est beau, beau, beau, mais d'une frigidité effarante ! Les panaches blanchâtres frappent sans rémission la toile des tentes dont les cordes de soutien ululent. L'hiver est presque là, il va nous rattraper ! Fuyons !

15 février 1990
– 41° C

50 à 60 km/h pour le blizzard, qui réduit la visibilité entre 20 et 30 mètres ! Charmant ! Après 48 kilomètres de progression, nous rejoignons ce qui reste

de la base russe de Pionierskaïa : deux antennes tordues par les vents et le poids de la glace accumulée. C'est lugubre... Mais, à notre stupéfaction, une station mobile de forage est installée à proximité. Depuis deux jours, les techniciens soviétiques sont là, venus retrouver un puits vieux de douze ans, dont la profondeur atteint 350 mètres. Ils étudient, grâce aux variations d'inclinaison du trou, les mouvements de la glace.

Nous sommes chaleureusement invités à faire une séance de sauna dans leurs installations. Le système en est astucieux, bien révélateur de la débrouillardise russe : une résistance électrique porte à ébullition l'eau d'un bidon de lait, la vapeur est canalisée jusque dans une cabine de douche faite d'un rideau de polyéthylène ! Ça marche parfaitement !

Après un bon repas offert par nos hôtes, la lumière est plus belle et nous admirons le soleil couchant derrière le hublot de la salle à manger. Notre réception — tradition oblige — a déjà éparpillé sur la table maintes bouteilles d'alcools variés. Will tient une cuite monumentale !

Au moins, ça le réchauffe car, lorsque nous retournons à notre tente, notre sauna personnel est hélas tombé en panne ! Tout est couvert de poussière de neige. Il nous faut une demi-heure de brossage intensif avant de pouvoir nous installer... L'Antarctique s'obstine à nous rappeler nos pires souvenirs de la Péninsule. Ah, j'oubliais ! Nous avons appris à la radio que l'équipe cinéma vient d'arriver à Mirny. Seront-ils là demain ?

17 février 1990

Ce n'est même pas la peine de songer à préparer une piste d'atterrissage pour l'Antonov 28. Le vent cogne et la visibilité a sérieusement faibli sous le choc. Laurent Chevallier et Per, le photographe norvégien, viendront quand l'Antarctique l'aura décidé ! Espérons que ce sera dans peu de temps car nous ne pouvons nous éterniser ici. L'hiver ne semble pas, mais alors pas du tout prêt à nous épargner. Les chiens, installés à l'abri du blizzard derrière des traîneaux disposés en rempart, sont assez bien protégés de ce déluge de glace cuisante et sans pitié. Mais il fait – 42° C ce matin !... Pourvu que nous puissions filer dès demain et ne plus devoir nous arrêter jusqu'à cent kilomètres de Mirny, où des conditions climatiques infiniment plus clémentes nous permettront de décompresser un peu !

Installé bien au chaud dans une cabane de la station de carottage, je planche sur un sujet qui m'intrigue : *L'humanisation animale : l'homme et la bête dans notre société de nantis.*

Celui qu'on appelle le « fidèle ami de l'homme » n'est-il pas en train de perdre son identité de chien ? C'est un peu la crainte que m'inspirent quelques réactions hostiles — dont j'ai déjà parlé — qui pénètrent un public facile à convaincre. Nous nous trouvons là dans ce domaine du sensible, où l'émotion balaie toute tentative de la raison. Il est aisé d'émouvoir sur ce thème, mais le chien de l'Antarctique n'est pas Mirza. Ne l'y assimilons pas, ce serait concourir à son génocide !

Le développement de l'urbanisation canine ne m'inquiète pas outre mesure. Bien au contraire, je sais parfaitement combien la compagnie d'un animal peut apporter de réconfort affectif. Dans certains cas spécifiques, on peut même parler d'« animal thérapeutique ». Dans d'autres, moins glorieux, le chien est exhibé comme un objet de valorisation immédiate, si bien que certaines races n'échappent pas au phénomène de mode. Dans cette relation, l'animal est investi de sentiments humains et bénéficie parfois même d'un statut social équivalant à celui de tous les autres membres de la famille... Son maître peut se vanter qu'il ne manque ni d'amour ni de confort. Les « parents délicats » iront pour les repas de leur « enfant » choisir les boîtes les plus chères, convaincus qu'elles sont les meilleures. Il s'agit là d'un transfert affectif du type anthropomorphique où l'animal prend place au rang le plus élevé de la classification des vertébrés supérieurs : l'homme. Après tout, pourquoi pas, puisque l'homme et l'animal (qui n'a pas d'autre choix) sont complices dans cette évolution qui conduit au bonheur du maître... d'autant qu'est satisfaite pour lui l'idée du bonheur qu'il se fait de son animal.

Tout va donc pour le mieux, mais il ne faudrait pas pour autant oublier qu'il existe d'autres formes de rapports et de vie entre l'homme et l'animal, où l'on trouve au moins autant d'amour, mais où chacun conserve son identité. Je veux bien sûr parler de ceux que nous entretenons avec les chiens de traîneau qui nous accompagnent pour cette grande traversée de l'Antarctique.

On peut à leur sujet se poser deux questions : souffrent-ils du froid, et sont-ils heureux ?

Et l'on peut s'en poser deux autres à notre égard : faut-il aimer les chiens pour les entraîner sur des terres aussi hostiles, et était-il nécessaire d'utiliser ces animaux là où des engins à chenilles pouvaient nous conduire ?

Ce matin, il fait – 41° C et le soleil est encore bas sur l'horizon, trop bas pour sentir le moindre réchauffement. A peine ont-ils entendu le crissement de la fermeture à glissière de la tente que tous les chiens lèvent la tête. Les jeunes comme Rex, Kinta, Faz ou Chinook sont déjà debout en train de faire des ronds en bout de laisse. Ils se roulent dans la neige et prennent du plaisir à s'étirer, et bientôt ils seront prêts pour une nouvelle journée de route. Sont-ils des phénomènes ? Non, pas du tout, mais Chinook n'est pas un chien citadin né dans la région parisienne et vivant en appartement. Il est né à Iglooglik d'un père inconnu, qui pourrait bien être un loup blanc de l'Arctique. Il n'a jamais connu d'autre chaleur que celle du ventre de sa mère, qui l'a mis au monde dehors, sur la glace, comme tous ses congénères esquimaux. C'est un mâle et son destin est de courir l'Arctique. Il y passera toute sa vie. Dans nos attelages, ils sont nombreux à provenir du même village. D'autres viennent de Grise Fjord ou d'Eskimo Point. Ils sont tous du Grand Nord et arborent en hiver cette épaisse fourrure fine, très touffue, qui pousse entre les poils de leur toison d'été. Ainsi, par – 45° C ils dorment sans problèmes à l'extérieur, à même la neige, et se réveillent frais et dispos, prêts à reprendre avec ardeur leur place dans l'attelage !

Sont-ils des chiens de traction par imitation de leurs parents, ou font-ils cela d'instinct ? C'est là l'éternelle question de l'inné et de l'acquis, et seuls les généticiens pourraient nous répondre. Le « chromosome de traction » existe-t-il ? S'il n'existe pas, l'acquisition du réflexe est instantanée, même chez les chiots isolés, séparés très tôt de leur famille.

Voilà ce qu'est un chien de traîneau, le plus souvent un bâtard, câlin, gentil, parfois féroce mais toujours fier, sauvage et beau. Et quand il court la banquise attelé à sa charge, il se retourne vers vous tous les cinquante pas comme pour vous dire : « On y va ! » Et dans son regard brillant on peut lire sans se tromper qu'il est là, son bonheur.

Lequel des deux chiens est le plus heureux ? Chinook l'esquimau qui vivra toute sa vie dans les grands froids polaires avec ses compagnons d'attelage, ou Mirza, allongé sur la moquette, bien au chaud, attendant sa promenade quotidienne sur le trottoir et ses trente minutes de caresses quotidiennes pendant le journal télévisé ?... Je crois qu'ils sont heureux tous les deux, mais ils n'ont pas le même destin.

Fallait-il prendre des chiens pour cette grande traversée de 6 300 kilomètres ? Pourquoi pas plutôt des scooters des neiges ou d'autres engins à chenilles ? Si nous avons tenté cette expédition avec ces animaux, c'est avant tout parce que nous les aimons. Pour savoir s'ils en étaient capables, nous avons couru le Grand Nord et traversé le Groenland. Il y a trois ans que nous vivons ensemble, et une immense complicité nous unit.

Que seraient venus faire des chars, des chenilles et des moteurs dans cette belle histoire ? Fallait-il abandonner ces chiens sous prétexte de modernité ? Je crois plus que jamais qu'il est essentiel d'apprendre à conjuguer valeurs traditionnelles et modernité. Et le chien, dans sa relation avec l'homme, de par son potentiel affectif, sa générosité, sa simplicité, est là comme un garde-fou. Car, malgré tous les rôles qu'il consent à jouer, le chien continue d'appartenir au règne animal, ce qui le met à l'abri des murmures sismiques de l'humanité. Fondamentalement, son évolution est parallèle à la nôtre, mais différente. Nous avons de la chance que ces animaux nous aiment, mais ne les rendons pas humains !

Je venais de terminer d'écrire ce texte, lorsque Will a surgi, le visage blême. Depuis un certain temps, j'avais observé qu'il était en grande conversation avec Geoff un peu à l'écart. Ce tête-à-tête, à l'extérieur, qui se voulait visiblement à l'abri des oreilles indiscrètes, m'avait étonné. Steger me confie que Geoff lui a sorti tout ce qu'il avait sur le cœur à son sujet !... Et il devait y en avoir ! car l'Américain a les larmes aux yeux. Je m'efforce de le réconforter de mon mieux. Il a l'air de se calmer un peu, mais me quitte quand même encore très mal dans sa peau.

Le soir, Geoff vient lui présenter ses excuses. Il était temps, car l'ambiance commençait à devenir limite ! Ces mots semblent avoir un peu apaisé Will, mais pas complètement. Tout n'est pas réglé... Bon, la nuit favorise l'oubli... On verra bien demain. C'est un autre jour.

18 février 1990

Steger est à nouveau lui-même. Ouf ! C'est le temps qui a hérité de son infâme colère ! Ça bastonne de l'est à 15-18 m/s ! On n'y voit goutte au-delà de 20 mètres !

Nous partons sur les traces des camions qui nous précèdent. C'est une misérable avancée. Nous sommes tous les six engoncés dans nos capuchons, condamnés à nous arrêter toutes les dix minutes, car Victor à l'avant titube et trébuche à cause du vent et d'une surface dure, accidentée par des sastrugis de plus en plus hautes, qui sont autant de pièges aussi sournois qu'imparables ! Mon Dieu, elles sont de retour, ces traîtresses... Et pour améliorer le tableau de ce conte de Noël barbare et impitoyable, le *white out* est d'une blanche opacité à faire trembler... un aveugle !

Un peu plus tard, quelques chutes plus loin, Will, qui ne porte pas aujourd'hui ses lentilles de contact (elles lui donnent un terrible mal de tête...) ne remarque pas que Panda fait un angle par rapport à la bonne trajectoire. Il s'éloigne de la piste tracée par les monstrueux chars soviétiques. Je le suis sans coup férir, ne m'apercevant pas de l'erreur de direction. C'est grave. Je perds Geoff et Victor...

Heureusement, l'expérience acquise depuis des mois joue à fond. Après une demi-heure de recherches à l'aveuglette, nous nous retrouvons.

Comme tous les soirs sous la tente, Will a déployé les plans de son « immeuble ». Ayant trouvé du papier à dessin à la station, il n'hésite pas à l'agrandir. Apparemment très inspiré, Steger ajoute une nouvelle maison, attenante à l'« édifice » principal ! « C'est celle des invités, me dit-il. Et là, la chambre où tu dormiras quand tu viendras me voir ! » Cela me touche beaucoup. Il y a tant d'exemples d'expéditions après lesquelles, malgré toutes les bonnes intentions de départ, les hommes ne désirent qu'une seule chose : surtout ne plus jamais se revoir !

20 février 1990
– 28° C

Hier, c'était la tempête, du style de celle que nous avons subie à Siple, le 22 octobre. Ce jour particulièrement affreux où Tim nous a quittés pour toujours. Ce matin, le vent s'est un peu calmé, mais pas assez cependant pour que l'hélicoptère du brise-glace soviétique *Arseniev*, actuellement à Mirny, nous amène Laurent Chavallier et son équipe de tournage jusqu'ici. Un dernier espoir demeure pour demain matin, si la météo s'améliore... car ensuite le bateau appareillera, emportant l'hélicoptère.

Les temps sont durs, au ciel comme sur le sol : Victor Galavanov a planté son troisième Iliouchine 14 sur le parcours Mirny-Vostok — ça fait vingt-cinq ans qu'il fait la ligne ! En panne de moteur, il s'est posé en catastrophe sur le ventre. L'équipage de cinq personnes est sain et sauf, mais nous ignorons s'ils ont le moyen de se chauffer, et même s'ils possèdent des sacs de couchage... Cela risque d'être une expérience de survie féroce pour eux ! Bloqué dans une carlingue où il fait – 45° C, il faut s'accrocher pour résister au froid !

Aujourd'hui, Geoff a quarante ans, mais le temps est par trop épouvantable pour fêter cet événement. Tout est reporté : les vols, les marches... même les anniversaires n'y coupent pas ! Halte-là ! L'Antarctique nous paralyse de nouveau ! Il y en a assez, ASSEZ ! Comme pour le narguer, lui faire un pied de nez, l'Anglais prend une douche de neige. C'est sa première et Victor exulte. « Par ici, Geoff, c'est plus facile de souffler quarante flocons que quarante bougies, et puis ne t'inquiète pas, ça revient au même !... »

Toujours des catabatiques rugissant de l'est, une visibilité évanescente... C'est à peine si je distingue la silhouette de Will, hors de la tente ! Victor hésite devant ces conditions, il est très sceptique quant à une possibilité de progression. Je m'énerve et parcours une cinquantaine de mètres... Il ne faut pas baisser pavillon, la trace des chars des neiges reste visible malgré le vent ! Alors que je reviens vers le camp, Victor me lance: « O.K., O.K., Jean-Louis, même si nous ne faisons que 20 kilomètres, ce sera toujours mieux que de rester incarcérés ici ! »

Nous nous enfonçons dans le néant... pour une marche dans un tunnel... sur 42 kilomètres, sans jamais rien apercevoir au-delà du traîneau précédent ! A l'arrivée, nous nous adressons mutuellement des ... Bravos ! Bravos ! gelés. On croirait voir des pingouins en train de se congratuler.

Ce soir, en direct radio avec Mirny, nous sommes dans la tente de Babel. Les mots et les phrases fusent et s'échangent en russe, anglais, chinois, français, japonais... un ping-pong étourdissant ! Steph nous confirme notre arrivée pour le 3 mars... et la presse prépare son débarquement... le bateau *Professeur Zoubov* vogue déjà vers Molodechnaïa en quête d'un groupe de journalistes venant de Moscou. Cet avant-goût de razzia, d'invasion de relations publiques m'oppresse. J'ai peur de voir du monde.

21 février 1990

Le catabatique s'essoufflerait-il ? 16 m/s seulement !... On y gagne en visibilité verticale, mais à l'horizontale c'est toujours aussi affligeant. Nous rejoignons les chars des Expéditions polaires soviétiques qui servent de stations intermédiaires de sauvetage pour l'Iliouchine 14 en péril. L'Antonov 28 est allé survoler l'épave pour lui larguer du matériel de secours, mais malheureusement il n'a pas retrouvé la carcasse de l'avion. Au retour ils ont fait un dépôt de carburant pour l'hélicoptère qui tentera demain de les secourir. Les Soviétiques sont inquiets, mais l'espoir de retrouver les cinq hommes, avant qu'il ne soit trop tard, perdure.

Au bilan : toujours sans équipe cinéma, nous nous trouvons à 2400 mètres d'altitude, Mirny est à 270 kilomètres au nord... Il ne nous reste plus que onze jours pour les parcourir ! Et dire que nous avions cru à un rythme de « Mirny la Paresse » ! L'espérance est sans cesse piégée en Antarctique. Ce soir, je perçois ces lieux comme démoniaques. Il faut dire que les deux nouvelles tombées à la radio y contribuent : en France, quelque temps après avoir passé cent jours sous la terre, la spéléologue Véronique Le Guen s'est suicidée... Au Venezuela, Jean-Marc Boivin a été victime d'un accident mortel, alors qu'il effectuait un saut au-dessus des chutes du Salto del Angel. Il était mon ami et, parmi les « aventuriers », le plus extrémiste de nous tous. Il vouait un culte absolu au risque, félin volant à chaque fois jusqu'au bord de la mort, comme s'il cherchait à la griffer. Il disait « que les lois implacables de la montagne ne s'embarrassent pas des efforts fraternels ni des larmes des hommes ». Respecter son esprit ce soir, cela veut dire rester stoïque, mais c'est terrible, terrible : deux êtres pour lesquels l'aventure était tout ont disparu... Quelque part, cinq autres hommes piégés dans leur carlingue se battent pour survivre sur le plus sauvage des continents... De la nuit, l'étreinte glauque de ma tristesse ne se relâchera pas...

22 février 1990
– 30° C le matin, – 25° C le soir

Mais non ! Le catabatique ne s'essouffle jamais ! A 25 m/s, il vous infiltrerait n'importe quoi de neige ! Je le surnomme « le vent de la Haine blanche » ! A midi, nous avons dû comme l'avant-veille monter une tente pour arriver à grignoter ! C'est un changement très notable : on peut parvenir à ouvrir les yeux pour regarder ce qu'on avale ! Une trêve de la Haine blanche, épargnant pour un temps les visages, mais ceux-ci restent si crispés par le froid que les bavardages sont inexistants.

A l'heure du lunch, nous avons 19 milles derrière nous, du jamais fait, un record !

Mais, vers 15 h 30, hélas, c'est l'arrêt obligatoire. Les chars de neige se sont immobilisés afin de signaler à l'hélicoptère un dépôt de kérosène. Et, sans eux devant, pas de traces, et donc pas d'avancée possible... puisque nous leur avons abandonné la navigation.

A 19 h 30, l'hélicoptère surgit, et fait le plein d'essence pour aller en repérage. Il embarque aussi de nombreuses enveloppes signées par nous tous et tamponnées du sceau de l'expédition et de celui du pôle Sud... La collection fait fureur, paraît-il, dans la « vallée », parmi les Soviétiques. Nous leur offrons aussi des dépliants de la Cité des Sciences de La Villette sur l'exposition *Transantarctica*. Ça fera des heureux ! Au dos de l'un d'eux, je tombe en arrêt devant une photo magnifique de l'*UAP Antarctica*... vu de profil sur un fond de glaciers vêlant dans un fjord de Patagonie... L'image du grand voilier polaire est si splendide qu'elle me réconcilie sur-le-champ avec ce navire mal aimé de ma part, faute sans doute de n'avoir jamais navigué à son bord.

L'hélicoptère décolle, filant au « repérage » des survivants, dont on est toujours sans nouvelles.

Quel calme ! L'air est dolent. On entend des éclats de voix venus des tentes voisines. C'est comme un village tranquille à l'heure de se coucher. Les chiens veillent sur nous. Les chars nous font rempart contre les loups-garous. Tout est paisible. Le moral est de retour.

Oh, la bonne surprise ! Au milieu de la soirée, Laurent Chevallier et son équipe atterrissent enfin ! Ils sont accompagnés de Galine et Arcadi. Je suis ravi de les revoir. Galine est une femme merveilleuse, la gestionnaire des Expéditions polaires soviétiques. C'est elle qui nous a aidés et soutenus auprès de l'administration, afin que celle-ci ne rechigne pas trop devant les dépenses à engager. Arcadi, lui, est un expert du pôle Sud, un homme de terrain qui a été plusieurs fois chef de la base de Mirny. Comme sa compatriote, il nous a si souvent conseillés et épaulés que nous lui en sommes infiniment redevables.

Cela n'a pas l'air d'être l'opinion de Geoff, qui ne les salue même pas, s'engouffrant même dans sa tente au moment où ils surgissent ! Là, je trouve qu'il exagère. Je connais la vraie raison de sa bouderie : c'est son aversion absolue pour l'équipe cinéma. Mais... quand même... Il aurait pu venir saluer nos amis. Sans eux, il ne serait peut-être même pas ici aujourd'hui...

Nous apprenons avec une joie fantastique que le cher Galavanov, le vétéran de l'Antarctique, et ses quatre compagnons ont été récupérés indemnes !

Il fait beau ce soir et, déjà nostalgique, je m'imprègne des lumières de l'Antarctique au coucher du soleil, féerie dégradée de rougeurs d'incendie et de mauves somptueux en suspension au-dessus d'un miroir ivoire gigantissime strié de reflets fluctuants... Je me concentre. J'aimerais que ma mémoire enregistre à tout jamais cette image. Car, dans une semaine bientôt, tout sera fini...

En m'endormant, je songe à la chance formidable des cinq Russes retrouvés sains et saufs. Et au destin de l'épave de leur avion, qui commence sa lente dérive dans le ventre géant de l'Antarctique, phagocyté par les neiges et les glaces. Elle réapparaîtra peut-être un jour, dans 250 000 ans ! D'une certaine façon, je voudrais bien être un petit morceau de cet avion, et voyager à jamais, ou presque, au cœur même de cette blancheur durant l'érosion infinie des millénaires sur ce continent empreint d'éternité...

24 février 1990
– 3° C le matin, – 17° C le soir

En m'éveillant, je repense à Galine, à son bonheur de nous retrouver hier. Il émanait d'elle une émotion quasi maternelle, oui, tout à fait celle d'une maman qui revoit ses enfants après une très longue absence. Avec toutes les épreuves et la dureté de l'environnement qu'il nous a fallu jour après jour affronter, nous sommes hypersensibilisés à la chaleur humaine. Je trouve ces réactions belles, simples et profondes. Que Geoff, avec sa froideur, dédaigne ces connivences venues du cœur me choque encore ce matin.

J'ai besoin de le lui exprimer clairement. Avec le plus grand calme, je commence par affirmer que ce n'était guère sympathique de sa part, pas très bien élevé même, de disparaître ainsi à l'arrivée de ces gens. Très vite, hélas, la conversation s'envenime, et dégénère même, quand vient sur le tapis la question de ses rapports avec l'équipe cinéma... ! Jusqu'au moment où je commets ma plus grave erreur de toute l'expédition : comme il le prend de très haut, je lui balance sans réfléchir : « Tu es vraiment très *british*, façon *cup of tea* ! » Enorme faute psychologique ! Ce sont les vieux démons franco-anglais qui sont réapparus sans prévenir et ont donné de la voix ! Catastrophe ! Car, dans une expédition internationale, cela touche à l'incident diplomatique. Il ne faut jamais, au grand jamais, attaquer son interlocuteur au sujet de sa nationalité... Combien de fois me le suis-je répété ! Nigaud ! Je suis tombé dans le piège de la colère.

Toute la matinée, je ressasse ma faute et, n'y tenant plus, à l'heure du déjeuner, je m'approche de Geoff.

— Ça ne peut pas continuer comme ça, Geoff ! On se serre la main ?

— O.K., mais il y a une chose qu'il te faut savoir : à moi, tu peux dire n'importe quoi, mais n'insulte jamais mon pays !

Je m'incline. Il a parfaitement raison. Nous nous serrons poliment la main.

De toute manière, cette poignée de main, c'est le maximum que l'on puisse attendre de Geoff dans les relations humaines. Pour peu qu'on lui saute au cou, il vous repousse en disant : « En Angleterre, on se serre la main... » Avec lui, je suis loin, très loin de ma chaude amitié avec Victor, ou des fulgurances affectives franco-américaines que nous connaissons avec Will... Mes relations avec Geoff Somers ne franchissent pas le degré de la courtoisie. C'est ainsi, mais je le regrette, car c'est un type charmant. Dommage que sa discipline personnelle le rende si froid.

Je passe l'après-midi à endiguer des retours « courtois » d'adrénaline, mais une bonne conversation avec Laurent à propos de mon projet de dérive Nansen et de descente dans le cratère de l'Erebus finit par dissiper mon agressivité. Ces deux idées plaisent beaucoup au cinéaste, et son enthousiasme me rend le sourire.

Plus que 140 kilomètres avant Mirny ! Ce soir, il me tarde vraiment d'en terminer !

25 février 1990
– 3° C le matin, – 17° C le soir

Journée d'été sur le désert blanc. La grande descente vers la mer a vraiment commencé. A l'horizon miroitent les lointaines brumes de l'océan Indien, des vapeurs aux mouvantes irisations, aux nébuleux reflets d'or sous l'intense luminosité de la réverbération. Comment dire encore l'émerveillement de nous trouver au sein de tels panoramas ! C'est comme d'être là par effraction, devant quelque chose de trop beau, de volé, de sacré... Nous ressentons un immense respect pour ces lieux inviolés, où naît spontanément une sorte d'attitude religieuse, la simple envie de remercier pour tant de splendeur.

Pour la première fois depuis des mois, j'ai pu laisser mon visage respirer à l'air libre. Que c'est bon, la caresse du soleil sur la peau ! Vers midi, un oiseau est venu jouer avec les chiens. Cette image familière, banale pour la plupart des hommes, mais sans prix pour quelqu'un privé de tout, m'a profondément ému. J'avais presque oublié ce qu'est la magie des petites joies quotidiennes... Peu à peu, nous allons retrouver couleurs, formes, odeurs, stimulations sensitives de toutes sortes... Ça va être une grande explosion dans nos têtes et nos corps ! Pourvu que nous ne regrettions pas trop vite — la saturation venue — notre ermitage antarctique à l'ascétisme implacable où l'on pouvait s'attendrir jusqu'aux larmes devant un ciel vide ou le pépiement d'un oiseau...

26 février 1990
– 30° C

Grasse matinée obligatoire ! Nous ne sommes plus qu'à 94 kilomètres de Mirny, et si nous laissons aller les chiens à leur rythme effréné nous y serons dans deux jours ! Hélas ! Interdiction d'y arriver avant le 3 mars. Heureusement qu'il n'y a que 28 jours en février... Quelle drôle d'histoire quand même... que d'avoir à régler ses pas sur des calendriers télévisuels, complètement anachroniques dans ces lieux d'avant l'humanité ! Cette émission en direct nous gâche la fin du voyage. C'est la dernière fois que j'essaie de faire coïncider le planning d'une expédition avec des horaires médiatiques inflexibles ! C'est évident que cette contrainte, absurde au regard de ce que nous venons d'accomplir, pèse sur le moral de l'équipe, qui n'a qu'une envie, qu'une idée en tête : en FINIR au plus vite ! J'espère malgré tout que l'arrivée nous fera oublier cette attente et que la joie de savoir l'interminable route de sept mois derrière nous jaillira spontanément.

Hier, l'avion revenant de Vostok nous a survolés à raser la terre, pardon... la neige. Un sympathique salut. Mais faites bien attention ! car nos chiens, entre autres Kuka et Sodapop, sont à bord ! Nous les avions laissés en convalescence à Komsomolskaïa et ils vont finir de se reposer à Mirny. Yeger et Chinook y sont déjà. Blessés aux pattes, ils y ont été transportés par hélicoptère, profitant du sauvetage de Victor Galavanov. Thulé, que Geoff a refusé d'évacuer, passe ces derniers jours tranquille, au chaud dans le char russe, où elle est l'objet de mille soins de la part des mécaniciens... Pour l'arrivée triomphale qui nous attend, son maître va lui offrir la première place, celle qu'elle a occupée avec talent et fidélité depuis le départ de Seal Nunataks. Yeger (qui était au pôle Nord, comme Sam) retrouvera aussi son attelage pour la grande parade finale. Du coup, Keizo, désirant que ses bêtes soient également de la fête, a demandé le retour de Chinook par camion — qui a bien mérité cet honneur lui aussi ! Ces chiens, mis au repos, ont tant pleuré le jour où nous avons dû les évacuer, ils étaient si désespérés de quitter leur équipage que nous nous en voudrions de les priver, en plus, de cet instant de fierté unique et mémorable, ainsi que des caresses de la foule qui les attend avec impatience...

La journée a été quelconque, terne, fade, sans couleurs. Pourtant, aux approches des côtes, le paysage se fait moins monotone, il se plisse en une infinité de vallonnements immaculés, aux ombres gris-bleu qui marbrent la surface du sol aussi loin qu'on puisse voir.

A la tombée de la nuit, nous décidons de nous arrêter. Merveille ! Au moment où nous arrivons au sommet d'un petit talus, le soleil, invisible tout le jour, sort brutalement des nuages, très bas sur l'horizon, lançant ses dernières lueurs rouge et ocre sur l'immensité polaire... Magnifique ! Et, tout à coup, au fond d'un vallon blanc, une ligne horizontale bleu foncé se dessine... Nos gorges se serrent... Non, nos yeux ne mentent pas ! C'est l'océan Indien ! Avec, posés dessus comme des bijoux abstraits étincelants, des milliers d'icebergs tubulaires illuminés de rose et d'or par les feux rasants du soleil couchant... Mon Dieu, à cet instant précis, nous sommes de l'autre côté du continent ! Nous sommes ARRIVÉS !

Paralysés par un puissant déferlement d'émotions, nous nous taisons, regardant, le cœur chaviré, l'astre descendre lentement et disparaître peu à peu dans la mer. Il y a six mois que nous guettions ce moment, et voilà que pour le saluer avec nous les eaux antarctiques donnent ce soir une fête en notre honneur. C'est un trop-plein de beauté, elles ont allumé spécialement pour nous des centaines de projecteurs colorés et les lampes aux lumières balayantes derrière chaque bloc de glace dérivante, dont les opalescences laiteuses et les fabuleuses iridescences peuplent l'air de rayons multicolores... Geoff, Daho et Keizo lèvent les bras au ciel, incapables de prononcer un mot... Victor, exprimant son émotion à sa manière, nous confirme que « ce n'est pas un mirage ! ». Will s'avance vers moi, bouleversé, et articule d'une voix enrouée : « *We made it !* » Nous tombons dans les bras l'un de l'autre et nous nous étreignons, trop émus pour en dire plus... Eh oui, Will, nous l'avons faite, cette impossible traversée ! Nous l'avons faite !...

L'arrivée à Mirny ne sera qu'une formalité. Là-bas, nous entrerons dans une folle machine bien huilée où tout nous échappera... C'est ici que se clôt réellement *Transantarctica*, sur ces larmes et ce spectacle grandiose.

28 février 1990
– 17° C

Hier, il a neigé toute la journée et nous sommes restés calfeutrés sous les tentes. Mais aujourd'hui, nous avons fait 32 kilomètres sans même nous en apercevoir.

Poussés dans le dos par le vent, c'est une glisse allègre, facilitée par la descente vers l'océan. Les arrêts sont réservés à la mise en boîte des dernières images du film et à des séances photographiques. La vie est devenue facile. Je me sens le cœur léger. Désormais, nous n'avons plus qu'à conserver les mains sur le guidon et à nous laisser aller tout droit jusqu'à l'ultime borne...

Ce soir, la tente est une ruche où bourdonnent sans interruption les conversations radio. Laurent, Will et Victor discutent avec Mirny au sujet des entretiens avec la presse, des plans à prévoir pour le direct TV... *and so on*... Quatorze journalistes sont encore bloqués à Molodechnaïa. Ils prendront l'air demain si le temps le permet.

Plus tard, dans la demi-obscurité de la nuit, on devine, plein nord, une épaisse brume noire qui recouvre l'océan. Ce phénomène me rappelle un instant ces rideaux sombres de très mauvais augure qui indiquaient les zones d'eau libre sur la route du pôle Nord, celles dont je craignais tant qu'elles ne m'empêchent à tout jamais de l'atteindre en m'engloutissant corps et biens...

Mais là-haut dans le ciel les étoiles scintillent, et les plus basses sur l'horizon vacillent et clignotent comme les lueurs intermittentes d'un phare sur une côte encore trop lointaine. C'est étrange, cette impression d'arriver au port par la terre, après une longue traversée...

1er mars 1990

Le mois du retour au monde ! Celui d'un premier bilan, d'un choc peut-être... Il faudra trouver les mots, les bons, pour expliquer à la presse, en quelques phrases, ce qu'a été cette folle expédition. Dépasser les rages des catabatiques, le froid haineux, les alternances de l'endurance et de l'héroïsme — épiphénomènes par rapport à l'essentiel. Mais l'essentiel est invisible... Comment le faire partager ? Comment briser les vases clos de la pensée médiatique où fermentent des idées asservies par la mode et la publicité du style « Les Nouveaux Aventuriers » ?

C'est peut-être un péché d'orgueil que de vouloir se

montrer différent... Ne suis-je pas en train de chercher un contre-courant tout aussi vain ? Ce serait une revendication présomptueuse, sans intérêt, propre à isoler, à nous faire choir dans la non-communication. Mieux vaut alors se jeter dans... le grand courant, et s'y montrer plus fort, en entraînant habilement le monde extérieur à la découverte de ce que l'on a envie de lui exposer. Oui, savoir marier son individualité avec l'identité collective, c'est multiplier l'écho de nos passions, de nos points de vue. Devenir le mamelon du sein !

Vers 18 heures, la tempête attaque avec des balafres venteuses et neigeuses de 35 m/s. J'essaie de mettre un peu d'ordre dans notre équipement, lorsque Will, revenu à la tente, prononce une courte phrase bouleversante :

— *Keizo is missing!* Tout le monde le cherche, mais il n'est dans aucun campement, dans aucun char !...

Avec une urgence poignante, nous nous lançons dans un quadrillage du secteur, très difficile et malaisé à cause des rafales aveuglantes. Impossible de se parler dans la tourmente, la désorganisation est totale. Enfin, nous commençons à cerner des zones, une corde attachée à un camion en guise de point fixe, un homme échelonné tous les dix mètres cramponné à ce fil d'Ariane. Chacun hurle « Keizo ! Keizo ! » Mais la nuit tombe vite, compliquant l'organisation méthodique du sauvetage et menaçant notre sécurité. Nous persistons cependant jusqu'à 10 heures du soir, mais c'est l'échec. Poussés par la rage et l'angoisse, nous nous acharnons au maximum. Mais rien... toujours aucun signe du Japonais... A 11 heures, contraints et forcés, nous stoppons. Keizo a disparu.

Pourtant, nous sommes tous confiants : il fait – 10° C, et même si le vent atteint les 120-130 km/h, Keizo, après sept mois de lutte dans l'Antarctique, n'est pas du genre à paniquer et à mourir d'épuisement — bien qu'après avoir fait l'inventaire de ses vêtements nous le sachions très peu couvert ! Nous reprendrons les recherches dès 5 heures du matin.

Daho, à qui par mesure de prudence nous avons demandé de rester à l'abri, ne dormira pas. Toute la nuit, il ressassera ce cri de lamentation « Keizo ! Keizo !... Keizo !... » emporté par la tempête. « Je suis bouddhiste, me dit-il, et chez moi ce cri est celui que poussera mon fils aîné — et lui seul — pour appeler mon esprit quand je serai mort... Alors, vous entendre dehors pousser ces cris dans la nuit s'apparentait pour moi à la cérémonie funéraire de la mort de Keizo... Blotti sous ma toile secouée par la tempête, j'ai veillé jusqu'à l'aube à côté de son sac de couchage vide... »

2 mars 1990

Pour nous tous aussi, l'attente nocturne a été longue, très longue. A 5 heures, nous reprenons nos recherches. La relative clarté du jour permet d'être plus méthodique, malgré la violence des bourrasques. Nous débutons par des cercles, encordés à partir du deuxième traîneau, celui de Will. Sans succès, hélas ! Ensuite, nous déplaçons la corde à l'avant d'un char des neiges et entamons un nouveau tour dans la brume épaisse. A mi-rotation, rien... La fin du rond s'approche. Je commence à être terriblement inquiet.

Mais soudain, un grand cri jaillit de la purée de pois ! C'est lui ! C'est Keizo ! Il a répondu à nos appels. Devinant nos silhouettes dans la tempête, il accourt vers nous en hurlant de joie. Il nous saute au cou et nous embrasse tous — même Geoff y a droit et se laisse faire pour une fois ! Notre Japonais ne souffre d'aucune gelure et semble plutôt serein. Ah,

Keizo ! tu es sauvé ! vraiment ç'aurait été trop stupide de te perdre ici, à 26 kilomètres à peine de l'arrivée, après être passé à travers toutes les embûches des 6 300 kilomètres de notre traversée !

Enfin au chaud, une tasse de thé brûlant à sa portée, Keizo commence à nous raconter ce qui lui est arrivé : il a quitté son campement hier soir, afin d'aller visiter ses chiens. La fureur du vent dans le dos, il a suivi sans problème la piste jalonnée par nos skis. Mais au retour, sous les coups de boutoir terrifiants, il a trébuché, complètement aveuglé par la neige... L'instant suivant, il perdait tout point de repère. Dans ce cas, il faut surtout ne plus bouger, attendre une accalmie qui permette de deviner à nouveau l'ébauche d'une forme plantée dans la neige. Hélas, il a tenté de revenir malgré tout. Ce n'est qu'au bout d'une cinquantaine de mètres qu'il a réalisé son erreur ! Mais il était alors définitivement perdu ! Il a eu le bon réflexe : se coucher et attendre. Il n'y avait plus rien d'autre à faire...

Bien sûr, il n'était pas très équipé, mais il n'a pas fait très froid : – 15° C. Il ne portait qu'une paire de chaussettes recouvertes de chaussons-chaussettes élastiques, imperméables, son pantalon et sa parka en Gore Tex, qui protègent bien du vent, mais pas de fourrures polaires, ni de gants ! simplement ses sous-vêtements en Damart.

Toute la nuit, nous nous sommes posé la question de savoir si Keizo résisterait avec si peu de vêtements sur lui... C'était affreux de le sentir si proche, sans doute à une cinquantaine de mètres, en train de crever, et d'être condamnés à l'impuissance !

— As-tu aperçu les fusées de détresse que nous avons lancées hier soir ? lui demande Victor.

— Et le bruit de leurs pétards, les as-tu entendus ? insiste Will.

— Et les coups de klaxon des chars ? surenchérit Geoff.

— Rien du tout ! Je n'ai rien entendu avec le vacarme du vent ! J'ai juste aperçu une petite fusée et puis... rien ! En tout cas, ça m'a donné du courage !

Une seule fusée, une lueur si confuse dans le blizzard, ça n'était pas suffisant pour qu'il ose partir dans cette direction, aussi vite indiquée que disparue. Les Soviétiques ont tiré quatre fusées. Il n'a dû entrevoir que la dernière, comble de malchance !

— Vous savez, ce qui m'a aidé à tenir toute la nuit, c'est qu'en tant que bouddhiste je ne crois pas que mon corps m'appartienne. Il est à ma mère. C'est elle qui me l'a donné, et c'est pour elle que je voulais le conserver, afin de le lui ramener...

Quoique très croyant, Keizo ne pratique pas, mais, dans une situation aussi extrême, sa spiritualité s'est réveillée, lui permettant d'appréhender les choses avec une très profonde sagesse...

Pour se bricoler un abri, il ne disposait que d'un seul outil qu'il a toujours sur lui : une pince multiple, qui permet de travailler tout en gardant ses gants. Avec elle, il a creusé un peu la glace, puis s'est mis en position fœtale et a attendu que la neige le recouvre. Il a eu alors abominablement froid, jusqu'à ce que l'igloo se moule autour de son corps. Quand la mini-grotte a été suffisamment compacte, il s'est décollé des parois glacées, et tout d'un coup il s'est senti... mieux ! Une petite couche d'air s'étant glissée entre elles. Le type même d'isolation qui permet à nos chiens de se protéger dans leurs igloos sur mesure. Mais hélas, Keizo n'a pas leur fourrure, et cela a été très, très dur quand même.

Pendant toute cette nuit, il a beaucoup pensé à nous, comme à des copains de toujours. Il avait une absolue confiance. Il savait avec certitude que nous le recherchions, comme depuis sept mois nous nous sommes toujours cherchés et retrouvés dans les pires conditions climatiques, dans les pires des ouragans et des brouillards... Il était persuadé que nous l'en sortirions.

Entre deux gorgées de thé, il ne cesse de s'excuser. Il n'aurait jamais dû bouger après avoir perdu ses repères ! Nous nous l'étions si souvent répété ! Il s'en veut de nous avoir tant inquiétés !

Et puis, avec un certain humour, il conclut : « J'aurais pu tenir une nuit encore, vous savez... mais pas plus !... »

La tempête continue ses ravages. La visibilité est très limitée. Dire qu'un direct TV avait été prévu pour ce soir, depuis un camp que nous aurions dû établir à 10 kilomètres de Mirny ! Nos dix jours d'avance se sont volatilisés sous la hargne de l'Antarctique, et maintenant nous avons même un jour de retard sur le calendrier ! Mais demain, nous allons terminer *Transantarctica* !

C'est la dernière des 220 nuits que j'aurai passées sous cette tente, où la flamme d'une bougie nous éclaire de sa faible lumière dansante, incertaine, qui donne de la profondeur et des reliefs obscurs au-dedans. Dehors, la neige ne cesse de cingler la toile avec des bruits stridents. Je m'accroche à ces sons, aux couleurs, à l'odeur si particulière des réchauds à essence, tout cet univers de la vie que j'aime tant, et que je vais quitter. Les sacs sont déjà faits. C'est la fin du voyage. Alors, vivement l'Erebus, la Grande Dérive, les baleines... les albatros... les océans !...

3 mars 1990

Juste devant nous, une banderole est suspendue entre deux piquets. Un énorme FINISH y est peint ! Chiens, traîneaux et hommes s'engouffrent en dessous, et passent... Ça y est ! C'est gagné ! *Transantarctica* est terminée ! Nos attelages freinent pour la dernière fois sous les salves d'applaudissements de l'assistance. Et c'est la ruée journalistique ! Instantanément, nous sommes plongés dans la civilisation. On nous tend des micros, on nous filme, on nous mitraille de déclics... Un vrai catabatique médiatique !

— Et maintenant, docteur Etienne, qu'allez-vous faire ?

— Vous savez, mes deux expéditions majeures, celle du pôle Nord et celle-ci, sont comme des mises au monde. Elles ont leurs phases de création, de gestation et d'accouchement. Aujourd'hui, je suis comme une jeune maman, je viens d'accoucher de *Transantarctica*, avec tout le cortège des moments d'effort, de souffrance et de joie. Aujourd'hui, une nouvelle créature occupe mon univers et je vais commencer à vivre avec elle.

Je demande une minute de répit, afin que nous nous retrouvions au moins quelques instants ensemble tous les six pour partager notre émotion. Peine perdue, on nous happe avec une frénésie sans vergogne. Mais le hasard fait que Will parvient à émerger de la mêlée au moment précis où je suis moi-même assez... libre de mes mouvements ! Alors, nous tombons dans les bras l'un de l'autre. Ça ne dure que quelques secondes, mais c'est d'une intensité extraordinaire. Il nous fallait cette étreinte, pour réaliser vraiment, pleinement, que nous avions réussi notre invraisemblable pari. « *We made it! We made it!* », nous nous répétons inlassablement ces mots, comme une formule magique. Implose alors en moi un fantastique kaléidoscope d'images : nos chiens tant aimés, les pires blizzards, les traîneaux chevauchant les sastrugis, mes interminables prostrations sous la tente, les festins d'autant plus fabuleux qu'épisodiques, les lunchs de misère où nous ingurgitions autant de neige que de pemmican... et des milliers de kilomètres blancs aux glissades blanches au long des visions blanches...

Tous nos chiens sont fêtés, caressés, chatouillés, mais leur grande chance est surtout de ne pas savoir parler. Que diraient-ils de ces sept mois passés sur le plus inhospitalier des continents... ? Quant à nous ! Interview sur interview, conférence par satellite, télégrammes de félicitations pleuvant du monde entier : Mitterrand, Bush, Leeping pour la Chine, Kaifu, le Premier ministre japonais, Le Pensec, ministre des Dom-Tom, ceux de tous les copains... Nous en avons l'esprit qui chavire ! Je dialogue même avec Titouan Lamazou en pleine mer, en tête du *Globe Challenge* ! C'était fou de partir ! Mais c'est au moins aussi dingue d'arriver ! Quelle avalanche ! Nous sommes définitivement revenus parmi les humains. A les entendre, nous voilà entrés dans la légende des Grands de l'Aventure. Je préfère pour ma part penser que nous avons rajouté un maillon à la chaîne de l'audace d'explorer, et que les jeunes partiront encore et toujours sur nos traces pour accomplir des exploits plus fabuleux encore. Et je dédie cette expédition à Nansen et à Shackleton, car ce sont eux qui me l'ont inspirée.

12 mars 1990

Ces dernières lignes, je les écris au cœur de l'océan Indien, à bord du *Professeur Zoubov*. Nous sommes partis de Mirny le 8 mars au soir après une longue attente, car la tempête nous a bloqués jusqu'au dernier moment, comme si l'Antarctique ne voulait plus nous lâcher ! Nous nous dirigeons vers l'Australie. Nous serons à Perth le 18 mars.

Après plusieurs jours de confinement dans les cabines, où j'ai essuyé un mal de mer auquel je m'attendais, le soleil nous a offert aujourd'hui la possibilité de monter sur le pont. L'océan et le ciel sont d'un bleu qui me paraît encore extravagant après la privation de couleurs de tous ces mois. Les vagues sont grosses, mais je me suis remarié avec la mer. Je rêve de repartir naviguer sur les océans polaires, de suivre les migrations des baleines, de faire découvrir à d'autres ces régions que j'aime et qui m'ont tant donné.

Dans quatre jours, nous débarquerons. Et le 21 mars au matin, ce sera Paris... Maintenant, je ne pense plus qu'à une seule chose : me jeter au plus vite dans les bras de Sylvie !

Aujourd'hui je peux vous le dire : l'Antarctique n'est pas un continent pour les hommes, c'est un continent pour la Terre.

ÉPILOGUE

De l'Antarctique, nous rapportons des souvenirs et des images tournées dans des conditions très difficiles ; l'amour et la connaissance de ce continent qui nous donnent la force d'en parler. A notre retour, nous avons eu l'honneur d'être reçus par nos chefs d'Etat et leurs conseillers pour l'Antarctique, successivement MM. les présidents François Mitterrand et George Bush, le Premier ministre japonais Toshki Kaifu, le président de la Chine populaire M. Wang, et le ministre des Affaires étrangères soviétique Edouard Schevarnadze.

A tous, nous avons tenu le même langage : la Terre a besoin d'un geste de générosité, et l'Antarctique nous offre aujourd'hui cette opportunité : abandonner toute volonté de puissance, dédier ce continent à la science, à la paix et à la coopération internationale. C'est une chance pour l'avenir de l'humanité, ne la manquons pas !

Jean-Louis ETIENNE

ANNEXES TECHNIQUES

Histoire de l'Antarctique

La conquête pacifique

L'Antarctique n'a pas ses Esquimaux ou ses Indiens. Aucun vestige de civilisation, même pas de traces de ses plus proches habitants, les Indiens de Patagonie et de Terre de Feu.

Les premiers explorateurs qui ont débarqué sur le continent n'ont jamais revendiqué la paternité de la terre qu'ils venaient de découvrir. Ils ont, au nom de leur pays, revendiqué la paternité de l'exploit. Le navigateur français Dumont d'Urville fut l'un des premiers, il y a seulement cent cinquante ans.

A qui appartient l'Antarctique ?

Les revendications territoriales. Sept pays ont exprimé un droit de propriété sur une partie du continent, revendiquant des « portions de tarte » à partir du pôle Sud, dont certaines se recoupent. Ce sont : l'Argentine, l'Australie, le Chili, la Grande-Bretagne, la Norvège, la Nouvelle-Zélande et la France (Terre Adélie). Les Etats-Unis et l'Union soviétique ne revendiquent rien mais « réservent leurs droits ».

Toutes ces revendications ne sont reconnues par aucune instance internationale.

Le traité de l'Antarctique. En 1958-1959, en dépit des problèmes stratégiques et politiques que soulève ce continent, les scientifiques imposent l'idée d'une grande coopération à l'occasion de l'Année géophysique internationale. Son impact est considérable pour la science, l'avenir de l'homme et notre société. Elle se pérennise à travers un accord de portée mondiale : le traité de l'Antarctique.

Le traité de l'Antarctique est la base légale qui régit le statut de ce continent. Ratifié en 1961, il pourra être révisé à la demande d'un des pays membres en 1991. Les clauses principales couvertes par le traité stipulent :

« Il est de l'intérêt de l'humanité que l'Antarctique soit pour toujours utilisé à des fins pacifiques. »

La liberté de la recherche scientifique et la coopération entre les différents pays concernés conduisent à des échanges de personnel, d'observations et de résultats scientifiques, dans l'esprit de l'Année géophysique internationale de 1958. Les revendications territoriales de sept des Etats membres, dont plusieurs se recoupent, sont gelées.

Douze pays ont signé le traité en 1959 : l'Afrique du Sud, l'Argentine, l'Australie, la Belgique, le Chili, les Etats-Unis, la France, la Grande-Bretagne, le Japon, la Nouvelle-Zélande, la Norvège et l'URSS. Depuis, le Brésil, l'Inde, l'Italie, l'Uruguay, la Chine, la Pologne, la RDA et la RFA sont devenus membres à part entière. Dix-huit nations, qui pour la plupart n'ont pas d'activité scientifique en Antarctique, sont membres non votants : la Bulgarie, Cuba, la Tchécoslovaquie, le Danemark, la Finlande, la Grèce, la Hongrie, les Pays-Bas, la Corée du Nord, la Corée du Sud, la Nouvelle-Guinée, le Pérou, la Roumanie, l'Espagne, la Suède, l'Equateur, le Canada, la Suisse, etc.

L'Antarctique aujourd'hui

Les rares occupants vivent dans des stations scientifiques dont le site d'implantation est laissé au choix du pays. Sur la petite île du Roi-George, par exemple, Russes, Chinois, Chiliens, Brésiliens, Polonais, Argentins, Uruguayens et Coréens cohabitent en parfaite harmonie. Les Américains sont au pôle Sud, les Soviétiques au pôle géomagnétique (Vostok) et les Français au pôle Sud magnétique (Dumont-d'Urville).

L'avenir de l'Antarctique

Grâce à une étroite coopération, les pays signataires du traité ont su préserver le « continent de la paix ». Ils estiment avoir acquis le droit de le gérer et doivent trouver maintenant les moyens de faire participer l'ensemble de l'humanité à son avenir.

Jusqu'ici « continent de science et de paix », l'Antarctique doit faire face aux convoitises qu'inspirent ses richesses présumées. Les eaux de l'océan Austral sont les plus riches du monde. L'Antarctique détient des ressources minérales et pétrolières importantes.

L'exploitation de toutes ces richesses pose de sérieux problèmes techniques et diplomatiques. Les grosses difficultés techniques sont dues à l'éloignement et aux conditions extrêmes rencontrées sur le continent. D'autre part, l'obstacle politique vient d'un désaccord entre les pays qui sont favorables à l'exploitation de l'Antarctique et ceux qui s'y opposent. En juin 1988, à Wellington, les pays membres du traité ont élaboré la convention de Wellington qui vise à autoriser l'exploitation de ces ressources dans la mesure où elle n'affecte pas l'environnement. La marge de sécurité est faible ; l'écosystème antarctique est si fragile que la simple collision d'un pétrolier avec un iceberg aurait des conséquences autrement plus dramatiques qu'un accident similaire sur les côtes de Bretagne. En octobre 1989 à Paris, la France et l'Australie ont refusé de signer cette convention. La convention de Wellington sera reproposée à la signature au cours de la prochaine réunion des parties consultatives en octobre 1990 à Santiago.

Généralités

sur le continent antarctique

L'Antarctique est le continent gelé du bout du monde, presque aussi grand que l'Europe et les Etats-Unis réunis. La calotte glaciaire a une épaisseur moyenne de 2 500 mètres, atteignant par endroits 4 500 mètres. La glace de l'Antarctique, d'un volume total de 30 millions de mètres cubes, représente 90 % de la glace totale de la Terre, et 70 % de son eau douce. Si la glace de l'Antarctique fondait, le niveau des océans monterait de 70 mètres.

Météorologie

En Antarctique, le climat est rude, beaucoup plus froid que dans les régions polaires du Nord, car même en été le sol ne capte pas la chaleur solaire. C'est un immense plateau glaciaire qui réfléchit 80 à 90 % du rayonnement. Au Nord, par contre, après la fonte des glaces durant l'été, les teintes sombres de l'océan Arctique et du sol permettent une plus grande absorption de la chaleur.

En Antarctique, de mars à septembre le soleil est le plus souvent sous l'horizon.

La température descend régulièrement quand on s'éloigne de la côte et que l'on monte sur le plateau en direction du pôle Sud, situé à une altitude de 2 800 mètres. Pendant les mois les plus chauds (décembre et janvier) elle varie de – 10° C à – 35° C, et pendant les mois les plus froids (juillet et août) de – 25° C à – 70° C. La température la plus basse de la planète a été à ce jour de – 89,3° C, enregistrée à la base soviétique de Vostok, sur le plateau, à 3 500 mètres d'altitude. Ce froid intense empêche toute précipitation importante (3 cm par an au pôle) et fait de l'Antarctique le plus grand désert du monde.

Les vents, relativement modérés sur le plateau central, s'accélèrent au fur et à mesure qu'ils se rapprochent de la côte où ils peuvent atteindre la vitesse exceptionnelle de 322 km/h, vitesse enregistrée à la base française Dumont-d'Urville. On les appelle les vents catabatiques.

Flore et faune

La flore se limite à quelques mousses et lichens, excepté sur la péninsule Antarctique, où poussent deux espèces de plantes non primaires. L'environnement hostile exclut toute vie à l'intérieur du continent.

Les animaux vivent sur les côtes et se nourrissent uniquement des produits de la mer. On trouve de nombreuses variétés de mammifères marins et d'oiseaux. Les plus représentatifs sont les phoques et les manchots.

On distingue quatre variétés de phoques : le crabier, le weddell, le ross et le léopard de mer, et cinq variétés de manchots. Ces oiseaux, qui ne volent pas, nichent en Antarctique. Ils vivent en colonies appelées rookeries.

Le manchot empereur mesure 1,20 m pour un poids de 30 à 40 kg et a la particularité d'appartenir à la seule espèce qui se reproduit dans les conditions extrêmes de l'hiver antarctique. C'est le mâle qui, pendant deux mois et par des températures avoisinant – 50° C, couve l'œuf dans sa poche incubatrice. Au retour de la femelle, qui correspond à l'éclosion du poussin, le mâle, épuisé après un jeûne de 4 mois au cours duquel il a perdu la moitié de son poids, doit encore parcourir une centaine de kilomètres sur la banquise avant de retrouver la mer nourricière. Excellent nageur, l'empereur peut plonger jusqu'à 250 m de profondeur, en quête de krill.

Le manchot adélie, du prénom de la femme de l'explorateur français Dumont d'Urville, ne dépasse pas 70 cm pour un poids de 6 kg. Très agile, il escalade des pentes de glace escarpées et sautille sur les rochers. Il reste en eau libre de mars à octobre et regagne sa rookerie au printemps pour nicher.

Le principal prédateur des manchots est le léopard de mer.

Ressources minérales

Les zones rocheuses, dégagées de glaces, ne représentent que 1,4 % de la superficie du continent. Elles sont pourtant l'enjeu de bien des convoitises. Les montagnes transantarctiques renferment un des plus grands gisements de charbon du monde. De vastes concentrations de fer, cuivre, molybdène, or, argent, manganèse, cobalt et platine ont été mises en évidence. La plaque continentale abriterait d'importants gisements de pétrole et de gaz, notamment en mer de Ross et également en mer de Weddell.

Le programme de recherche français

La France maintient depuis 1956 une base permanente, la station Dumont-d'Urville, en Terre Adélie. Ce sont les Expéditions polaires françaises, créées par Paul-Emile Victor, qui gèrent le programme scientifique sous l'égide des Terres australes et antarctiques françaises (TAAF). Les principaux sujets d'étude sont la glaciologie (à la base d'été du Dôme C), la biologie, la météorologie, l'atmosphère et le magnétisme, la station étant située à proximité du pôle Sud magnétique.

Ozone

Molécule à trois atomes d'oxygène (O_3), ce gaz occupe une épaisse couche située entre 15 et 30 km d'altitude. C'est elle qui protège la terre des effets mortels du rayonnement ultraviolet. Depuis quelques années, les scientifiques se sont aperçus que cette couche s'amincissait de manière alarmante au niveau des pôles. La cause principale de ce phénomène semble être due à la production excessive de chlorofluorocarbone (le Freon), que l'on retrouve notamment dans les atomiseurs. Des mesures visant à arrêter définitivement la fabrication de CFC en l'an 2000 ont été prises. Pour la première fois, et c'est encourageant, les compagnies chimiques du monde se sont autocensurées pour des raisons strictement écologiques.

Technique et matériel de l'expédition

La navigation

La cartographie de l'Antarctique est actuellement bien faite, surtout depuis l'existence des photographies prises par les satellites. Autour des régions montagneuses, sur la Péninsule et le massif d'Ellsworth, nous avons utilisé les cartes pour la navigation. Sur le plateau par contre, où il n'y a plus aucun repère, nous nous sommes dirigés à la boussole, et la position nous était donnée par la balise Argos. La déclinaison de la boussole était calculée à l'aide de la montre-compas solaire YEMA.

La balise Argos que nous avons utilisée est un prototype réalisé par la société toulousaine CEIS Espace, protégée par un conteneur spécial en carbone réalisé par Mégret Composite, alimentée par des piles au lithium SAFT.

Sur cette balise était connecté un PSION, sorte de calculatrice, qui permet d'envoyer des messages codés de 34 signes. Ce programme spécial JLE a été mis au point par CEIS Espace.

Les communications

Une communication radio quotidienne était établie entre l'expédition et le camp de base à Punta Arenas, en Terre de Feu, au sud du Chili. L'expédition a utilisé un poste THOMSON TRC 350 HF-SSB avec une antenne dipolaire. D'une puissance de 20 watts, alimenté par des piles au lithium SAFT, ce poste a permis d'établir une communication depuis la position 88 °S, soit à 3 600 km du camp de base, par une température de – 28° C. Le poste et son alimentation ont toujours fonctionné, jusqu'aux plus basses températures, soit – 49° C.

La propagation hertzienne en Antarctique est soumise à des fluctuations imprévisibles. Nous avons eu 8 jours de black-out radio total aux alentours de la base américaine Siple, au pied de la Péninsule.

Ces jours où la liaison radio ne pouvait être établie, les messages PSION, par la balise Argos, sont toujours passés.

Pendant toute la durée de l'expédition, un serveur minitel 3615 POLESUD, conçu par la société SPIDE avec le support technique d'ALCATEL, a permis à un large public et aux scolaires de suivre l'expédition au jour le jour.

Alimentation des chiens

Toutes nos bêtes ont été nourries et suivies depuis la naissance avec une alimentation sur mesure, mise au point par des vétérinaires des laboratoires HILL'S. Les chiens mangeaient une fois par jour, le soir à l'étape. Ils recevaient un bloc d'« Endurance Food » de 10 cm de côté, 900 g, 6 000 cal., composé de viandes, graisses, sels minéraux, vitamines... équilibré pour les efforts à long terme à basse température. Cette alimentation a été très bien acceptée par tous nos animaux.

Alimentation des hommes

Nous prenions tous les jours trois repas :

Le matin : céréales ou semoule de blé, beurre, fruits secs oléagineux, miel, lait en poudre, chocolat... le tout dans un litre d'eau bouillante.

Le midi : soupe instantanée, compilats de fruits secs, chocolat, amandes, cacahuètes...

Le soir : riz, pâtes ou pommes de terre, additionnés avec du pemmican (compilat de viande séchée fumée et de graisse), du beurre ou du fromage. Les plats étaient différenciés par les épices que chacun avait emportées avec lui : estragon, soja, vinaigre chinois, curry... La société française LYOFAL nous a fabriqué les desserts et les plats cuisinés lyophilisés.

Les vivres de course : pâtes d'amande NERGI SPORT.

La boisson : l'eau était obtenue par fonte de la neige sur un réchaud OPTIMUS à deux feux (un par tente), à essence de type white gaz, qui reste liquide jusqu'à – 75° C. Entre l'eau liée aux aliments et la boisson (café, thé ou tisane), nous buvions en moyenne 5 litres par jour.

Les vitamines : nous prenions tous les jours 1 comprimé de VITA-SCORBOL (500 mg de vitamine C) et un comprimé de QUOTIVIT (polyvitamines + oligo-éléments).

Dans l'ensemble, nous avons consommé 5 000 cal. par jour, réparties grossièrement ainsi en valeur calorique : 50 % glucides, 35 % lipides et 15 % protides.

Santé, secours, protection

Aucun problème majeur de santé n'a été enregistré. En cas d'accident grave, nécessitant une évacuation, nous avions organisé notre logistique aérienne indépendante. A tous les points de la traversée, sur 6 300 km, nous pouvions être évacués par avion Twin Otter entre le départ et la base soviétique de Vostok, et par camion à chenilles après Vostok et jusqu'à l'arrivée. L'indépendance de notre logistique aérienne qui a nécessité la location de l'avion, de son équipage, et la mise en place de réserves de carburant sur le trajet, a coûté un million de dollars !

La protection des yeux et de la peau est une question capitale, car l'exposition au rayonnement ultraviolet est intense : 100 % du rayonnement direct, 90 % du rayonnement réfléchi sur la glace, journée continue du début novembre à la fin janvier, et en plus faible filtration atmosphérique à cause de l'altitude (entre 2 500 et 3 500 m pendant cette période)...

Nous avons utilisé des masques VUARNET sur les yeux, la crème solaire KLORANE pour la protection cutanée, et la crème hydratante ICTYANE pendant la nuit.

Les vêtements

Pour ne pas avoir froid, il faut multiplier les couches de vêtements qui doivent être fabriqués avec des matériaux ne stockant pas la transpiration et arrêtant le vent. Comme

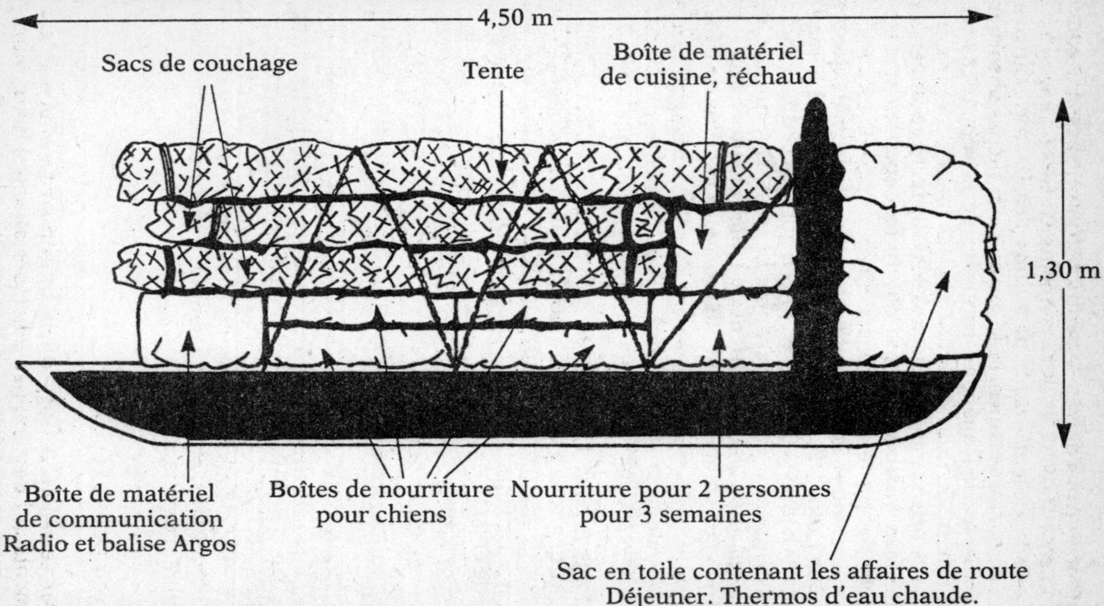

Poids en charge maxi : 350 kg

pour mes précédentes expéditions, j'ai utilisé des sous-vêtements DAMART et des vêtements en GORE TEX.

Les sous-vêtements : nous avions des DAMART, qui, en plus d'être très chauds, ont l'avantage de ne pas absorber la transpiration, mais au contraire de la véhiculer vers l'extérieur.

Les fourrures polaires : textiles DUPONT, ce sont des matériaux synthétiques qui ont un fort coefficient d'isolation.

Les pantalons, vestes de marche et doudounes : ils étaient tous en GORE TEX. Ce matériau est non seulement le meilleur des coupe-vent, mais en plus il possède cette aptitude à laisser passer la transpiration. Le GORE TEX cumule les deux qualités qui permettent de rester chaud et sec.

Tous nos vêtements ont été fabriqués par NORTH FACE.

Les sacs de couchage

Comme pour l'expédition au pôle Nord, c'est LESTRA SPORT qui nous a confectionné les sacs de couchage. Nous avions deux sacs, un sarcophage intérieur et un grand sac extérieur. Tous les deux étaient en toile GORE TEX et garnis de QUALLOFIL.

Les sursacs MAC étaient en GORE TEX.

Skis et chaussures

Nous avions des skis ROSSIGNOL type CHAMOIS avec semelles à écailles. Les fixations souples américaines BERWIN ont tenu en moyenne sur 3 000 km par une température moyenne de – 25° C. Ces fixations ont l'avantage de s'adapter à tous les types de chaussures. Nous portions des *muckluks*, chaussures souples esquimaudes de fabrication artisanale.

Les traîneaux

Nous avions un traîneau traditionnel de type Nansen, fabriqué en Angleterre, et deux traîneaux type Komatic fabriqués chez Will Steger. Tous les deux en bois d'essence différente, leur semelle était en matière plastique de haute densité, un produit Dupont de Nemours. Cette semelle glisse bien à basse température, ne botte pas sur la neige humide, et les selles des chiens ne s'y collent pas. Les traîneaux pèsent 25 kg à vide. Leur poids en charge n'a jamais dépassé 350 kg.

Les tentes

Nos tentes dômes fabriquées par NORTH FACE ont résisté à des vents de 180 km/h.

TABLE

Littérature extrait du catalogue

Cette collection est d'abord marquée par sa diversité : classiques, grands romans contemporains, témoignages. A chacun son livre, à chacun son plaisir : Henri Troyat, Bernard Clavel, Guy des Cars, Frison-Roche, Djian, Belletto mais aussi des écrivains étrangers tels que Virginia Andrews, Nina Berberova, Colleen McCullough ou Konsalik.

Les classiques tels que Stendhal, Maupassant, Flaubert, Zola, Balzac, etc. sont publiés en texte intégral au prix le plus bas de toute l'édition. Chaque volume est complété par un cahier illustré sur la vie et l'œuvre de l'auteur.

ADLER Philippe — **Bonjour la galère !** *1868/***2**
Les amies de ma femme *2439/***3**
Graine de tendresse *2911/***3**
Qu'est-ce qu'elles me trouvent ? *3117/***3**
AGACINSKI Sophie — **La tête en l'air** *3046/***5**
AMADOU Jean — **La belle anglaise** *2684/***4**
AMADOU - COLLARO - ROUCAS — **Le Bêbête show** *2824/***5** *& 2825/***5** *Illustrés*
AMIEL Joseph — **Le promoteur** *3215/***9**
ANDERSEN Christopher — **Citizen Jane** *3338/***7**
ANDERSON Peggy — **Hôpital des enfants** *3081/***7**

ANDREWS Virginia C.

Fleurs captives :
- **Fleurs captives** *1165/***4**
- **Pétales au vent** *1237/***4**
- **Bouquet d'épines** *1350/***4**
- **Les racines du passé** *1818/***4**
- **Le jardin des ombres** *2526/***4**

La saga de Heaven
- **Les enfants des collines** *2727/***5**
- **L'ange de la nuit** *2870/***5**
- **Cœurs maudits** *2971/***5**
- **Un visage du paradis** *3119/***5**
- **Le labyrinthe des songes** *3234/***6**

Ma douce Audrina *1578/***4**
Aurore *3464/***5** *(Juin 93)*

APOLLINAIRE Guillaume — **Les onze mille verges** *704/***1**
Les exploits d'un jeune don Juan *875/***1**
ARCHER Jeffrey — **Le pouvoir et la gloire (Kane et Abel)** *2109/***7**
Faut-il le dire à la Présidente ? *2376/***4**
ARSAN Emmanuelle — **Les débuts dans la vie** *2867/***3**
Chargée de mission *3427/***3** *(Juin 93)*
ATTANÉ Chantal — **Le propre du bouc** *3337/***2**
ATWOOD Margaret — **La servante écarlate** *2781/***4**
Œil-de-chat *3063/***8**
AVRIL Nicole — **Monsieur de Lyon** *1049/***3**
La disgrâce *1344/***3**
Jeanne *1879/***3**
L'été de la Saint-Valentin *2038/***2**
La première alliance *2168/***3**
Sur la peau du Diable *2707/***4**
Dans les jardins de mon père *3000/***3**
BACH Richard — **Jonathan Livingston le goéland** *1562/***1** *Illustré*
Illusions/Le Messie récalcitrant *2111/***2**
Un pont sur l'infini *2270/***4**
Un cadeau du ciel *3079/***3**

BAILLY Othilie	***L'enfant dans le placard*** 3029/**2**
BALZAC Honoré de	***Le père Goriot*** 1988/**2**
BANCQUART Marie-Claire	***Photos de famille*** 3015/**3**
BAPTISTE-MARREY	***Les papiers de Walter Jonas*** 3441/**9** (Mai 93)
BARBELIVIEN Didier	***Rouge cabriolet*** 3299/**2**
BARRIE James M.	***Peter Pan*** 3174/**2**
BAUDELAIRE Charles	***Les Fleurs du mal*** 1939/**2**
BÉARN Myriam et Gaston de	Gaston Phébus :
	1 - Le lion des Pyrénées 2772/**6**
	2 - Les créneaux de feu 2773/**6**
	3 - Landry des Bandouliers 2774/**5**
BEART Guy	***L'espérance folle*** 2695/**5**
BELLEMARE Pierre	***Les dossiers d'Interpol*** 2844/**4** & 2845/**4**
BELLEMARE P. et ANTOINE J.	***Les dossiers extraordinaires*** 2820/**4** & 2821/**4**
BELLETTO René	***Le revenant*** 2841/**5**
	Sur la terre comme au ciel 2943/**5**
	La machine 3080/**6**
	L'Enfer 3150/**5**
BELLONCI Maria	***Renaissance privée*** 2637/**6** Inédit
BENZONI Juliette	Le Gerfaut des Brumes :
	- Le Gerfaut 2206/**6**
	- Haute Savane 2209/**5**
BERBEROVA Nina	***Le laquais et la putain*** 2850/**2**
	Astachev à Paris 2941/**2**
	La résurrection de Mozart 3064/**1**
	C'est moi qui souligne 3190/**8**
	L'accompagnatrice 3362/**4**
	De cape et de larmes 3426/**1** (Avril 93)
BERG Jean de	***L'image*** 1686/**1**
BERGER Thomas	***Little Big Man*** 3281/**8**
BERTRAND Jacques A.	***Tristesse de la Balance...*** 2711/**1**
BEYALA Calixthe	***C'est le soleil qui m'a brûlée*** 2512/**2**
BISIAUX M. et JAJOLET C.	***Chat plume (60 écrivains...)*** 2545/**5**
BLAKE Michael	***Danse avec les loups*** 2958/**4**
BOGGIO Philippe	***Coluche*** 3268/**7**
BORGEN Johan	***Lillelord*** 3082/**7**
BORY Jean-Louis	***Mon village à l'heure allemande*** 81/**4**
BOULET Marc	***Dans la peau d'un Chinois*** 2789/**7** Illustré
BRAVO Christine	***Avenida B.*** 3044/**3**
	Les petites bêtes 3104/**2**
BROOKS Terry	***Hook*** 3298/**4**
BRUNELIN André	***Gabin*** 2680/**5** & 2681/**5**
BURON Nicole de	***Les saintes chéries*** 248/**3**
	Vas-y maman 1031/**2**
	Dix-jours-de-rêve 1481/**3**
	Qui c'est, ce garçon ? 2043/**3**
	C'est quoi, ce petit boulot ? 2880/**4**
	Où sont mes lunettes ? 3297/**4**
CARDELLA Lara	***Je voulais des pantalons*** 2968/**2**
CARREL Dany	***L'Annamite*** 3459/**7** (Juin 93)

3232

Composition Interligne B-Liège
Achevé d'imprimer en Europe (France)
par Brodard et Taupin à la Flèche (Sarthe)
le 19 mars 1993. 1413H-5
Dépôt légal mars 1993. ISBN 2-277-23232-7
1er dépôt légal dans la collection : mai 1992
Éditions J'ai lu
27, rue Cassette, 75006 Paris
Diffusion France et étranger : Flammarion